영화와 함께하는
TA 성격적응 유형

서혜석 · 엄문숙 · 박지윤 · 장희선 · 강남욱
최혜민 · 김옥희 · 하용선 · 김은경

KNOWLEDGE COMMUNITY 공동체

머리말

교류분석은 우리나라에서의 역사가 그리 길지는 않지만 이를 연구하고 관심을 가지는 사람들이 새롭게 급증하고 있다. 특히 상담영역, 교육영역, 조직영역을 아우르며, 인간을 이해하는 데 매우 유익한 내용이라 할 수 있다. 그래서 많은 서적들이 쏟아져 나오고 있으며, 다양한 개념들을 이해하고 습득하려는 노력들을 하고 있다. 최근에 AI로 많은 정보들이 쏟아져 나와 모든 것들이 해결되는 현상을 경험하고 있다. 사이버 공간에서 우리는 기계와 더불어 살아가고 있다. 그런데 기계를 통해서 관계맺음의 대리만족을 느끼는 시대일수록 우리는 더욱 고독감을 느끼고 정신적으로 허약한 경향이 있다. 글보다 영상에 익숙한 세대가 등장하고 기술의 발전으로 인하여 어디서나 손쉽게 영화를 볼 수 있는 환경이 조성되어 다양한 경험을 쉽게 하고 있다. 이에 따라, 학교나 교육현장에서도 영화를 소재로 강의를 하는 경우가 많아지고 있다. 한마디로 영화를 통해 재미있는 시간을 갖기도 하지만, 미지의 것을 경험하거나 자신을 투사하여 스스로를 되돌아보는 계기로 삼기도 한다.

또한 영화는 가끔씩 문학이나 철학, 사회학 때로는 음악이나 미술이 했던 어떤 역할까지 대신하고 있을 정도로 광범위하게 그 영향력을 넓혀가고 있다. 이 책은 이런 영향력을 상담이론을 이해하는 데 활용하고자 집필되었다. 그중에 TA 이론에 의한 성격적응에 대한 관심이 놀랍게 집중되고 있을 때, 좀 더 쉽게 접하고, 이해할 수 있는 교재들이 부족하다는 한계에 부딪히게 되었다.

이에 따라 국내에서는 최초로 '영화와 함께하는 TA 성격적응 유형'이라는 교재를 집필할 수 있게 된 것은 매우 뜻깊다 할 수 있다.

본 교재는 한국 영화 6편, 외국 영화 3편을 통해 좀 더 쉽게 성격적응 유형을 교류분석으로 이해하고 배울 수 있고, 교류분석의 관점으로 분석하는 데 초점을 맞추어 집필하게 되었다. 더 나아가 영화를 통해 분석한 내용들을 통해 치료의 가능성을 탐색할 수 있다는 것이 본 교재의 특징이라 할 수 있다.

본 교재는 다음과 같이 제Ⅰ부, 제Ⅱ부로 나누어 총 11장으로 구성하여 집필하였다.

제Ⅰ부는 교류분석이론에 의한 성격적응 모델로, 제1장 교류분석에서 교류분석 인간관, 주요 개념으로 자아상태, 각본분석, 라켓시스템, 게임, 인생태도, 디스카운트, 시간의 구조화, 재결정을 살펴보았다. 제2장 6가지 성격적응 유형 모델에서는 열정적 과잉반응자(연기성 성격적응), 책임감 있는 일 중독자(강박-신경증적 성격적응), 유희적 반항자(수동-공격성 성격적응), 뛰어난 회의론자(편집성 성격적응), 매력적 조작자(반사회성 성격적응), 창의적 몽상가(정신분열성 성격적응) 각각의 성격유형에 따른 성격 특징 및 행동 묘사, 사분할도 및 웨어 이론, 자원 및 장애물, 치료의 핵심내용을 다루었다.

제Ⅱ부는 영화로 배우는 교류분석으로 제3장 열정적 과잉반응자(연기성 성격적응)에서는 영화 '블루 재스민'에 대해 교류분석의 주요 개념과 성격적응 유형을 분석하였다. 제4장 책임감 있는 일 중독자(강박-신경증적 성격적응)에서는 영화 '플랜맨'에 대해 교류분석의 주요 개념과 성격적응 유형을 분석하였다. 제5장 유희적 반항자(수동-공격성 성격적응)에서는 영화 '파이란'에 대해 교류분석의 주요 개념과 성격적응 유형을 분석하였다. 제6장 뛰어난 회의론자(편집성 성격적응)에서는 영화 '미져리'에 대해 교류분석의 주요 개념과 성격적응 유형을 분석하였다. 제7장 매력적 조작자(반사회성 성격적응)에서는 영화 '똥파리'에 대해 교류분석의 주요 개념과 성격적응 유형을 분석하였다. 제8장 창의적 몽상가(정신분열성 성격적응)에서는 영화 '마담 프루스트의 비밀정원'에 대해 교류분석의 주요 개념과 성격적응 유형을 분석하였다. 제9장 정신분열성 성격적응과 편집성 성격적응에서는 영화 '잠'에 대해 교류분석의 주요 개념과 성격적응 유형을 분석하였다. 제10장 반사회성 성격적응과 수동-공격성 성격적응에서는 영화 '베테랑'에 대해 교류분석의 주요 개념과 성격적응 유형을 분석하였다. 제11장 편집성 성격적응과 연기성 성격적응에서는 영화 '도희야'에 대해 교류분석의 주요 개념과 성격적응 유형을 분석하였다. 마지막으로 〈부록〉에는 TA 용어정리를 하였다.

이 교재의 집필 과정에서 우리의 연약함을 잘 아시고 미약하고 부족할 때마다 온전한 능력을 이루시는 주님께 매 순간 감사를 드리며, 상담 실천현장에서 불철주야로 내담자와 함께하고 있는 상담사와 관련 교과목을 배우는 학생들, 관련 연구자, 교수님들과 이 기쁨을 함께 나누고자 한다. 아울러, 본 교재를 통하여 상담을 더 잘 이해하고 더 나아가 학문적 발전에 기여하는 더욱 완성도 높은 책들이 발간되는 계기가 되었으면 하는 기대를 해본다. 집필진들은 본 교재를 위해 최선을 다하고자 노력하였으나, 내용적으로나 기술적으로 부족한 점이 많다. 넓은 마음으로 보완해 나갈 수 있도록, 따뜻한 관심 가져 주시기를 바란다.

이 책을 나올 수 있게 해준 한국심리상담교육센터 수련생과 상담사들에게 '영화와 상담'이라는 좋은 반응과 아이디어를 제공해 주어 감사의 말을 전한다. 또한 공동체 출판사 사장님과 임직원분들, 편집부 여러분들의 세심한 수고와 사랑에 진심으로 감사드린다.

2024년 가을에

대표 저자 서혜석

CONTENTS

차 례

PART 01

교류분석이론에 의한 성격적응 모델

01 CHAPTER

교류분석

1. 교류분석 인간관

교류분석은 사람과 삶 및 변화의 목적에 대한 철학적 기본 가정을 다음과 같이 세 가지로 가지고 있다. 첫째, 인간의 긍정성 OK-ness를 인정하는 가치체계에 기초를 두고 있다. 누구나 가치 있고 존엄한 존재라는 근본적인 가정을 가지고 있다. 둘째, 모든 인간은 사고, 감정, 행동이라는 세 가지 차원을 조화롭게 통합할 수 있으며, 자신의 생활, 감정, 행동 등에 대해 책임을 져야 하며, 책임질 수 있는 능력이 있다는 가치체계에 근거를 두고 있다(서혜석 외, 2020). 셋째, 인간은 자기 운명을 자기가 결정하며, 이러한 결정을 얼마든지 변화시킬 수 있다. 부모는 어린 아이로 하여금 특정 결정을 내리도록 강요할 수는 없다. 부모가 강하게 압력을 행사할 수 있다. 그러나 이러한 압력에 동조할 것인가 아니면 반항 또는 무시할 것인가를 결정하는 것은 어린이 자신에게 달려 있다. 어떤 결정을 내렸다고 하더라도 우리는 나중에 바꿀 수 있다. 우리 자신과 세상에 대해 어릴 때 내렸던 초기 결정도 마찬가지이다. 어릴 때 내린 유아기의 결정이 바람직하지 못한 결과를 초래한다면, 이러한 결정을 찾아 보다 새롭고 적절한 결정으로 바꿀 수 있다(제석봉 외, 2010).

교류분석이론에서 재결정학파는 반결정론적 철학에 뿌리를 두고 있다. 이는 인간이 자신의 행동유형에서 벗어나서 새로운 목표와 행동을 선택할 수 있다는 믿음을 의미한다. 즉, 인간을 자율적이고 가변적인 존재로 본다. 그러나 이것은 인간이 사회적 힘의 영향력에서 벗어날 수 있다든가, 전적으로 자신의 힘으로 삶의 중요한 결정을 내릴 수 있다는 의미는 아니며, 인간은 어느 정도 주요한 타인의 기대나 요구에 의해 영향을 받는다는 의미를 내포하고 있다. 인간은 합리적 존재로서 스스로 새로운 결정을 내릴 수 있고, 과거에 구속되지 않는다. 어린 시절의 결정은 전적으로 타인에 의존할 수밖에 없지만, 이러한 결정이 더 이상 적합하지 않은 것으로 판명되면, 새로운 결정을 내릴 수 있고, 초기의 결정은 수정이 가능하게 된다.

2. 주요 개념

1) 자아상태(Ego State)

(1) 부모 자아상태

부모 자아상태는 부모의 말과 행동을 모방, 학습한 것을 포함해서 부모가 지시하고 비판하는 모든 것들이 내면화된 결과로 형성된 것이다. 부모 자아는 의무나 당위성을 포함하고 있으며 기능상으로 두 가지로 구분한다. 첫째, 양육적 부모 자아는 타인을 보살피고, 관심을 가지며 양육적인 방식으로 기능하는 자아이다. 둘째, 비판적 또는 통제적 부모 자아로 지시적, 명령적, 처벌적이며 완고한 독단적인 자아이다. 어린이들의 성격은 주로 자녀를 대하는 부모의 행동과 양육태도에 의해 형성되기 때문에 부모 자아는 자녀로 하여금 자아가 정상적으로 발달해서 일상생활에 긍정적인 태도를 유지할 수 있도록 양육해야 한다.

이는 프로이트의 "초자아(super ego)"에 대응될 수 있는 개념으로서 중요한 인물의 행동이나 태도의 영향을 받아 형성되는 것이다. 부모 자아상태는 부모가 말하고 행동하는 것을 보고, 들을 뿐만 아니라 모방하고 학습하면서 그 내용이 어린아이의 마음속에 각인되어 내면화된 결과로 나타난다. 이를 기능적으로 분류해 보면, 비판적 부모와 양육적 부모로 분류될 수 있다(표 1-1).

〈표 1-1〉 부모 자아의 특성과 표현방법

구 분	비판적 부모 자아(CP)	양육적 부모 자아(NP)
긍정적 측면	이상, 양심, 정의감, 권위, 도덕적	동정, 위로, 공감, 보호, 관용
부정적 측면	비난, 질책, 강제, 편견, 권력	과보호, 응석받이, 묵인, 참견
언어적인 표현	안 돼, 바보야, 당연히 …해야지, …하지 않으면 안 된다, 내가 말하는 대로 하는 게 좋아, 속담이나 격언의 사용	…해줄게, 아름답군, 귀엽군, 제게 맡기세요, …가 염려스럽다, 잘 되었군, 알았어요
음 색	설교조, 비판적, 단정적, 권위적, 강요적	동정적, 순하다, 애정을 쏟다, 부드럽다
자세, 동작, 표정	시비조, 주먹으로 책상을 친다, 무시한다, 실수를 지적하고 정정한다, 손가락질을 한다	자연스럽게 몸에 닿는다, 껴안아 준다, 어깨를 두드린다, 손을 잡아준다, 양손을 크게 벌린다, 피부접촉을 한다
대인관계	I'm OK, You're not OK, 독단적, 편견, 무시, 경시, 보수적, 배타적, 규제적, 지배적	I'm OK, You're OK, 남을 잘 도와줌, 관대함, 수용적, 이해력이 풍부함, 유순함

(2) 어른 자아상태

어른 자아상태는 성격에서 사고와 합리적 행동이 그 특성으로, 현실을 객관적으로 파악하고자 개인이 현실 세계와 관련해서 기능하는 자아이다. 자신의 내적 세계와 다른 자아상태로부터 정보를 수집하여 자율적으로 행동하는 유형으로 감정과 태도가 포함되어 있다. 따라서 어른 자아는 다른 두 자아상태를 중재하며 현실을 검증하고 문제를 해결하는 기능을 한다. 또한 어른 자아는 성격의 전체적인 적응과정에 가장 기여하는 부분으로 성격의 균형을 유지하기 위해 중심적 역할을 하는 부분이다. 이러한 어른 자아가 강한 사람은 정서적으로 성숙하고, 행동의 자율성이 있으며, 개인의 행복과 성취뿐 아니라 사회적 문제에도 관심을 가지고 있다.

이는 프로이트의 "자아(ego)"에 대응되는 개념으로 행위에 관한 정보수집, 자료처리, 현실적인 가능성을 추적하는 기능을 한다. 생의 초기에 유아의 언어 능력이 향상됨에 따라 발달하기 시작하는데, 어른 자아는 외계는 물론 개체의 내적 세계와 다른 자아상태(P, C)의 모든 원천에서 정보를 수집하고 저장하고 활용한다.

어른 자아의 특성과 표현방법에 대해 좀 더 구체적으로 설명하면 다음과 같다 (표 1-2).

〈표 1-2〉 어른 자아의 특성과 표현방법

구 분	어른 자아(A)
긍정적 측면	지성, 이성, 적절한 적응, 정보수집 및 냉정한 계산, 사실에 의거한 판단, 현황분석, 분석적 사고
부정적 측면	과학에 대한 맹신, 자연 무시, 자기중심적, 물질만능주의
언어적인 표현	무엇이…, 어디서…, 누가…, 어디서…, 어떻게…, …라고 생각한다, 구체적으로 말하면…
음 색	침착한 낮은 목소리, 냉정, 기계적, 일정한 음조, 싫증남
자세, 동작, 표정	대화 간격이 알맞다, 자세가 좋다, 상대방과 눈을 맞춘다, 주의 깊게 듣는다, 필요한 경우 침묵하여 생각을 정리한다.
대인관계	사실중심주의, 이론적, 합리적, 객관적, 설명적, 타산적

(3) 어린이 자아상태

어린 시절에 실제로 느꼈거나 행동했던 것과 똑같은 감정이나 행동을 나타내는 자아상태이다. 즉, 어린이 자아는 상황에 대한 정서적 반응(예 행복하거나, 유쾌한 감정, 충동적, 창조적, 호기심 많은 방식으로의 행동)이 특징적인 사고, 감정, 그리고 행동을 말한다. 이러한 어린이 자아는 자기가 의존적이 된다든가 즐거운 생각을 하고 있을 때 잘 작용하는 것이다. 어린이 자아는 기능에 따라 순응적 어린이(AC), 자유로운 어린이(FC)로 구분된다. 순응적 어린이는 주 양육자(부모)의 애정을 상실하지 않기 위해 자신의 감정을 억제하고 주 양육자의 기대에 맞추어 순종하는 자아이다. 순종형이고 참을성이 있어 '말을 잘 듣는 아이' 편에 속하므로 대인관계를 원만하게 끌고 나가는 것같이 보이나 실제의 자기를 항상 억제하고 있으므로 내부적으로 여러 가지 문제를 숨기고 있다. 감정을 억압하고 열등감에 사로잡힌다든가 슬픔에 잠기기 쉬운 면이 있다. 자유로운 어린이는 가장 선천적이면서, 누구에게도 구속받지 않고 자연스럽게 행동하는 자발적인 자아이다. 감정적, 본능적, 자기중심적, 적극적이며 호기심이나 창조성의 원천이기도 하다. 현실을 생각하는 일 없이 즉석에서 쾌감을 구하고 고통을 피하려고 한다. 좋은 면에서 명랑하고 사양함이 없이 천진난만하고 화를 내도 오래가지 않으며 그 자리에 맞는 감정표현을 한다.

이는 프로이트의 "이드(id)"에 대응될 수 있는 개념으로서 인간의 어린 시절의 흔적을 저장해 놓은 곳이다. 인간의 출생 후 5세경까지의 외적인 일에 대한 감정적 반응으로서 그러한 일에 대한 어린아이의 감정적 반응체제가 내면화된 것이다.

이러한 어린이 자아는 다시 자유로운 어린이(FC)와 순응하는 어린이(AC)라는 두 가지 기능으로 구분할 수 있다(표 1−3).

〈표 1-3〉 어린이 자아의 특성과 표현방법

구 분	자유로운 어린이 자아(FC)	순응하는 어린이 자아(AC)
긍정적 측면	천진난만, 자유로운 감정의 표현, 직관력, 적극적, 창조의 근원	인내, 감정의 억제, 타협, 신중, 타인의 기대에 부응, 착한 아이
부정적 측면	충동적, 방종, 안하무인, 무책임	주체성 결여, 소극적, 자기속박, 적개심 보존
언어적인 표현	와아~, 야아~, 좋다, 싫다, 멋지다, 유쾌하다, …을 갖고 싶다, …을 하고 싶다 등 감탄조	…해도 좋습니까?, 할 수 있습니다, 어차피 나 같은 것은…, …할 작정이다, 슬프다, 섭섭하다, 아니 괜찮습니다
음 색	유희적, 감정적, 밝은, 명랑한, 개방적, 자유로운	힘없이 중얼거리는, 목소리에 자신이 없다, 우물쩍거림, 사양, 훌쩍훌쩍, 악착같이 덤빈다
자세, 동작, 표정	자유로운 감정표현, 자발적, 활발, 잘 웃는다, 장난을 친다, 유머가 풍부하다, 선명하다, 씩씩하다	안색을 살핀다, 한숨, 우울한, 어두운, 겁에 질린, 불안, 공포, 증오, 의존, 차근차근하다
대인관계	I'm OK, You're OK, 본능적, 직관적, 창조적, 공상적, 응석부리기	I'm not OK, You're OK, 타율적, 의존적, 반항적, 자학적, 자기애적

(4) 자아상태와 병리

① 자아상태의 손상

손상은 자아상태 중 어느 것이 완전히 성장하지 못하고 상처를 입게 된 것으로, 이 경우에는 비합리적이고 통제할 수 없는 행동이 나타나게 된다. 손상은 부모 자아와 어린이 자아에서도 나타날 수 있지만, 어린이 자아에서 더 많이 나타나는 경향이 있다. 어떤 사람이 아동기에 외상경험(traumatic experience)으로 인해 심리적, 신체적으로 상처를 입었다면, 후에 유사한 상황에서 이러한 기억이 재생되고, 비합리적인 행동으로 나타나게 된다. 예를 들어, 아동기에 많이 맞은 경험이 있는 아동은 또래나 다른 사람들이 부드럽게 쓰다듬는 것도 공격적 행동으로 간주하고, 화를 내면서 그 사람을 때리게 될 것이다(그림 1-1).

② 애매한 자아 경계

심적 에너지는 아주 사소한 자극에 반응하여 하나의 자아상태에서 다른 자아상태로 신속한 이동을 계속한다.

애매한 자아상태를 가진 사람은 어른 자아로부터의 통제가 거의 되지 않으면 자아정체성(identity)이 결여되고 행동이 칠칠치 못하여 현실사회에서 생활하기가 매우 어렵게 된다(그림 1-2).

③ 경직된 자아 경계

심적 에너지의 자유로운 유동을 허락하지 않아서 두꺼운 벽이 에너지를 하나 또는 두 개의 자아상태 안에 가두고 나머지를 따돌려 제외나 배제(exclusion)를 시키는 현상으로, 이런 사람은 오직 하나의 자아상태로 반응하는 경향이 있어서 일관된 부모 자아, 어른 자아, 어린이 자아가 등장한다(그림 1-3).

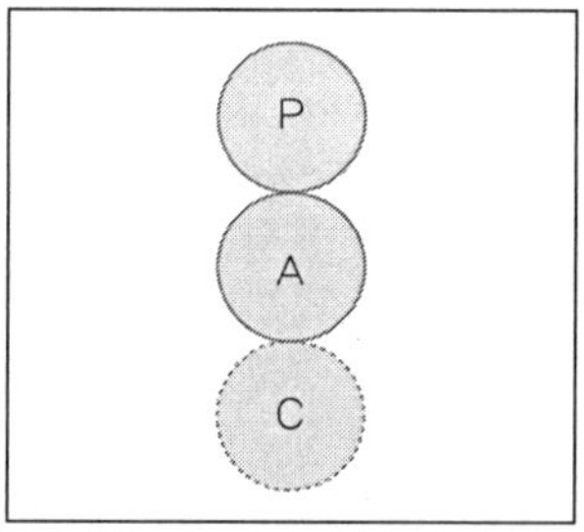

▌그림 1-1▐ 자아상태의 손상

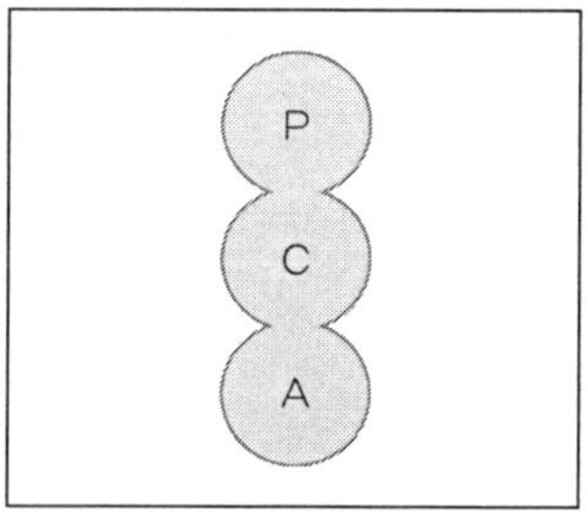

▌그림 1-2▐ 애매한 자아 경계

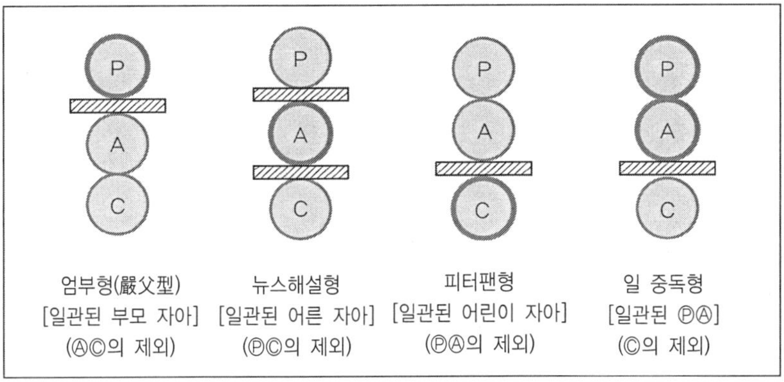

▌그림 1-3▌ 경직된 자아상태 유형

출처 : Pitman(1984).

④ 자아상태의 오염과 장애

자아상태의 이해에서 중요한 것 중 하나는 A 자아상태의 오염(contamination)이다. C 자아상태나 P 자아상태로부터 혹은 그 두 자아상태로부터 A 자아상태의 경계를 침범하는 것으로, 이를 도식으로 나타내면 ▌그림 1-4▌와 같다.

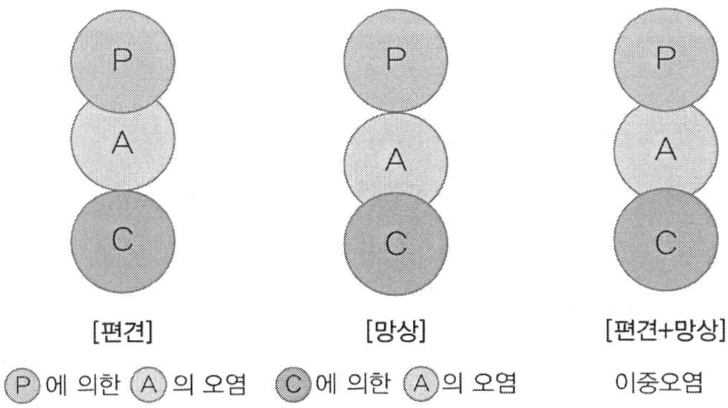

▌그림 1-4▌ 오염된 자아상태 유형

오염은 어른 자아가 근거가 없는 부모 자아의 신념과 어린이 자아의 왜곡된 것을 그대로 "진실하다"고 받아들여 이러한 태도를 정당화 · 합리화한 경우에 발생한다.

오염이 되면 현실에 대한 분명한 지각을 할 수 없고 판단이 흐려지며 행동이나 감정에 혼란이 생긴다. 특히 무식(無識)과 잘못된 신념(信念), 그리고 환상(幻像)이나 망상(妄想)이 겹쳐지면 진실과 허위를 구분하지 못하는 마력(魔力)과 같은 강한 힘이 된다. 예를 들어, 다미선교회 등 1997년 사회문제화된 종말론 〈휴거〉를 들 수 있다.

2) 각본분석(Script Analysis)

인생각본은 어려서부터 배운 부모들의 가르침들과 어린이였을 때 만든 초기 결정들로서 성인이 될 때까지 계속해서 남아있는 것을 가리킨다. 그래서 에릭 번은 각본을 "무의식의 인생계획"이라고 정의했다.

연극에서의 각본처럼 세상을 무대로 인간의 삶도 자신의 각본에 따라 내용이 전개되어 간다는 것이다. 인간은 생의 초기에 부모의 양육 태도에 영향을 받아 자신의 삶을 만들어 나간다. 이를 바탕으로 어린이는 자신의 인생각본을 만들어 나가며 이 각본에 따라 각자 독특한 생활양식이 나타난다.

인생각본이란, 개인의 가장 기본적이고 사적인 생활양식으로 생의 초기에 경험하는 외부의 사건들에 대한 자신의 해석으로 인해 만들어지고 결정된 행동반응 양식이다. 인생각본은 일련의 결정(decision)들로 구성된다.

인생각본은 자신에 대한 타인의 언어와 더불어 비언어적 태도를 자기 나름대로 해석하는 것에서 만들어진다. 자신의 외모, 능력, 성격 등에 대해 다른 사람이 긍정적 태도를 보인다고 자신이 해석하게 되면 긍정적 각본이 형성되고, 반대의 경우에는 부정적 각본이 형성될 수 있다.

어린 시절에 이러한 결단을 내린다고 하니 놀랍게 느껴지겠지만, 살아가면서 겪는 어려움의 대부분이 어린 시절에 내가 만든 각본에서 자유롭지 않기 때문이라는 것을 결국은 알게 된다. 이렇게 각본을 분류하고 분석하는 이유는 부정적인 각본을 버리고 긍정적인 각본을 다시 쓰기 위함이다. 그리고 이 과정에 필요한 것이 바로 재결정(redecision)이다.

스타이너(Steiner)는 현재 교류분석의 중심모델을 이루고 있는 각본 매트릭스를 개발하였다(그림 1-5).

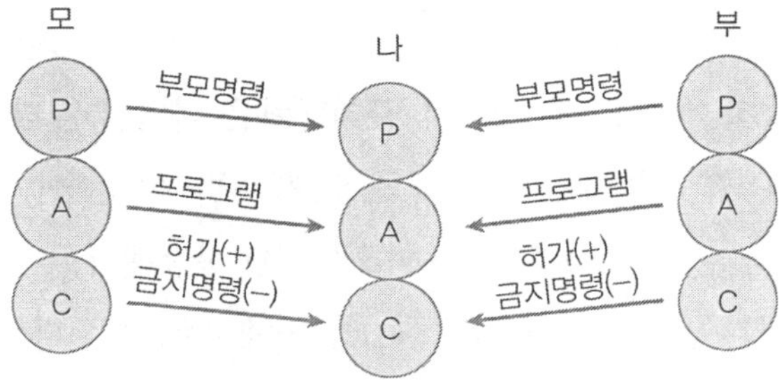

▌그림 1-5▐ 각본 매트릭스

각본 메시지는 유아기 주위 사건들에 의해 형성되며, 모델링(modeling)의 요소가 포함된 언어적(명령, 속성), 비언어적으로 혼합되어 전달되며, 이면교류는 심리학적 수준에 의해 그 메시지가 전달된다. 모델링은 유아기에 사람들이 행동하는 방식에 대하여 예리하게 지각하는 관찰자이다. 이는 꾀돌이(LP)를 작동시켜 문제에 대한 해결을 시도한다.

부모명령(Counter injunctions)은 자녀가 3세에서 12세가 될 때까지 부모의 P에서 자녀의 P에 언어를 통해 전달되는 메시지이다. 각본에서 주요한 역할을 하는 다섯 가지 부모명령은 '완벽해라(Be perfect)', '열심히 노력해라(Try hard)', '기쁘게 하라(Please people)', '서둘러라(Hurry up)', '강해져라(Be strong)'이다.

프로그램(Program)은 부모의 오염된 A로부터 나와서 성장하는 자녀의 A의 발달(부모에 의해 강화됨)을 오염시킨다. 일을 어떻게 수행해야 할 것인지에 대한 메시지들이다. 부모나 부모와 같은 권위적인 인물들로부터 받는 수많은 프로그램 메시지들의 예를 들면, '이번에 일등 해라', '다른 사람에게 함부로 속마음을 드러내지 마라' 등이다.

허가(Permission)는 부모가 어린 시절 스트로크 주고받기를 즐겼듯이 지금 자녀와 즐겁게 스트로크 주고받는 경우, 자녀는 부모가 날 사랑하고 나와 함께 있기를 좋아한다는 결론을 내린다. 각본적 용어로 표현한 경우 부모가 자녀의 존재를 허가하고 가까이 다가오는 것을 허가하는 것이다(Stewart & Joines, 1987).

금지명령(Injunction)은 부모의 해결되지 않는 갈등이 부모의 C에서 언어적, 비언어적으로 자녀가 언어를 배우기 이전인 초기 아동기에 자녀의 C에 전달되는 부정적인 메시지이다(그림 1-6).

굴딩(Goulding, 1976; 1979)의 12가지 금지명령은 다음과 같다.

① 존재해서는 안 된다(Don't exist) ② 남자(여자)여서는 안 된다(Don't be you) ③ 어린아이여서는 안 된다(Don't be a child) ④ 성장해서는 안 된다(Don't grow up) ⑤ 성공해서는 안 된다(Don't Make it) ⑥ …해서는 안 된다. 아무것도 해서는 안 된다(Don't …. or Don't do Anything) ⑦ 중요한 사람이 되어서는 안 된다(Don't be important) ⑧ 소속되어서는 안 된다(Don't belong) ⑨ 가까이 와서는 안 된다(Don't be Close) ⑩ 건강해서는 안 된다/제정신으로 살아서는 안 된다(Don't be well; Don't be sane) ⑪ 생각해서는 안 된다(Don't think) ⑫ 감정을 느껴서는 안 된다(Don't feel).

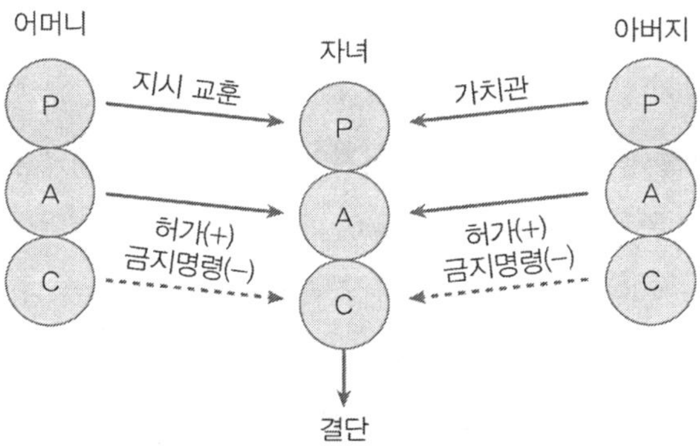

❙그림 1-6❙ 금지명령

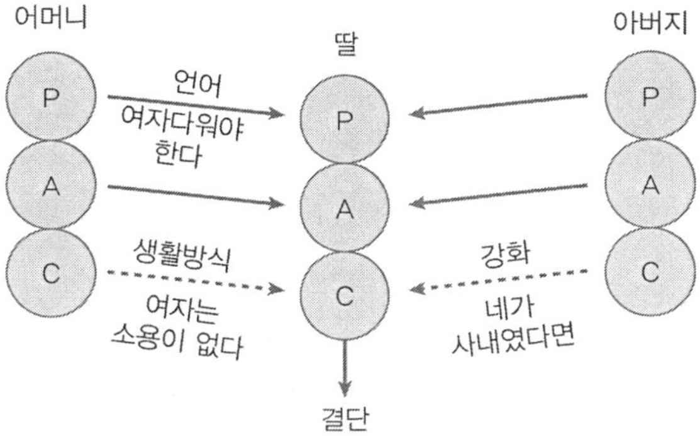

❙그림 1-7❙ 금지명령의 예 : 여자가 되어서는 안 된다

'여자가 되어서는 안 된다'라는 금지명령은 ❙그림 1-7❙에서 보는 바와 같다. 위의 그림에서 어머니는 자신의 부모 자아에서 '여자는 여자다워야 한다'라고 말하며, 그것이 딸의 부모 자아에 들어간다. 그러나 이와 같은 어머니가 '여자는 손해야', '이 불쌍한 어머니를 봐라', '다시 태어나면 반드시 남자로 태어날 거야' 등 말끝마다 푸념을 늘어놓으며, 아버지에 대해서도 이런 종류의 기분을 비언어적으로 표현한다. 그 결과 '여자는 싫다' 라고 하는 메시지가 송신된다. 이것은 어머니의 어린이 자아에서 딸의 어린이 자아로 전해져서 딸은 '여자는 되지 않을 거야'라고 결정하게 된다. 여기에 더하여 아버지는 '네가 남자애였더라면' 하고 후회하는 모습을 보이면 금지명령이 강화된다. 최종적으로 딸은 '너는 필요 없는 아이다'라든가, '사내아이처럼 되어라'라고 하는 아주 이상한 메시지를 받아들이게 된다. 그래서 딸은 말괄량이 처녀가 된다든지, 남성적 행동습관을 몸에 익히게 된다. 이럴 경우 결혼 적령기를 맞이할 무렵이 되면 여성으로서의 정체성이 확립되지 않아 사회적 부적응상태에 이를 가능성이 높다.

자녀는 이러한 금지명령을 받아들일 것인지 아니면 이에 대항하여 싸울 것인지를 결정하게 된다. 만약 받아들이게 된다면, 자녀들은 그들이 그 메시지를 받아들이는 방법을 결정한다.

만약 자녀가 어떤 금지명령을 수용하는 것은 결국 아동은 앞으로 지속적으로 남아 있게 되는 특성구조(character structure)의 일부분을 결정하게 되는 것이다.

3) 라켓시스템(Racket System)

라켓(Racket)과 라켓 감정(Racket feeling)의 정의는 어떤 학자들은 같은 의미로 사용하고 있는데, 스튜어트와 조인스(Stewart & Joines)와 같은 교류분석 이론가들은 이것을 분명하게 구별해 쓰고 있다.

라켓 감정이란 첫째, 아동성장기에 집안에서(특히 부모로부터) 배우고 격려받은 "가정 지향적 친한 감정(a familiar emotion)"으로, 둘째, 많은 스트레스 상황에서 경험되는 감정으로, 셋째, 성인에게 문제해결의 방법으로서는 부적당한 것이다.

라켓(racket)이란 첫째, 일련의 각본 행동으로, 둘째, 우리의 상황을 조작하기 위한 의식 밖에서(무의식) 채용되는 것으로, 셋째, 우리로 하여금 '라켓 감정'을 체험하게 한다. 라켓 감정을 경험할 때에 할 수 있는 일은 이러한 감정을 바로 표현하든가 아니면 나중을 위해 저장하는 것이다. 나중에 사용하기 위해 저장할 때 스탬프(stamp)를 모은다고 한다.

다시 말해서 '라켓'은 '라켓 감정'을 갖게끔 하는 과정(process)이라고 말할 수 있으며, 이 과정은 무의식 속에서 일어난다는 것이다.

또한 라켓 감정에 대한 스트로크를 추구하는 수단으로 사용하는 교류양식을 가리키기 위해 라켓티어링(racketeering)이라는 말을 사용한다. 라켓티어(racketeer)는 라켓 감정을 표현하여 이 감정에 대한 스트로크를 얻기 위해 타인을 교류에 끌어들인다. 이러한 교류는 상대방이 라켓티어에게 스트로크를 보내는 한 계속된다.

라켓체계(Racket system)란 인생각본의 특징을 설명하고 일생 동안 자신의 각본을 유지해 나가는 방법을 보여주는 모델이다. 라켓체계는 자기강화, 왜곡된 감정 체계, 각본을 유지하려는 사고와 행동으로 정의할 수 있다. '각본신념과 감정, 라켓표현, 기억강화'라는 세 가지의 서로 관련되고 의존적인 구성요소로 이루어진다(그림 1-8).

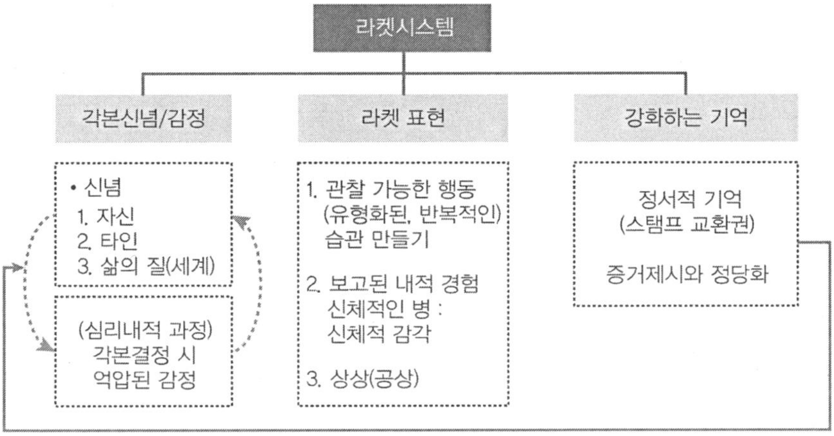

▌그림 1-8▐ 라켓시스템

핵심 각본신념은 아동기의 가장 초기, 가장 근본적인 각본 결정에 해당된다. 어떤 어린이든 처음에 자기 감정의 자유로운 표현이 욕구 충족을 어렵게 한다는 사실을 경험하게 된다. 또한 어린이는 자신의 핵심 각본신념을 재확인하고 가꾸는 보조각본 신념을 추가시킨다.

자신이 실제 느끼는 겁과 상처를 정당화시키는 감정을 재경험할 때마다 자신의 느낌을 정당화하기 위해 각본신념을 재진술한다. 지금-여기에서의 현실을 있는 그대로 지각하려고 하지 않는다. 반대로 이러한 재순환 과정을 반복할 때마다 현실이 각본신념을 확인해 준다는 지각을 강화한다.

라켓표현은 각본신념과 감정을 드러내는 외현적 및 내재적 행동으로 구성된다. 라켓표현은 관찰 가능한 행동, 보고된 내적 경험 및 상상으로 구성된다.

각본신념은 기억강화에 의해 강화되는 것이다. 기억강화를 회상할 때마다 각본신념을 재연한다. 각본을 따를 때, 사람들은 각본신념을 강화해 줄 기억들을 모은다. 이와 같이, 회상해 낸 사건들을 통해 각본신념과 감정을 재순환시킨다. 각본신념이 재연될 때 억압하고 있던 감정을 자극하게 되고 정신 내적으로 '재순환' 과정이 다시 작동하는 것이다. 이러한 일이 발생될 때 라켓표현이 이루어지는 것이다. 라켓표현을 통해 더욱 기억을 강화시키며 정서적 스탬프를 더 많이 수집하게 된다.

4) 게임(Game)

심리사회적 수준에서 활발한 교류가 이루어질 때, 대개 게임이 생긴다. 게임은 최소한 한 사람에게 나쁜 감정을 갖게 하고 끝내는 일련의 교류로서 친밀감이 형성되는 것을 방해한다. 게임은 초기결정을 지지할 목적에서 이루어지며, 유쾌한 감정을 가장하고 인생각본을 추진시키기 위한 교류라고 할 수 있으며, 시간의 구조화의 한 방법이다.

번(Berne)은 30개 이상의 게임 종류를 언급하였으며, 그중에 '가엾은 나(poor me)', '박해받는 자(martyr)', '예, 그러나(yes, but)', '당신이 없었다면(if it weren't for you)', '당신을 돕겠어요(I'm only trying to help you)' 등의 게임을 제시하였다.

게임은 첫째, 표면상 유쾌하게 보이는 상보적 교류(complementary transaction), 둘째, 숨겨진 의도(hidden agenda)를 가지고 있는 이면적 교류(ulterior transaction), 셋째, 게임의 결론을 내리고, 불쾌감 또는 부정적 평가를 수반하는 결말(negative payoff)의 세 가지 기본적 요소로 구성된다. 게임은 항상 결말이 있는데, 보편적인 결말은 초기의 결정을 지지하는 것이다.

번(Berne)이 제시한 '예, 그러나' 게임을 연출하는 사람은 어린 시절에 귀찮게 간섭하기를 좋아하는 지배적인 부모에게 키워졌기 때문에 부모에 대하여 표면적으로 온순한 태도를 취하면서 내심으로는 반항적인 자세를 버리지 않는 사람이다. 처음 연기자는 상대방에 대해 어떤 지시나 원조를 구하며 겉으로만 그런 체하는 문제를 제기한다. 상대방은 거기에 말려들어 '.....한다면' 하고 대응하면 연기자는 '예, 그러나(yes, but)'라고 모든 의견에 반론을 내기 때문에 상대방은 당혹하여 무력감에 빠져들어 침묵해버린다. 때로는 끝에 가서 노여움을 폭발하는 경향도 있다. 이것이야말로 연기자가 바라고 있는 최종적인 결말이 되는 것이다. 말하자면 '나는 부모의 어떤 말도 따르지 않는다'고 하는 어린 시절의 입장을 증명하고 싶은 것이 이 게임의 목적인 것이다.

한편, 게임의 대처 방법은 다음과 같다.

① 타인의 게임에 말려들고 있다고 느껴지는 순간 벗어난다.

② 숨겨져 있는 보상을 주지 말아야 한다. 게임에 말려들지 말아야 한다.
③ 상대가 원하는 참된 인정 자극을 준다.
④ 자신이 원하는 것을 청구한다. 그 방법은 I-Message를 활용한다.
⑤ 시간을 건설적으로 구조화한다.
⑥ 게임을 한다고 상대에게 명명하지 말아야 한다. 관계만 악화될 뿐이다.
⑦ 결과를 생각해 좋지 않은 결과이면 철저히 회피하는 수단을 구체적으로 연기한다.
⑧ 드라마 삼각형의 세 가지 역할 중 어느 것도 연출하지 않도록 한다.
⑨ 기존 교류패턴을 바꾸어 본다.
⑩ 대인관계를 풍부하게 하고 자기인지의 기회를 증가시킨다.
⑪ 긍정적인 스트로크를 교환한다.
⑫ 라켓감정과 행동과의 관계를 객관적으로 관찰한다.

5) 인생태도(Life Position)

인간은 자신과 타인에 대해 기본적으로 지니고 있는 태도에 대한 정당성을 평생에 걸쳐서 입증하고자 하는 욕구가 있다. 교류분석은 여기서 말하는 태도를 'OK' 또는 'not OK'라는 말로 표현한다. 이것을 자신과 타인에게 적용시켜 보면 인생태도는 네 가지로 분류된다(Berne, 1964).

첫 번째는 자타긍정(I'm OK-You're OK)형의 태도다. 이 태도를 취하는 사람은 자기와 타인과의 조화를 이루면서 참된 자아를 실현할 수 있는 사람이다. 또한 이런 사람은 자신과 타인의 존재 가치를 소중하게 여기기 때문에 함께 있을 때 안정감을 느끼게 된다.

두 번째는 자기긍정, 타인부정(I'm OK-You're NOT OK)형의 태도다. 이런 태도는 자기 문제를 타인에게 투사하며, 주로 타인을 원망하는 사람들에게서 나타난다.

세 번째는 자기부정, 타인긍정(I'm NOT OK-You're OK)형의 태도다. 이 태도를 가지고 있는 사람들은 자신을 타인에 비해 무능력하게 여기며 다른 사람들과 친밀한 관계를 잘 형성하지 못하고, 주로 타인의 욕구에 봉사하는 모습을 보인다.

마지막은 자타부정(I'm NOT OK-You're NOT OK)형의 태도다. 이러한 태도를 가지고 있는 사람들은 삶을 무가치하게 여기기 때문에 사람에 대한 흥미를 상실한 채 살아가는 사람들이다. 교류분석이 추구하는 가장 이상적인 태도는 자타긍정형의 태도다.

이와 같이, 인생태도의 OK목장은 다음 ▌그림 1-9▐ 와 같다.

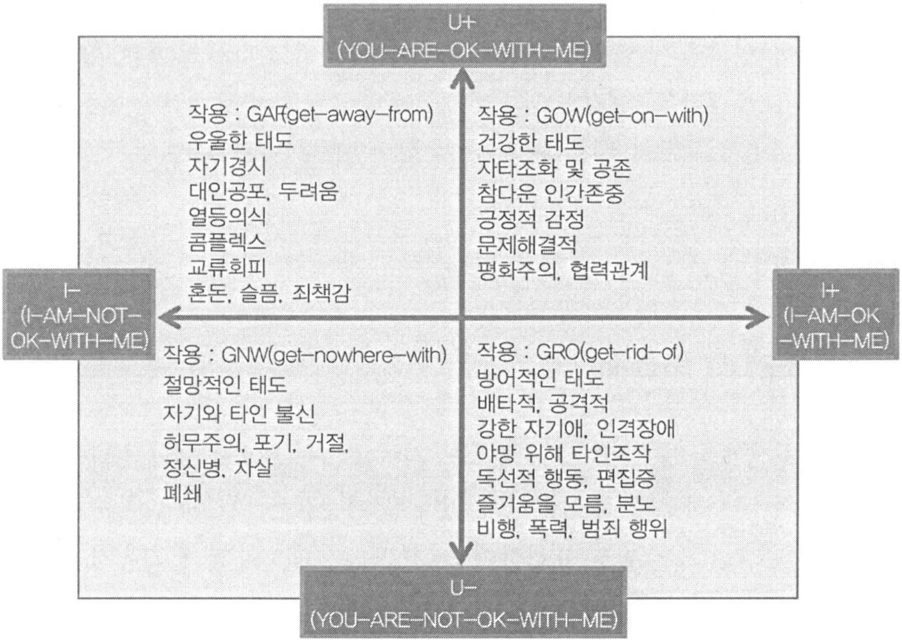

▌그림 1-9▐ 기본적 인생태도와 교류방식

출처 : Pitman(1984).

6) 디스카운트(Discount)

교류분석에서 말하는 디스카운트는 인간의 존재를 낮게 보기도 하고 무시하기도 하는 모든 언동을 의미하는 '경시'라든가 '과소평가'라는 뜻을 지닌 전문 용어로 디스카운트를 사용하고 있다. 디스카운트를 당하면 스탬프가 모이게 되고, 모인 스탬프는 상대에게 되돌려진다.

디스카운트는 "자기 자신", "타인", "현실의 상황"의 세 개의 영역에 있어서 다음과 같은 네 개의 양상으로 나타난다고 말할 수 있다. "자기 자신"의 영역에서 일어나는 디스카운트 네 가지 양상을 이해해 보자.

① 문제의 존재 그것을 디스카운트 한다.

② 문제의 존재는 인정해도 그것이 가지고 있는 까닭(이유, 사정)을 디스카운트 한다.

③ 문제에 대해 해결 가능한 것을 디스카운트 한다.

④ 문제를 해결하기 위해서 자기 자신이나 상대의 능력을 디스카운트 한다.

디스카운트의 기능은 Not-OK 인생태도의 유지 강화, 인생 게임을 행하기, 인생각본을 진전시키기, 공생관계의 강화와 확인으로 설명할 수 있다.

7) 시간의 구조화(Time Structuring)

인간이 자신에게 주어진 시간을 효과적으로 활용하기 위해 자극을 극대화할 수 있는 방향으로 구조화하는 욕구이다. 그 예로 "길게는 개인의 전체 인생을 의미 있고 성공적으로 살 것인가"에서부터 "짧게는 하루 시간의 소일"까지 포함되어 있다. 따라서 구조의 욕구는 자신만의 삶의 방식을 구조화해서 독특한 유형을 발달시킬 수 있는 조건으로 작용한다.

이와 같이, 시간을 구조화하는 방식에는 폐쇄, 의식, 잡담, 활동, 게임 및 친밀이 있다(Goulding, 1985). 인간은 스트로크를 얻기 위해 다음과 같은 여섯 가지의 구체적인 수단을 사용한다.

첫 번째는 폐쇄(Withdrawal)이다. 이것은 타인으로부터의 스트로크를 포기하고 자기애의 껍질 속에 갇히는 것을 말한다. 자신을 타인이나 사회로부터 거리를 두고 자신을 소외시키면서 대부분의 시간을 혼자 공상과 상상으로 보내거나, 또는 자신이나 자신의 가까운 주변에서 자극을 찾게 되는 유형이다. 대표적인 예로 공상과 백일몽이 있다.

두 번째는 의식(Ritual)이다. 이것은 인간관계를 유지하기 위해 최소한의 스트로크를 교환하는 것으로 상호존재는 승인하지만 친해지는 일 없이 정형화된 시간을 보내는 것을 말한다. 사회에서 타인과의 관계를 유지하기 위해 종교적 의식이나 애경사 및 친목 모임 참석 등 사회전통이나 습관에 따르게 되는 의례적인 행동을 의미한다. 개인적으로 특별하고 친밀한 관계형성이 아닌 의례적인 시간 구조화를 통해 의식적으로 하는 행동으로 국한된다.

세 번째, 잡담(Pastime)은 일상에서 비교적 짧은 시간들을 재미와 함께 효과적으로 보낼 수 있도록 소일거리를 찾아서 시간을 구조화하는 것을 말한다. 그 예로 때때로 이웃들과 취미생활, 운동을 하는 등의 시간활용을 통해 삶의 자극과 마음의 여유를 찾고자 하는 것이다. 대상을 골라서 일상의 사건에 대해서 의견을 교환하거나 서로의 취미에 대해서 소개하는 등, 간단한 화제를 중심으로 이루어지는 교류를 가리킨다.

네 번째는 활동(Activity)이다. 이것은 인간을 대상으로 하는 것으로서 어떤 재료, 도구, 아이디어 등을 매개로 하여 스트로크를 얻는 데 특색이 있다. 개인의 삶과 현실 생활을 안전하게 유지하기 위해 일상적인 행동을 사회적으로 구조화하는 것을 의미한다. 활동은 일반적으로 "일"이라 하며 사회에서 인간관계 유지뿐만 아니라 개인의 발전 및 성공과도 연관되어 있는 실용적이고 필수적인 것이다. 그러나 개인적으로 너무 일에 집착하게 되면 가족과 사회적으로 인간관계에서 멀어지게 되는 폐쇄의 문제가 발생할 수 있다.

다섯 번째, 게임(Game)은 자신을 방어하기 위한 기제로서 인간관계에서 저의적인 내용을 포함하고 있는 암시적 교류를 하기 위해 시간을 구조화하는 행동이다. 주로 부모나 가족으로부터 신뢰와 애정의 인간관계를 경험하지 못한 사람들이 타인과의 관계를 유지하기 위해 게임을 연출해서 자극을 얻기 위해 노력한다. 따라서 게임을 통한 교류는 진실한 교류가 아니기 때문에 겉으로는 친밀감이 있는 것처럼 보이지만 내면적으로는 거리감을 가지고 대하는 것으로 지나치면 인간관계 소외 및 고립의 결과를 초래할 수 있으며, 이것은 긍정적인 교류가 이루어지지 않아 부정적 스트로크를 교환하는 것이다.

여섯 번째, 친밀(Intimacy)은 타인과의 신뢰와 배려를 기본으로 형성되는 진실된 교류로 시간이 경과할수록 관계가 깊어진다. 이 교류는 서로를 위해 시간을 공유하고 상호인정하는 자기긍정-타인긍정의 인생태도에서 비롯되며 시간의 구조화에서 가장 이상적인 방법에 해당되며, 시간을 이상적으로 구조화하는 방법으로 긍정적 스트로크를 교환하는 것을 가리킨다.

8) 재결정(Redecisions)

초기 결정은 부모에게 인정받으려는 욕구나 스트로크(stroke)를 받으려는 욕구 또는 신체적, 심리적 생존을 위한 욕구에서 동기화된다. 번(Berne)은 사람들이 이러한 금지명령과 그 금지명령에 근거하여 내린 결정의 희생물(victim)이라고 보고 있다. 즉, 사람들이 부모에 의해 각본이 쓰이는 방식에 따라 그들의 인생 계획을 결정한다는 것이다. 교류분석이론에서는 초기결정이 내려졌을지라도 그 결정을 뒤엎지 못하는 것은 아니라고 보며, 초기 결정에 반응하여 새로운 결정을 내릴 수 있다고 본다.

아동기의 어떤 시점에서 받은 금지명령에 반응하여 결정한 것은 그 당시에는 적절했을지 모르지만 그 이후의 어떤 시점에서는 부적절한 것이 될 수 있다. 따라서 교류분석이론에서는 이러한 초기 결정의 특성을 자각하고, 새로운 결정, 즉 재결정을 내리도록 함으로써 개인을 변화시키고자 한다(서혜석 외, 2020).

이러한 재결정을 위해서는 초기결정이 이루어진 아동기의 장면으로 되돌아가서, 내담자로 하여금 과거의 상황을 정서적으로 재경험하게 하여 초기결정의 본질을 이해하게 하고, 인지뿐 아니라 정서적으로도 재결정을 하게 한다. 예를 들어, 한 사람의 '살고 싶지 않다'는 초기결정을 바꾸기 위해서는 그의 부모와 함께 생활하던 아동기로 되돌아가서 그 시기의 감정하에서, 자신이 충분히 살 가치가 있고, 자기파괴적인 생활을 멈추고, 완벽한 삶을 살겠다는 새로운 결정을 할 수 있도록 격려해 주어야 한다. 그러나 재결정의 과정은 끝이 아니라 또 하나의 시작이다. 재결정을 한 후에 개인은 다른 방식으로 생각하고, 행동하고, 느끼게 되며, 자신의 자율성을 발견하게 되고, 기쁨을 경험하게 된다(김동배 외, 1998).

02 CHAPTER 6가지 성격적응 유형 모델

성격적응 유형 모델 이해의 핵심은 다음과 같이 다섯 가지 기본 전제를 가지고 있으며, 이에 따른 6가지 성격적응 유형 모델에 대해 오수희 외(2012)에서 발췌하여 요약 및 일부는 재구성하였다.

하나, 우리는 여섯 가지 기본적인 성격적응 유형을 분명히 하려고 한다. 이것은 유전적인 프로그래밍과 인생 초기에 경험한 결과로 발생되는 개인의 발달이다.

둘, 이러한 성격적응 유형은 모든 사람이 보편적으로 몇 가지를 조합해서 지니고 있다.

셋, 각각의 사람은 적어도 하나의 '생존적(surviving)' 적응과 다른 사람을 위해 선택한 '실행적(performing)' 적응을 가지고 있다.

넷, '생존적' 적응은 환경에 대한 신뢰가 깨질 무렵 자기 자신을 보호하기 위해 개발된 것이고, '실행적' 적응은 가족 안에서의 기대를 충족시키기 위해 개발된 것이다.

다섯, 이러한 성격적응 유형에 대한 정보는 심리치료사나 상담자에게 보다 빨리 라포를 형성할 수 있도록 인도할 것이다. 또한 내담자의 방어기제를 피하고, 내담자가 가장 효과적으로 변화할 수 있는 영역으로 상담자가 개입할 수 있도록 도와줄 것이다.

1. 열정적 과잉반응자(연기성 성격적응)

1) 성격 특징 및 행동 묘사

성격적응 유형	성격 특징	행동 묘사
열정적 과잉반응자 (Histrionic)	흥분성, 과잉반응성, 정서적 불안정, 극적임, 주변의 시선 끌기, 유혹, 에너지가 많음, 타인의 감정에 대한 관심, 상상력	미숙함, 자기중심성, 허영심, 의존성, 유희성, 매력적, 재미있는

2) 사분할도 및 웨어 이론

(1) 사분할도

능동적 참여(左上). 열정적 과잉반응자는 일반적으로 다른 사람과 잘 어울리는 경향이 있으며, 큰 집단에 관여되는 것을 즐긴다. 이들은 문제를 해결해야 할 때나 사회적인 상호작용이 필요한 경우, 직접적으로 '능동적인 참여'를 통해 자발적으로 접근한다(그림 2-1).

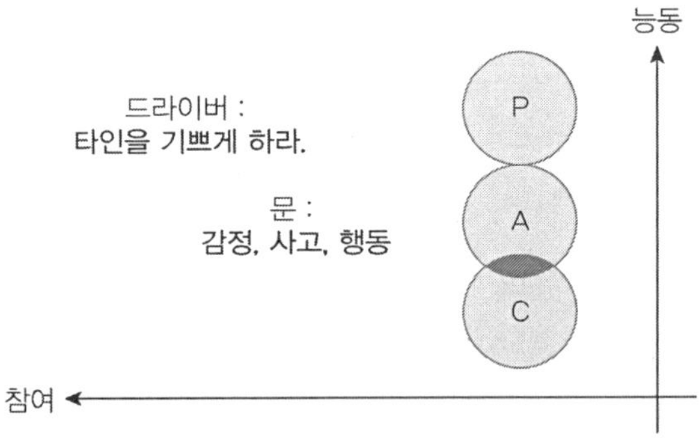

| 그림 2-1 | 열정적 과잉반응자(연기성 성격적응)

(2) 성격 구조

자아상태 모델로 보면, 연기성 성격적응은 어린이 자아상태에 의해 오염된 어른 자아를 가지고 있다. 스트레스 상황에서, 이들은 오직 자신의 감정만을 현실로 받아들이는 아동기의 전략으로 되돌아가는 모습을 보이기 때문에 현실에서 잦은 혼란을 경험한다. 또한 자기 느낌이 맞다는 증거를 찾고자 어린이 자아의 사고가 디스카운트 되어 '사고하지 마라'라는 메시지에 의해 움직인다.

합리적 사고를 함으로써 어른 자아를 어린이 자아로부터 정화해야 한다.

(3) 웨어(Ware) 이론 : 감정, 사고, 행동

열정적 과잉반응자는 주로 '감정'을 통해서 외부 세계를 다룬다. 폴 웨어(Paul Ware)는 이것을 '개방문(Open Door)'이라고 명명했다(Ware, 1983). 감정 영역은 이들이 가장 많은 양의 에너지를 투자하는 곳이다. 만약 이들과의 효과적인 접촉을 원한다면, 이들의 감정을 통해 접근하는 것이 중요하다. 가장 좋은 방법은 이들을 다독거리는 것이다. 이들이 가장 중요하게 생각하는 것 중에 하나는 타인이 자신의 감정을 보호해 주는 것이다. 이들의 감정에 접촉할 수 있는 다른 방법은 이들을 즐겁게 하는 것이다. 그때 이들은 밝게 반응할 것이다. 이후 통합이 필요한 이들의 성격 영역은 '사고'이다. 사고 영역은 이들의 '표적문(Target Door)'이며, 문제를 해결하고 변화하는 영역이다.

연기성 성격적응을 하는 사람은 깊이 있는 것보다 표면적인 감정을 느낀다. 이들은 이것을 '피상적인 감정'으로 묘사한다. 만약 당신이 이들에게 어떤 것을 좋아하냐고 묻는다면, 이들은 "오! 훌륭한 것을 좋아하지요"라고 말할 것이다. 그러나 더이상 깊이 있는 설명은 하지 않을 것이다. 당신이 좀 더 자세히 언급해 주기를 부탁하면, 이들은 그것을 설명하기 위해서 사고 영역으로 움직일 것이다.

이들의 사고가 감정과 통합되어 감에 따라, 당신은 이들의 '행동'에서 커다란 변화를 보게 될 것이다. 이들은 과잉 반응하는 것을 멈출 것이다. 이러한 변화는 표적문인 사고를 다루게 됨으로써 얻게 되는 결과다.

당신이 이들의 행동을 직접 다루고자 한다면, 당신은 곧 공격당할 것이다. 행동은 이들의 함정문(Trap Door)이기 때문에, 가장 커다란 방어기제가 도사리고 있다. 이들이 아동기에 긍정(OK)이 되기 위해서 받은 메시지는 '타인을 기쁘게 하라'였고, 이들은 이미 어떻게 해야 하는지를 알고서 최선의 행동을 취해 왔다.

만약 당신이 이들의 행동을 비판한다면, 당신이 기뻐하지 않는다고 느끼게 될 것이고, 바로 부정(Not-OK)의 감정에 빠져들게 될 것이다.

(4) 주요 드라이버 : 타인을 기쁘게 하라

(5) 신체의 특징

열정적 과잉반응자는 허약하고, 의존적인 경향이 있다(Lowen, 1975). 이들의 신체는 무언가 불충분하고, 에너지의 흐름이 미약한 편이다. 이들은 키가 크며, 깡말랐고, 튼튼하지 못한 근육 때문에 몸을 지탱하는 데 어려움을 겪기도 한다. 그래서 이들은 두 발로 서 있으면서도 다른 사람에게 기대어 있거나 매달려 있는 모습을 종종 보인다. 내면적으로 이들은 억압된 열망을 지니고 있기도 하다. 또한 홀로 있는 것을 힘들어한다. 아동기 시절 이들이 경험한 딜레마는 "내가 만약 혼자 있다면, 나는 필요한 지지와 따뜻함을 포기해야만 해"라는 것이다(Lowen, 1975). 그래서 이들은 혼자 있는 것을 거부하기로 결단하였다.

3) 자원 및 장애물

열정적 과잉반응자 성격유형의 자원은 주도적, 공적 관계나 그와 관련된 역할을 잘 해내는 것이 강점이다. 이런 강점이 문제해결 방식에도 능동적이며, 대인관계에서 능력이 탁월하며, 단체생활을 선호한다. 반면에 장애물은 과잉반응이다.

따라서 이들은 타인 관심이 없이도 자신이 소중하며, 사랑받을 수 있으며, 자신이 감정적으로 사실이라고 느낀 것이 객관적인 사실이 될 수 없다는 것도 깨닫는 것이 필요하다.

4) 치료의 핵심내용

스스로 홀로 설 수 있다. 분노를 사용할 필요가 있다. 도망가는 것을 중지한다. 타인에게 관심을 쏟지 않아도 나는 소중한 존재이다.

2. 책임감 있는 일 중독자(강박-신경증적 성격적응)

1) 성격 특징 및 행동 묘사

성격적응 유형	성격 특징	행동 묘사
책임감 있는 일 중독자 (Obsessive-Compulsive)	순응성, 성실함, 책임성, 신뢰성	완벽주의자, 과잉 억제, 과잉 성실, 공손함, 긴장(쉬는 것이 가장 어려움), 의존할 수 있는, 깔끔

2) 사분할도 및 웨어 이론

(1) 사분할도

능동적 회피(右上). 책임감 있는 일 중독자의 일반적인 문제 해결과 상호작용의 형태는 먼저 접근한다는 것이다. 이들은 대집단보다는 한두 명의 소수와 관계 맺기를 선호한다. 그리고 자신의 테두리 안에서 편안함을 느낀다(그림 2-2).

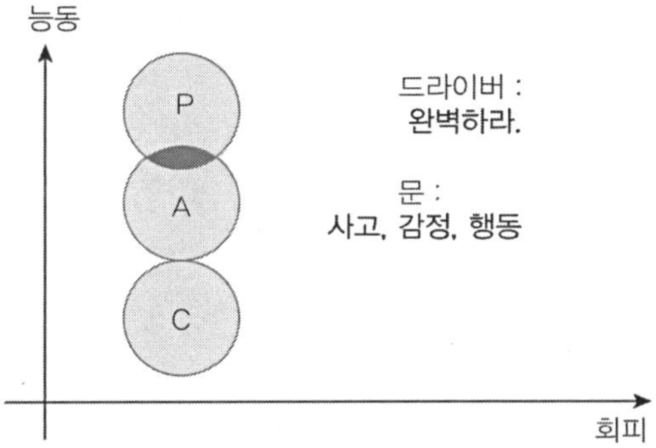

▎그림 2-2▐ 책임감 있는 일 중독자(강박-신경증적 성격적응)

(2) 성격 구조

강박-신경증적 성격적응을 자아상태 모델로 분석해 보면, 어른 자아가 부모자아에 의해 오염되어 있는 것으로 분석된다. 이들은 '지금-여기'에서 적절하게 활용될 규범을 고려하기보다는 '열심히 일하라', '옳은 것을 하라' 같은 부모 자아 상태의 요구에 순종하는 경향을 보이며, 부모가 진실이라고 한 증거를 찾는 데 에너지를 투여한다.

부모 자아의 '-해야 돼', '-해서는 안 돼'라는 메시지에 의해 움직인다. 감정과 접촉으로써 내면의 부모 자아가 얼마나 억압적인지를 알게 되며 자신의 미해결된 어린이 자아의 욕구를 경험하기 시작한다.

이완된 즐거운 삶을 유지하도록 어린이 자아 에너지를 활성화시키고 동기부여를 통해 어른 자아를 부모 자아로부터 정화해야 한다.

(3) 웨어 이론 : 사고, 감정, 행동

책임감 있는 일 중독자는 외부세계와 통하는 첫 번째 관문으로 '사고'를 사용한다. 이것은 이들의 개방문이다. 사고는 대부분의 에너지가 모여 있는 곳이다. 만약에 이들과 접촉하길 원한다면, 사고 영역으로 접근하는 것이 중요하다. 또한 이들의 사고영역에 스트로크를 주는 것은 매우 유용한 방법이다. 성격의 통합을 위해 필요한 다른 영역은 '감정'이다. 감정은 문제를 해결하고 변화되는 표적문이다.

책임감 있는 일 중독자의 사고는 열정적 과잉반응자의 감정과 유사한 방식으로 진행되는 경향이 있다. 이들은 문제 해결을 위해서, 즉각적인 것보다 전반적인 상황과 관련된 모든 것을 생각하는 경향이 있다. 문제를 완벽하게 해결하기 위해서 자신이 느낀 필요와 감정 이상으로 어떤 압박에 시달리기도 한다. 당신이 이들의 감정에 초점을 맞춘다면, 이들은 더 깊은 생각에 잠기기 시작할 것이다. 이들의 감정에 초점을 맞추는 최고의 방법은 양육적 부모 자아상태 행동을 하거나 이들이 느끼는 감정이 무엇인지 질문하거나 자연스러운 어린이 자아상태에 접근하고 이들과 즐기는 경우다. 이들의 감정과 사고가 통합되어 감에 따라, 당신은 이들의 '행동'에 커다란 변화가 있음을 확인하게 될 것이다. 이들은 자기 자신을 이완시키고, 즐거운 놀이를 찾기 시작할 것이다. 이러한 변화는 이들의 표적문인 감정을 다룬 결과다.

만약 당신이 직접적으로 이들의 행동을 다루려 한다면, 당신은 즉각적인 저항에 부딪히게 될 것이다. '행동'은 이들에게서 가장 많은 방어기제가 존재하는 곳이기 때문이다. 이들이 어린이였을 때, 긍정(OK)이 되기 위해서 받은 메시지는 '완벽하라'는 것이다. 그리고 이들은 이미 어떤 것이 최선인지를 알고 있다.

당신이 이들의 행동을 비판한다면, 이들은 자신이 완벽하지 않다는 것을 느끼게 될 것이고, 재빨리 부정(Not-OK)적인 감정에 휩싸일 것이다.

(4) 주요 드라이버 : 완벽하라

(5) 신체의 특징

책임감 있는 일 중독자는 등을 꼿꼿이 세우고 있는 것이 특징이다(Lowen, 1975). 이들은 굴복하는 것을 싫어하고, 복종당하는 것은 붕괴되는 것이라 여긴다. 이들의 몸은 균형 잡혀 있거나, 조화로운 경우가 많다. 외적인 모습(손목과 발목)은 단단한 느낌이다. 강박-신경증적 성격 적응은 사랑을 하는 데에서 좌절감을 맛보는 경우가 많은데, 특히 이성과 관련된 경우 더욱 그러하다. 이들은 자신을 속이려 하거나 이용하려는 사람을 경계한다. 또한 일을 시작하고 성취하기 위해서 자신의 충동을 잠시 접어두는 경향이 있다.

어린 시절에 경험하게 되는 이들의 딜레마는 "이성을 잃지 않고 온전히 사랑한다면, 자유로울 수 있을 것이다"라는 것이다(Lowen, 1975).

3) 자원 및 장애물

책임감 있는 일 중독자 성격유형의 자원은 높은 책임감이며, 사회 기둥의 역할이 강점이다. 이런 강점이 문제해결 방식에도 능동적이며, 대인관계에서 관계를 주도한다. 교류의 패턴은 일대일이거나 두세 명과 교류를 선호한다. 한편 장애물은 '책임지기를 언제 그만둘 것인가?'이다.

따라서 이들은 완벽하지 않더라도 충분하다는 것을 깨닫는 것이 필요하다.

4) 치료의 핵심내용

때로는 완벽하게 일을 성취하지 않을 때에도 자신은 여전히 사랑스러운 존재임을 인식할 수 있도록 돕는다. 불합리한 요구에 '아니요'라고 할 수 있어야 하며, 일찍이 어른이 되어서 즐거운 시간이 필요하다.

3. 유희적 반항자(수동-공격성 성격적응)

1) 성격 특징 및 행동 묘사

성격적응 유형	성격 특징	행동 묘사
유희적 반항자 (Passive-Aggressive)	수동-공격성, 증오의 표시, 과잉 의존, 스스로 생각하겠다는 결단, 문제의 양면 비중 고려	방해, 뿌루퉁, 고집 있는, 활기찬, 장난기, 집요한

2) 사분할도 및 웨어 이론

(1) 사분할도

수동적 참여(左下). 유희적 반항자는 집단에서 사람들과 관계 맺기를 좋아한다. 그러나 이들은 문제해결 측면이나 사회적인 상호작용에서는 수동적인 경향이 있다. 그리고 다른 사람들이 먼저 움직일 때까지 가만히 기다리는 경향도 있다(그림 2-3).

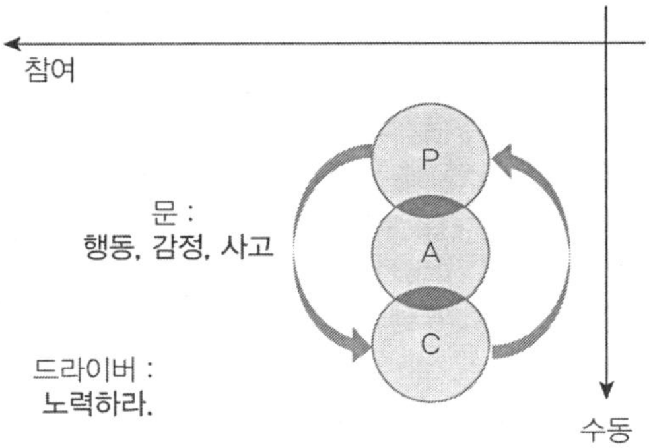

▌그림 2-3▐ 유희적 반항자(수동-공격성 성격적응)

(2) 성격구조

자아상태 모델로 수동-공격성 성격적응을 분석해 보면, 어른 자아는 부모 자아상태와 어린이 자아상태 양쪽 모두에 의해 오염되어 있다. 이들의 심리 내적으로는 심한 투쟁이 벌어지는데, 부모 자아상태는 어린이 자아상태를 '비판'하고, 어린이 자아상태는 이에 대한 반응으로 '반항'하는 것이다.

자신의 고통을 느껴보고 어린 시절 욕구 해결에 협력적이지 않았던 부모애도를 통해 어른 자아를 부모 자아와 어린이 자아로부터 정화해야 한다.

(3) 웨어 이론 : 행동, 감정, 사고

유희적 반항자가 제일 먼저 외부세계와 접촉하는 곳은 이들의 개방문인 '행동'이다. 행동은 이들의 에너지가 가장 많이 모인 곳이다. 이들이 사용하는 행동은 '수동적인 공격'이다. 예를 들면, "아직도 저녁 먹을 시간이 아니란 말이야?"라고 말하고서는 다른 사람이 함께 식사하러 가자고 말하기를 기대한다. 이들과 효과적인 관계를 맺길 원한다면, 이들과 즐기면서 행동을 통해 접근하는 것이 중요하다.

사실, 즐기는 것은 이들의 협력을 유도하는 유일한 방법이다. 이들에게 무엇을 할 것이냐고 묻는다면, 이들은 저항할 것이다. 이들의 사고를 통해서 접근하면, 이들은 '이럴 수도 있고 저럴 수도 있는' 딜레마에 빠지게 된다. 이들과 즐기면서 접근을 할 때에만, 이들은 이완을 하고 안전감을 느끼게 된다.

이들의 성격을 통합하기 위해 필요한 성격의 다른 영역은 '감정'이다. 감정은 이들에게 변화를 유도하고 문제를 해결하기 위한 표적문이다. 먼저 이들과 즐기면서 관계를 맺다가 양육하는 관계로 옮겨가는 것이, 이들의 감정에 접근하는 최선의 방법이다.

수동-공격성 성격적응의 사람은 자신의 감정을 느끼게 됨에 따라, 이들은 어렸을 적부터 계속 투쟁하면서 형성된 '분노'와 '상처'를 경험한다. 예전부터 억눌러 왔던 감정을 경험하고 표현함으로써, 이들의 사고 속에 있는 투쟁심은 중지하게 되고 승리자가 없던 딜레마에서 벗어날 수 있다. 최선의 방법은 이들을 어버이와 같은 양육적인 행동으로 지지하고, 이들을 존재 그 자체로서 수용하는 것이다. 그러면 이들은 당신과 함께 있음으로 해서 긍정(OK)적인 존재가 될 수 있고, 자신에게 어떠한 변화가 없더라도 괜찮다는 것을 경험할 수 있을 것이다. 이러한 긍정(OK)을 경험함에 따라, 이들은 흑백논리 관점을 중지하게 될 것이다.

만약 이들의 사고에 직접적으로 관여한다면, 당신은 어디에도 있을 수 없다. 왜냐하면 이들의 '사고'는 가장 많은 방어기제가 존재하는 함정문이기 때문이다. 이들이 어린 시절 긍정(OK)적인 존재가 되기 위해서 받은 메시지는 '노력하라'는 것이다. 자신이 하고 싶은 것에 대해서 될 수 있는 대로 마음속으로 노력을 한다. 그러나 그 어디에서도 그것을 얻지는 못한다.

(4) 주요 드라이버 : 노력하라

(5) 신체의 특징

신체상의 특징으로 유희적 반항자는 강한 의지에 반하는 에너지로 가득 차 있다(Lowen, 1975). 이들은 키가 작고, 통통한 몸을 가지고 있는 경우가 많으며,

폭력적인 행동으로 감정을 터뜨리는 것과 자신 안에 간직되어 있는 공포와 마주하는 것을 두려워한다. 마치 잘려 나가는 공포에도 불구하고, 자신의 목을 집어넣는 것이 어려운 거북이와 같다. 어린 시절에 경험하게 되는 이들의 딜레마는 사랑과 자유 사이에서 벌어진다. “만약 내가 원하는 것을 하게 되면, 당신의 사랑을 잃고 말 겁니다. 당신의 사랑을 얻기 위해서, 나는 나 자신을 포기해야만 해요.”

3) 자원 및 장애물

유희적 반항자 성격유형의 자원은 훌륭한 탐정 또는 부정 폭로자이거나 비평가로서의 역할이 강점이다. 한편 장애물은 무익한 힘겨루기, 아무도 자신을 통제하지 않을 때조차 타인통제를 위해 다투는 것이다. 이러한 단점은 문제해결방식에서 소극적이며, 장난치지만 타인통제를 강하게 저항한다. 또한 대인관계에서도 집단구성원 역할에 만족하는 것을 선호한다. 따라서 이들은 양자택일과 생존하기 위해 온 노력을 다할 필요가 없음을 깨닫는 것이 중요하다.

4) 치료의 핵심내용

존재 자체를 긍정, 타인과 협력, 투쟁 불필요, 요구하는 법, 화낼 권리, 자연스러운 어린이 자아상태 옆에서 유쾌하게 상호작용, 함께 뒹굴고 고함 지르기 등이다.

4. 뛰어난 회의론자[1](편집성 성격적응)

1) 성격 특징 및 행동 묘사

성격적응 유형	성격 특징	행동 묘사
뛰어난 회의론자 (Paranoid)	사고의 경직성, 과장, 투사적, 훌륭한 사고자, 높은 기대, 모든 것에 있어서 최상 지키기, 상세함에 주의 집중	과잉 민감, 회의적, 질투, 시기, 지식 있는, 조심스러운, 의심

2) 사분할도 및 웨어 이론

(1) 사분할도

능동적 회피(右上)와 수동적 회피(右下)에 걸쳐 나뉘어 있다. 다른 말로 하면, 뛰어난 회의론자는 대집단보다는 소수의 사람과 관계 맺기를 선호하고, 문제 해결과 사회적인 상호작용 측면에서는 자신의 판단대로 행동한다. 즉, 이들은 자신이 먼저 행동하는 것과 타인이 먼저 움직일 때까지 기다리는 것 사이의 중립적인 위치에 서 있다(그림 2-4).

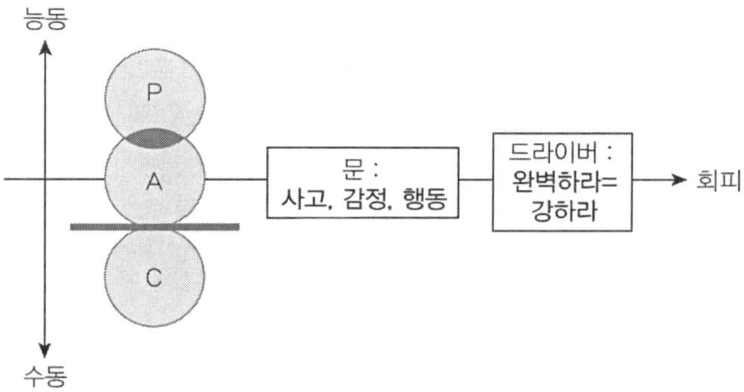

▌그림 2-4▐ 뛰어난 회의론자(편집성 성격적응)

1) Brilliant - Skeptic를 뛰어난 회의론자로 번역하고자 한다.

(2) 성격 구조

자아상태 모델로 보면, 편집성 성격적응은 부모 자아가 어른 자아를 오염시키고 있으며, 어린이 자아상태는 배제되어 있다. 부모 자아가 자신의 행동에 대해 엄격한 신념을 설정하여, '완전하게 하고 강해지기'를 바라는 부모 자아에 의해 어른 자아를 오염시키고, 어린아이 같은 행동과 감정은 자발적이고 예측 불능이기에 어린이 자아상태가 배제되어 있다.

이완된 자세로 좋은 감정을 유지하면서 자신이 지각한 바를 확인해 보고 사물을 처음 보았을 때만큼 불확실하지 않음을 깨닫게 하여 어른 자아를 부모 자아로부터 정화해야 한다.

(3) 웨어 이론 : 사고, 감정, 행동

편집성 성격적응을 하는 사람이 세상과 맨 처음 접촉하는 영역은 이들의 개방문인 '사고'이다. 사고는 이들이 가장 많은 에너지를 투자하는 곳이다. 이들과 관계 맺기를 원한다면 이들의 사고영역에 접촉하는 것이 매우 중요하다.

또한 이들은 자신들의 명확한 사고 능력에 대해 인정받을 때 고맙게 여긴다. 이들의 성격 영역 중 통합될 필요가 있는 영역은 '감정'이다. 감정은 이들의 문제해결과 변화가 필요한 표적문이다. 이들의 감정에 개입할 수 있는 최선의 방법은 이들을 보호하거나 자신에 대해서 타인이 어떻게 느끼고 생각하는지에 대한 자신의 감정을 확인하는 것이다.

뛰어난 회의론자는 자신의 높은 민감성 때문에 조심스럽게 외부세계를 바라본다. 이들은 타인과의 관계를 매우 조심성 있게 다루려고 하며, 어떤 누구도 쉽게 자기와 밀접한 거리에 두려고 하지 않는다. 이들은 타인에 대해 신뢰와 믿음을 느낄 때까지 타인의 행동을 의심한다. 이들은 자신의 불안정을 투사하기 때문에, 타인의 개입을 종종 오해하기도 한다. 당신이 이들의 감정에 관심을 기울이고 타인에 대한 투사를 이해하는 가운데 접근하게 되면, 경계를 풀기 시작하고 신뢰를 가지기 시작할 것이다.

이들과 관계 맺기 위한 최선의 작업은 양육적으로 접근하는 것이다. 그럼으로써 이들은 안심하게 되고, 심리적인 지지와 보호를 받는다고 느끼게 될 것이다. 그러나 이것은 이들의 사고 영역과의 관계 형성 이후에 더욱 성공적일 수 있다. 왜냐하면 처음부터 너무 밀접하게 이들과 감정적인 측면으로 관계를 형성하려고 하면, 이들은 불안을 느끼기 시작할 것이고, 당신의 동기에 대해 더욱 의심을 품게 될 것이기 때문이다. 당신이 이들의 개방문인 사고 측면과의 관계 설정 이후 표적문인 감정을 통해 이들과 작업을 한다면, 이들은 점차 이완될 것이고 당신을 더욱 신뢰할 것이다.

만약 당신이 이들의 행동적인 측면에 직접적으로 개입하면, 당신은 쉽게 곤경에 빠지게 될 것이다. '행동'은 이들의 함정문으로 가장 많은 방어기제가 존재하는 곳이기 때문이다. 이들이 아동기에 긍정(OK)적인 존재가 되기 위해서 받은 메시지는 '완벽하라'와 '강하라'다. 그리고 이들은 이것을 현재도 충실히 따르고 있다. 만약 당신이 이들의 행동에 대해 비판을 가하면, 이들은 빠르게 부정(Not-OK)적인 느낌을 가지게 될 것이고, 점차 의심하고 망상에 빠지게 될 것이다. 뿐만 아니라 불쾌한 자극을 준 당신을 객관화시키고 공격할 것이다.

(4) 주요 드라이버 : '완벽하라'와 '강하라'가 동일한 수준의 빈도를 보이고 있다.

(5) 신체의 특징

편집성 성격적응은 굴복하는 것을 싫어한다. 이들은 복종하는 것은 붕괴당하는 것이라 여긴다. 이들은 등이 곧바로 선 몸매를 지니고 있으므로 근육이 많이 긴장되어 있다. 이들의 몸은 에너지로 가득 차 있지만, 이것은 주로 외적인 곳(손발)에서 많이 드러난다. 이들은 피부색이 좋은 편이며, 몸은 조화롭게 균형 잡혀 있다. 빛나는 눈을 가지고 있으며, 야망이 있고, 공격적이며, 경쟁적이기도 하다.

이들은 잘 알려져 있지 않거나, 자신을 속이려 하고, 함정을 지닌 사람이나 사물에 대해 경계하는 편이다. 수동성은 이들의 약점으로 경험된다. 이들은 시작하고 성취하기 위해, 자신의 충동을 잠시 접어 두는 경향이 있다.

이들은 남이 시키는 대로 하는 것을 싫어하며, 그렇게 하는 것을 바보 같은 것이라 여긴다. 강박-신경증적 성격적응 유형과 마찬가지로, 편집성 성격적응 유형 역시 누군가와 사랑하는 것을 어려워하며, 특히 이성 관계에서는 더욱 그러하다. 이들은 자기 자신과 타인을 최대한 통제해야만 충분히 사랑받을 수 있다고 믿는다.

이들은 방어하거나 느슨한 모습 또는 약하게 보이는 것을 싫어한다. 또한 사랑에 대한 자유와 포기 사이에서 딜레마를 경험한다. 즉, "나의 이성을 잃지 않고 온전히 사랑한다면, 나는 자유로울 수 있을 것이다"(Lowen, 1975)라고 생각한다.

3) 자원 및 장애물

편집성 성격적응 유형의 자원은 회계, 경영, 법률, 세부적 사고 분야의 일을 잘 처리한다. 어느 것도 놓치지 않는 훌륭한 주관자이다. 이러한 강점은 문제해결 방식에서 능동적이며, 타인이 다가오기를 기다린다. 대인관계는 혼자나 한두 명과의 교류를 선호한다. 한편 장애물은 자각하는 것이 사실이라고 잘못 지각하며, 확인하지도 않고 그것에 근거해서 행동을 하는 것이다.

따라서 이들은 타인을 신뢰하고 통제권을 상실하지 않으면서 약간의 통제권을 양도해 보는 것이 필요하다. 또한 지각한 것이 사실이라고 단정하기보다는 확인을 해보는 것이 필요하다.

4) 치료의 핵심내용

오염된 어른자아 정화하기, 부모 자아상태 재조정, 필요한 보호막 설정 등이 있다.

5. 매력적 조작자(반사회성 성격적응)

1) 성격 특징 및 행동 묘사

성격적응 유형	성격 특징	행동 묘사
매력적 조작자 (Antisocial)	갈등(사회의 규칙), 드라마와 같은 흥분 추구, 낮은 좌절 수용력, 고도의 정력, 목표지향, 우월한 독자적 사고	이기적, 무감각, 무책임, 충동적, 매혹적, 카리스마, 공격적, 달변, 촉진, 조작적

2) 사분할도 및 웨어 이론

(1) 사분할도

반사회성 성격적응은 능동적 참여(左上) 영역과 수동적 회피(右下) 영역에 걸쳐 있다. 다른 말로 하면, 이들은 능동, 수동, 참여, 회피 등 네 가지 영역을 오간다는 것이다(그림 2-5).

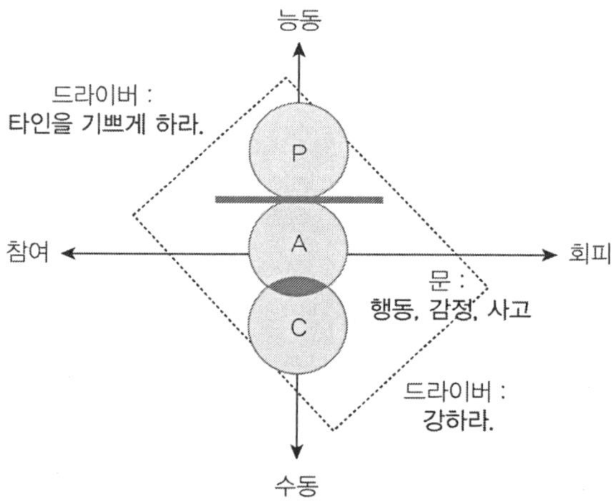

| 그림 2-5 | 매력적 조작자(반사회성 성격적응)

(2) 성격 구조

매력적 조작자의 자아상태를 분석해 보면, 어른 자아는 어린이 자아상태에 의해 오염되어 있고, 부모 자아상태는 배제되어 있다. 이것은 부모 자아 규칙과 가치가 자주 자신이 원하는 바를 차단하기 때문이다. 부모 자아 정보를 부모가 자기를 조작하려고 한 것으로 여긴다.

자신의 감정을 경험하고 상처받은 감정을 슬퍼하도록 허가함으로써 어른 자아를 어린이 자아로부터 정화해야 한다. 정화를 통해 대인 간 신뢰를 다시 쌓고, 애착을 형성하고 인간관계에 다시 참여한다.

(3) 웨어 이론 : 행동, 감정, 사고

반사회성 성격적응을 하는 사람이 제일 먼저 세상과 접하는 영역은 이들의 개방문인 '행동'이다. 행동은 이들의 에너지가 가장 많이 모인 곳이다. 이들이 사용하는 행동은 '활동적인 공격'이다. 이들은 사람을 협박하거나 속인다. 이들과 효과적인 관계를 만들려면, 이들이 하려는 행동에 대해 유희적으로 직면하는 것이 매우 중요하다.

가장 최선의 방법은 익살스러운 방식을 통하여, 이들이 하려는 행동의 명백한 '동기'를 간단하게 표현하는 것이다. 이들은 자신의 의도가 간파당한 것을 재미있어 하며, 상대방이 자신의 행동을 어떻게 알아차렸는지 흥미 있어 한다. 이들은 다른 사람들보다 스스로가 영리하다고 믿는다. 그래서 당신이 이들의 의도를 간파하면, 이들은 당신을 능력 있는 상대자로 여기며, 어떻게 그렇게 할 수 있는지 알기를 원할 것이다. 이들의 성격을 통합하기 위한 다음 영역은 '감정'이다. 감정은 문제 해결의 영역이고 변화가 필요한 이들의 표적문이다.

매력적 조작자는 교묘한 모습을 보이기도 한다. 그러나 이런 모습은 어린이 위치에서 행동하는 경우다. 이들은 '네가 할 수 있으면, 날 잡아 봐!'라는 심리적 게임을 한다. 이 게임은 예측 가능한 일련의 행동 패턴을 지니고 있다. 그러므로 이들이 어떤 행동을 하여 놀라게 하기 이전에, 이들이 어디에 가고 있으며 어디

쯤에 있는지를 예상할 수가 있다.

이러한 과정을 통해서, 이들은 자신이 좋아하는 극적인 흥분을 자아낸다. 이 게임이 표현된 후의 다음 단계는 과연 이들이 진정으로 얻고자 했던 것이 현실에서 실현 가능한 것이었는가를 물어보는 것이다. 왜냐하면 이것이 심리적 게임을 유발한 동기이기 때문이다. 이 단계에서 이들의 감정을 다루는 것이 중요하다. 결국, 이들은 문제를 해결하기 위해 필요한 초점이 어디 있는지를 알게 된다.

이들의 행동과 감정이 다루어짐에 따라, 당신은 이들의 '사고'에 많은 변화가 생겼음을 알게 될 것이다. 이들은 다른 사람들을 바보로 만들기 위해 타인의 머리 위에 올라서고 영리해져야만 한다는 것보다, 긴 시간을 통해 만들어지는 결과물을 서서히 생각하기 시작할 것이다. 이러한 변화는 이들의 표적문인 감정을 다룬 결과다. 당신이 이들의 사고에 직접적으로 접촉한다면, 당신은 어디에도 없는 존재가 되어 버릴 것이다. 사고는 바로 이들의 함정문이기 때문이다. 사고는 이들에게서 가장 많은 방어기제가 있는 곳이다. 이들이 아동기에 긍정(OK)적인 존재가 되기 위해서 받은 메시지는 '타인을 기쁘게 하라'와 '강하라'이다. 이들은 타인을 속이거나, 영리한 모습으로 이 메시지를 따른다. 당신이 이들의 사고를 통해 작업을 한다면, 이들은 당신보다 뛰어나려고 최선을 다해 노력할 것이고, 결국에는 당신을 '바보'로 만들 것이다.

(4) 주요 드라이버 : 타인을 기쁘게 하라, 강하라

(5) 신체의 특징

신체적인 특징을 보면, 반사회성 성격적응은 신체의 윗부분이 불룩하게 나오거나 허리나 피부, 좁은 다리 등에서 압축감을 보인다. 이들의 머리는 에너지로 가득 차 있고, 눈은 계속 관찰하고 있다. 이들은 아동일 때에도, 필요 이상의 지지와 관심을 얻으려는 모습을 보인다. 이미지 관리에 많은 에너지를 투자하는 경향이 있으며, 주변을 주도하고 통제하는 시도를 한다. 이러한 시도는 주도와 통제를 가해 왔던 부모와의 경험을 통해 일종의 '경쟁'을 낳았다.

이들이 친밀과 자유 사이에서 경험해 왔던 딜레마는 다음과 같다. "나의 자유를 포기하고 너의 통제에 따라야만 난 너와 친해질 수 있을 것이다. 너 또한 자유를 포기하고 나의 통제에 따라야만 나와 친해질 수 있을 것이다"(Lowen, 1975). 이 중에서 매력적 조작자는 전자를 피하고, 후자를 성취하려 노력한다. 이들은 '책임 공포증'을 지니고 있는 사람이다.

3) 자원 및 장애물

반사회성 성격적응 유형의 자원은 적극적이고 능동적으로 대인관계를 갖는다. 매력적이고 판매에 능숙하며 기금모집이나 새 프로젝트 등 추진을 잘하며 기업 경영에 능통하는 것이 강점이다. 한편 장애물은 원하는 것, 직접적 획득이 불가능할 시 조작적이 되거나 타인을 이용한다. 따를 만한 외부 추종자가 없으면 스스로 시작하기를 어려워한다. 이에 문제해결 방식은 적극적이며, 수동적 문제해결을 반복한다. 대인관계는 반복적으로 타인과 교류하고 물러나기를 한다.

따라서 이들은 자신의 비합리적 욕구충족 방식을 깨닫는 것이 필요하다.

4) 치료의 핵심내용

유대감 애착을 경험하도록 하고, 자신의 욕구만 채우는 것이 아니라 타인과 협력하도록 하며, 거짓된 가식보다는 솔직한 모습이 필요하다.

6. 창의적 몽상가(정신분열성 성격적응)

1) 성격 특징 및 행동 묘사

성격적응 유형	성격 특징	행동 묘사
창의적 몽상가 (Schizoid)	회피하는 수동성, 백일몽, 회피, 초연, 예술적 · 창의적 사고, 타인에 대한 관심	부끄러움, 과잉 민감, 외향적, 배려, 지지, 유쾌한, 친절한

2) 사분할도 및 웨어 이론

(1) 사분할도

수동적 회피(右下). 창의적 몽상가는 사회적인 관계에서 혼자 있는 것을 좋아한다. 또한 일대일 만남을 선호하며, 문제를 해결하는 태도와 사회적인 상호작용 태도는 타인이 먼저 움직일 때까지 기다리는 것이다(그림 2-6).

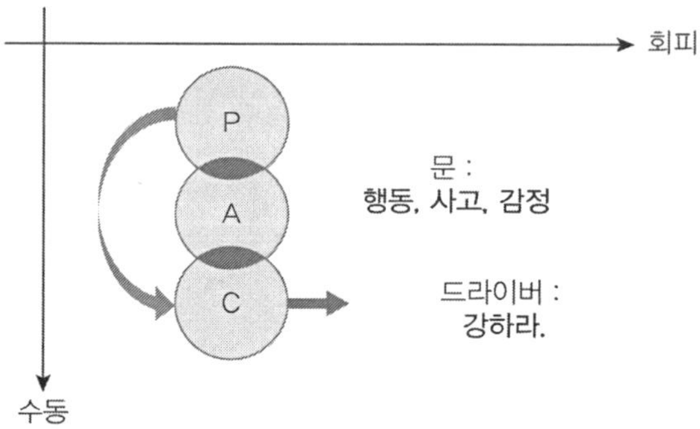

| 그림 2-6 | 창의적 몽상가(정신분열성 성격적응)

(2) 성격 구조

자아상태 모델로 정신분열성 성격적응을 분석해 보면, 어른 자아가 부모 자아상태와 어린이 자아상태 양쪽 모두에서 오염된 것으로 분석할 수 있다. 내부적으로 부모 자아상태는 비판을 하고, 그 반응으로 어린이 자아상태는 회피하게 된다. 미해결된 욕구 해결을 통해 어른 자아를 부모 자아와 어린이 자아로부터 정화해야 한다.

(3) 웨어 이론 : 행동, 사고, 감정

창의적 몽상가는 이들의 개방문인 '행동'을 통해서 외부세계와 접촉한다. 행동은 이들의 에너지가 가장 많이 분배되어 있는 곳이다. 이들이 사용하는 행동은 '회피하는 수동성'이다. 이들과 효과적인 관계를 맺고자 한다면, 이들의 행동에 먼저 접근하는 것이 중요하다. 가장 좋은 방법은 이들에게 말하도록 하고, 참여토록 하며, 이들이 원하는 것을 직접 물어보는 것이다. 이러한 방법으로 진행해 나감에 따라, 이들은 타인에 의해 자신이 압도되지 않는다고 느끼게 된다. 그리고 자신이 원하는 것을 알게 되어 점차 안정감을 갖게 된다. 이들의 성격을 통합하기 위한 다른 영역은 '사고'다. 사고는 문제 해결 및 변화가 일어나는 이들의 표적문이다.

정신분열성 성격적응을 하는 사람은 창의적인 생각을 하는 사람이다. 그러나 이들은 이러한 생각을 행동에 옮기거나 자신의 욕구를 채우기 위해 사용하기보다는, 많은 시간을 그저 '백일몽'으로 보내는 경향이 있다. 사고는 내부에서 활발히 이루어지지만, 외부로 표출되지는 않는다. 이들은 현실을 환상으로 대체하는 경향도 있다. 당신이 이들의 사고를 외부와 공유하도록 하고 이에 대해 스트로크를 준다면, 이들은 현실과 관계 맺기를 시작할 것이다. 다음 단계는 이들이 원하는 것과 원하는 것을 얻기 위한 방법, 그리고 행동해야 할 것에 대해서 생각해 보도록 초대하는 것이다.

이들의 행동과 사고가 통합되어 감에 따라, 당신은 이들의 '감정'에서 커다란 변화가 일어나는 것을 보게 될 것이다. 이들은 생기를 띠기 시작할 것이고, 활발해질 것이다. 이러한 변화는 이들의 표적문인 사고를 다룬 결과다.

그러나 당신이 이들의 감정을 직접적으로 다루게 된다면, 당신은 이들의 저항에 직면하게 될 것이다. 감정은 이들의 함정문으로 가장 많은 방어기제가 존재하는 곳이기 때문이다. 어린 시절 이들이 긍정(OK)이 되기 위해서 받은 메시지는 '강하라(어떠한 감정이나 욕구도 갖지 마라)'이다. 그리고 이들은 살아가기 위한 최선의 방법으로 어떻게 해야 하는지를 이미 알고 있다. 만약 당신이 이들의 감정에 직접적인 접근을 한다면, 자신이 강하지 않다는 것을 알아채고, 재빨리 부정(Not-OK)적인 감정으로 빠져들게 될 것이다.

(4) 주요 드라이버 : 강하라

(5) 신체의 특징

정신분열성 성격적응을 하는 사람은 외부와 접촉하기 위한 에너지의 흐름을 차단하는 경향이 있다. 이들의 에너지는 얼굴, 손 그리고 성기 등 신체의 끝부분에 머물러 있다. 정신분열성 성격적응을 하는 사람은 긴장을 함으로써 마른 체격을 가진 경우가 많으며, 얼굴에는 표현이 부족하고, 눈은 공허해 보이는 경향이 있다. 이들의 에너지는 머리, 어깨, 골반, 엉덩이에서 일어나는 만성적인 근육 긴장으로 막혀 있다. 이들의 두려움은 타인의 욕구보다 자신의 욕구를 앞세우는 것이 어렵다는 것이다.

이러한 두려움은 보호 능력이 부족한 초기의 부모에 의해 경험되는 것으로서 자신의 존재에 대한 위협으로 느껴진 것들이다. 정신분열성 성격적응을 하는 사람이 경험하는 딜레마는 자신의 욕구와 존재 사이에 있다. "나는 너무 많은 것을 요구하지 않는 한, 존재할 수 있어요"(Lowen, 1975).

3) 자원 및 장애물

창의적 몽상가 성격유형의 자원은 창조적 사고, 극작가, 시인, 건축가 등 예술 추구 성향을 가지고 있다. 함께 있기 편하고 타인에게 공감을 잘 하며, 친절하고 지지자 역할을 잘한다. 반면에 장애물은 백일몽에 빠져 생각을 행동으로 실천하지 못하기도 한다. 이에 문제해결 방식은 타인이 먼저 다가오기를 바라므로 대인관계도 수동적이며, 홀로 지내기를 선호한다.

따라서 이들은 타인에게 하는 것처럼 자신을 위하는 것이 중요함을 깨닫는 것이 필요하다.

4) 치료의 핵심내용

홀로 서는 것, 욕구의 현실화, 요구하기 및 주장하기 능력이 필요하다. 따라서 요구하는 연습하기, 자신을 지지하기 등의 내용이 치료의 핵심이 된다.

02
PART

영화로 배우는 교류분석

03 CHAPTER 열정적 과잉반응자(연기성 성격적응)

1. 영화 제목 : 블루 재스민

1) 영화정보

개봉일	2013. 9. 25.
제작국가 및 감독	미국, 우디 앨런
출연배우(주인공)	케이트 블란쳇(재스민 역), 알렉 볼드윈(할 역), 샐리 호킨스(진저 역), 바비 카나베일(칠리 역)
등급 및 상영시간	15세 관람가/ 98분
상담 주요 키워드	개인상담, 가족상담, 성격장애

2) 영화 줄거리

"거짓말이라고 하지마! 그래, 몇 가지 사실을 약간 꾸미고 몇 가지를 생략하긴 했지만 내 감정이나 생각, 유머감각은 진심이었다고! 누구나 조금 과장해서 말하잖아! 그게 큰 잘못이야?"

-블루 재스민 대사 中-

영화는 주인공 재스민이 비행기 안에서 처음 만난 옆 사람에게 끊임없이 이야기하는 장면으로 시작된다. 영화는 현재와 과거를 교차적으로 보여주며 재스민이 어떤 사람이었는지, 어떤 삶을 살아 왔는지 섬세하게 보여주고자 한다. 재스민은 입양아였고 재스민과 함께 입양된 진저라는 여동생과 함께 자랐다. 검은 머리에 작은 키, 휘어 버린 코와 큰 이빨을 가진 동생 진저와 달리 큰 키에 멋진 금발 머리, 매력적이고 아름다운 얼굴과 고급스러운 목소리를 가진 재스민은 어린 시절부터 양부모님의 사랑을 독차지하였다. 그런 언니를 동경하면서도 한편으로는 비교와 차별을 당하던 진저는 일찌감치 독립을 하고 결혼을 하여 두 아들을 키우며 살아간다. 여동생 진저와는 달리 뉴욕 최상류 1%의 사업가를 남편으로 둔 재스민, 그녀는 자신이 원하는 것이라면 뭐든지 가질 수 있었고 사교계에서도 알아주는 여성으로 우뚝 서게 된다. 여성 남성을 불문하고 모든 이들의 부러움의 대상이자 남부러울 것 없는 재스민은 세계 곳곳에 있는 별장에서 휴가를 보내기도 하고, 하루 종일 백화점에서 값비싼 쇼핑을 하며 세상이 모두 내 것인 것마냥 행복한 하루하루를 이어간다. 재스민과 친하게 지내는 지인들이 남편 할의 사업에 대해 물어보거나 이야기를 꺼내면 손을 내저으며 남편 일에는 전혀 관심이 없다고 말을 하기도 하고, 신경 쓰고 싶지 않아 하는 모습을 보이는데 몇몇은 그런 재스민을 걱정하듯 바라본다.

그러던 어느 날, 남편 할에 대한 이야기들이 재스민의 귀에 흘러 들어오기 시작하고 남편의 복잡한 여자관계에 대해 불안과 의심을 품기 시작한다. 남편 할과의 결혼을 위해 대학교도 중퇴한 재스민이었기에 할은 그녀의 전부였고, 마음 한켠에선 의심의 씨앗을 품기 시작하지만 현실을 회피하며 불안 가득함을 안은 채 끝까지 남편을 믿어보려 노력한다. 하지만 비밀은 오래 가지 못하였고, 남편이 10대 보모와 바람 핀 것을 알게 된 재스민은 이성을 잃고 만다. 단순한 바람이 아닌 진심으로 보모를 사랑한다며 이혼을 요구하는 남편의 태도에 재스민은 세상을 다 잃은 듯 정신이 나간 사람처럼 행동하기 시작하는데 그런 그녀의 모습에 정이 다 떨어진 할은 재스민을 버려둔 채 집을 나가 버린다. 걷잡을 수 없는 분노와 순간적인 충동으로 그녀는 FBI에 할의 비리를 신고하고, 할은 감옥에 수감된다. 할과 전 부인 사이에서 낳은 아들 대니 또한 건실한 사업가이자 자선가로 생각했던 아버지가 사기꾼이었다는 사실에 분노하며 집을 떠나버리고, 할은 감옥에서 자살로 생을 마감한다.

오갈 곳이 없어진 재스민은 샌프란시스코 차이나타운에 살고 있는 여동생 진저에게 연락을 한 뒤 그녀의 집에서 머무르기로 하는데, 쫄딱 망해버린 상황에서도 비행기 1등석을 타고, 택시기사에게 두둑하게 팁을 주는 등 이해할 수 없는 행동을 한다. 진저는 그런 언니를 어이없는 눈빛으로 바라보지만 큰 사건을 겪으며 신경 쇠약에 걸린 그녀를 이해해 보려 노력한다. 최악의 상황에 치달았음에도 '나는 너희들과는 달라'라고 말하듯 품위 있고 교양 있는 표정과 말투를 유지하려 애쓰는 재스민이다. 이혼한 여동생 진저가 데리고 온 그녀의 남자친구에 대해서 낙오자라고 표현하며 진저의 가슴에 상처가 될 만한 말들을 생각 없이 내뱉기도 하는데, 그럴 때마다 진저는 언니의 비위를 맞추는 데 여념이 없다. 재스민은 앞으로 어떻게 살아 나아가야 할지 큰 고민에 빠지지만 뚜렷하게 무언가를 해보고 싶다는 것이 떠오르지 않는다. '인류학자'가 꿈이었다고 말하며 여전히 꿈속에 사는 듯한 이야기만 해대는 재스민이 진저는 탐탁지 않지만 유일하게 그녀를 응원하는 존재이기도 하다.

재스민은 "언니는 꾸미는 것을 잘하잖아"라는 동생의 말 한마디에 인테리어 디자이너라는 꿈을 꾸며, 학비를 벌기 위해 치과에서 접수원으로 일을 시작한다. 자존심은 상하지만 비극적인 이 상황에서 벗어나기 위해서는 인테리어 전문가 자격증이 절대적으로 필요하다는 것을 누구보다 잘 알았기에 조금씩 현실에 적응해 나가기 시작한다. 그녀의 아름다운 미모, 멋스러운 패션 스타일, 품위 있는 말투에 푹 빠져버린 치과 의사는 그녀에게 지속적으로 대시를 하는데, 도도함을 유지하며 재스민이 결코 넘어오지 않자 강제로 입을 맞추며 성추행을 저지르게 된다. 신경쇠약과 정신적인 충격까지 더해지면서 재스민은 이런 생활은 자신과 맞지 않는다며 다시 한번 자신을 구제해 줄 백마 탄 왕자를 간절하게 기다린다.

함께 학원에 다니는 친구이자 동료가 좋은 파티 자리가 있다며 제안하고 재스민은 동생 진저에게 함께 파티에 가자고 설득한다. 계속해서 동생의 남자친구를 안 좋게 말하며 좀 더 나은 남자를 만나라는 말과 함께 말이다. 언니를 동경하고 부러워했던 진저는 언니의 성화에 이기지 못하고 '어쩌면 나도'라는 마음으로 함께 파티에 참석하게 된다. 파티에 참석한 재스민은 자신이 원하던 남자를 찾지 못해 낙심하고 있었는데, 어디선가 그녀의 패션 감각을 칭찬하며 자연스럽게 한 남자가 다가온다. 핸섬한 얼굴, 다정한 말투, 정치를 하겠다는 야망과 재력을 겸비한 드와이트라는 남자는 재스민에게 또다시 한 줄기의 희망을 쬐어주는 존재였으며 그런 그를 놓치기 싫었던 재스민은 자신의 직업은 물론 결혼 생활과 남편의 죽음 과정을 모두 거짓으로 포장하기 시작한다. 뉴욕 사교계를 주름잡던 실력을 한껏 발휘하며 드와이트에게 엄청난 매력을 뽐내고, 짧은 연애 기간임에도 불구하고 그에게 청혼까지 받아낸다.

재스민은 드와이트와의 결혼을 꿈꾸며 약혼반지를 맞추러 시내에 나가게 되고, 거기서 반갑지 않은 얼굴을 마주하게 된다. 바로 진저의 전남편 오기. 그는 가구를 옮겨주는 일을 했었는데 우연히 복권에 당첨되면서 이제 지긋지긋한 이런 삶도 끝이라며 희망에 부풀어 재스민 부부에게 사업 관련 자문을 구하였었다. 할은 자신의 사업에 투자를 하라고 부추겼고 다소 찜찜하긴 했지만 진저와 재스민의 적극적인 태도에 휩쓸려 당첨금 전부를 투자했던 것이다. 오기로 인해 할의 자살, 아들 대니의 존재, 그리고 그녀의 이야기가 모두 거짓임을 알게 된 드와이트는 가차 없이 재스민에게 이별을 고하고, 그렇게 이별을 당한 재스민은 마지막 동아줄을 잡듯 대니를 찾아가지만 아들에게마저 버림받게 된다. 집으로 돌아온 그녀는 정신이 나간 사람처럼 드와이트와 곧 결혼을 한다며 현실을 부정하는 듯 헛소리를 해대고, 샤워 후 머리도 말리지 않은 채 길거리 벤치에 앉아 횡설수설 혼잣말을 하며 영화는 끝이 난다.

2. 교류분석으로 바라보기

1) 주요 개념

(1) 자아상태 분석(ego state analysis)

연기성 성격적응 유형의 자아상태는 A 자아상태가 C 자아상태에게 침범을 당한 상태라고 볼 수 있다(그림 3-1). 이러한 성격 유형을 가진 사람들은 자신들이 성취한 성과에 대한 구체적인 칭찬을 받기보다는 외형적인 모습이나 부모님의 작은 공주가 되었을 때 칭찬받은 경험이 많다. 귀엽고 예쁜 모습으로 주변 사람들을 즐겁게 해 주면서 관심을 받게 되고 '내가 귀여움을 떨지 않으면 부모님은 나를 싫어할지도 몰라'와 같은 어린 시절의 기억이 계속해서 A 자아상태에 침범하여 피상적으로 보여지는 것에 집착하게 되는 것이다. 완전히 망해버려 동생의 집에 얹혀살게 된 상황에서도 재스민은 1등석 비행기를 타고, 명품 옷을 휘두른 채 명품 가방을 줄줄이 가지고 왔으며, 심지어 택시 기사에게 두둑하게 팁까지 챙겨준다. 이처럼 극단적인 상황이 되었음에도 불구하고 '나는 너희들과는 달라'라는 태도를 취하며 현실적인 판단을 하지 못하는 모습은 C 자아상태의 침범으로 A 자아상태가 제대로 된 기능을 하지 못하고 있는 것으로 해석할 수 있다.

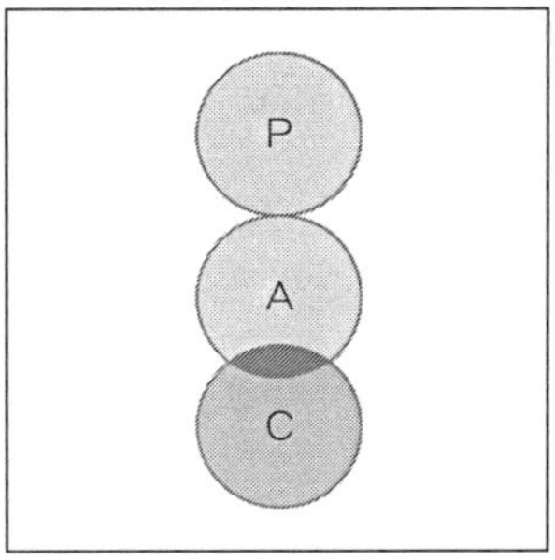

| 그림 3-1 | 연기성 성격적응 유형의 성격구조

재스민의 자아상태가 C로부터 오염된 근거를 영화 속 장면에서 찾아볼 수 있다.

- 동생 진저가 재스민에 대해 "부모님들은 언니만 예뻐했어, 왜냐하면 우월한 유전자를 가졌으니까"라는 말을 한다. 어린 시절부터 예쁘고 매력적인 모습으로 부모님을 즐겁게 해주고 동생에 비해 많은 관심을 받고 자랐음을 짐작할 수 있는 대목이다. 이러한 환경은 재스민에게 '여자는 예뻐야지만 사랑받을 수 있어'와 같은 신념을 강화시켰고, '자기'가 아닌 '타인' 중심의 삶, 즉 주변 사람들을 즐겁게 해줘야만 관심과 사랑을 받을 수 있다는 어린 시절의 신념인 C 자아가 A 자아를 오염시키면서 자립적이고 주체성 있는 삶이 아닌 자기 확립이 무너진 의존적인 삶을 살 수밖에 없도록 하였다.
- 재스민이 할의 사업을 불안해하며 걱정할 때, 그리고 10대 보모와 바람이 난 것을 들켜 재스민이 이성을 잃었을 때에도, 그때마다 남편 할은 그녀에게 "걱정하지 마, 당신은 내가 지켜줄게"라는 말을 하며 어린아이 대하듯 자

신의 소유물처럼 그녀를 대한다. 남편과 주변 사람들에게 자신의 뛰어난 외모와 화려한 파티로 강렬한 인상을 주기 위해 모든 시간과 에너지, 그리고 돈을 사용하였고, 이를 통해 타인의 부러움을 사느라 정신이 없었기 때문에 재스민은 할에게 의존적으로 살면서 P와 A 자아상태를 사용할 일이 거의 없었다. 남편 할 역시 자신을 빛나게 해줄 여자가 필요했기 때문에 영화 내내 재스민과 깊이 있는 대화나 의미 있는 교류를 하는 장면은 거의 나오지 않는다.

- 할의 바람을 의심하면서도 끝까지 회피하는 재스민, 하지만 직접적으로 사랑하는 다른 여자가 생겼다는 말을 듣자 어린아이처럼 무너지고 만다. 할과의 관계가 정말로 끝났다는 것을 받아들여야 하는 순간, 고립감, 외로움, 공허함, 우울함, 불안감 등이 강렬하게 나타나면서 더 이상의 미래도 삶의 목적도 없는 인생의 방향성을 잃은 듯 한 사람처럼 행동한다. C자아에 의해 오염된 사람들의 가장 큰 특징이 '자아의 결핍'으로 인한 의존이기 때문에 할을 위해 대학 생활까지 포기할 만큼 평생을 그만 바라보며 살았고, 할이 있기에 자신도 존재하였으므로, 남편과의 관계 단절은 그녀의 삶도 함께 나락으로 가버리는 결말을 맞이한다.

(2) 각본분석(script analysis)

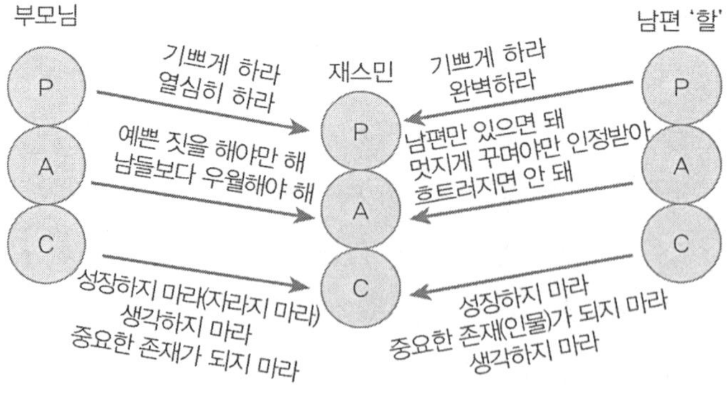

▌그림 3-2▐ 재스민의 각본 분석

① 부모명령

영화 속에서 자세히 나오지는 않지만 우리가 1차적으로 살펴보아야 할 부분은 재스민이 입양아라는 점이다. 그녀는 어린 시절부터 '생존'이라는 단어와 함께 성장하였을 가능성이 크다. 파양당하지 않기 위하여 항상 열심히 하고, 예쁨받기 위해 애썼을 것이다. 진저가 파티에서 만난 남자 알과의 데이트를 즐기기 위해 재스민에게 아이들을 맡겼을 때, 그녀는 조카들에게 이런 말을 한다. "어렸을 때 보모 알바를 해서 용돈도 벌고 그랬어." 항상 부모님에게 예쁨과 관심을 넘치게 받았을 것 같지만 이 대목은 그녀의 어린 시절을 다시금 생각해 보게 만든다. 자넷이라는 본명 대신 재스민이라고 이름을 바꾼 것 또한 "자넷이라는 이름에는 멋이 없잖아요"라고 말하며 자신을 우월한 존재로 표현하고 싶은 듯 보이지만, '어머니가 좋아했던 꽃'이라는 사실을 이야기할 때 우리는 그녀가 어머니에게 인정받고 사랑받기 위하여 얼마나 치열하게 생존하며 살아왔는지 짐작하게 해준다. 아버지에게는 '귀여운 짓을 해봐, 그럼 더 예뻐해 줄게', '여자는 예쁘고 귀여워야 해'와 같은 메시지를, 어머니에게는 '더 자랑스러운 딸이 되어봐', '나를 더 즐겁게 해줘봐'와 같은 메시지를 받았을 가능성이 높으며 이러한 과정을 통해 '타인을 즐겁게 하라'의 드라이버에 걸린 채 성장하였을 것이다.

연기성 성격적응 유형의 사람들은 남의 눈에 들어야 OK가 될 수 있다고 생각한다. 어린 시절 부모님의 사랑을 받기 위해 애를 쓰지만 자신이 원하는 만큼의 애정 욕구가 충족되지 않으면 귀엽고 예쁘게 보이기 위해 노력하고, 계속해서 말을 걸며 필요하다면 연극적인 모습을 보이기도 한다. 재스민은 진저의 말처럼 우월한 유전자를 타고났다. 어떤 남자가 보아도 한눈에 반할 만큼의 매력적인 모습을 하고 있으며, 여성들에게도 워너비 같은 존재이다. 재스민의 양부모 또한 그녀의 외적인 모습에 대한 칭찬을 많이 했을 것이며, 어디에 데려가든 관심과 주목을 받으며 부모님의 어깨를 으쓱하게 만들어 주었을 것이다. 그녀는 자신의 존재 가치를 타인의 욕구를 충족시켜 주는 용도로 학습되었을 것이며, 할도, 파티에서 만난 드와이트도 사랑보다는 자신들의 명예에 도움을 줄 수 있는 존재로서 그녀가 필요하다는 것을 은연중에 내비친다. 영화 말미에 거짓이 모두 들통 나자 재스민과 드와이트가 차 안에서 서로 언성을 높이는 장면이 나온다. 그때 재스민이 드와이트에게 이런 말을 한다. "당신이 먼저 결혼을 서둘렀잖아요. 당신의 계획을 위해 필요한 결혼 말이에요"라고 쏘아붙이며 정치가의 아내로 그의 옆에서 함께 웃으며 사진을 찍어줄 수 있는 그럴듯한 여자, 그에겐 사랑이 아닌 그런 존재의 여자가 필요하다는 것을 그녀는 이미 알고 있었음을 시사한다.

② 프로그램

재스민의 다양한 성격적 특징 중 눈에 띄는 것은 사람들을 구분지어 대한다는 것이다. 자신이 정해놓은 기준점보다 아래라고 판단되면 재스민에게 그들은 멸시와 비난의 대상이 되고, 자신에게 도움이 되는 사람들에겐 한없이 웃음을 지어보이고 비위를 맞추려 노력한다. 우리는 그녀가 사람들을 그렇게 대하는 이유가 무엇일까 한번 생각해 볼 필요가 있다. 재스민과 진저의 대화를 들어보면 성장 과정에서 양부모님이 편애와 차별을 심하게 하지 않았을까 추측해 볼 수 있다. 그들만의 기준을 정해놓은 뒤 기준에 충족하는 자식에게는 조건적인 사랑을 주고, 기준에 미치지 못하는 자식은 가차 없이 차별하는 태도를 보였을 것이다.

진저의 기억과 달리 재스민이라고 항상 사랑과 예쁨만 받지는 않았을 것이며, 양부모님에게 실망을 안기거나 만족감을 주지 못했을 땐 재스민도 예외 없이 비난의 말을 들었었을 가능성이 높다. 그들을 만족시키지 못했을 땐 자신도 비난의 대상이 될 수 있다는 것을 알게 된 재스민은 타인에게 무시당하지 않기 위해 그리고 사랑받기 위해 자신의 뛰어난 외모를 주력으로 삼아 '예쁘고 귀품 있어 보여야만 해', '남들보다 우월해야만 인정받을 수 있어', '흐트러져선 안 돼', '나는 보호받아야만 해'와 같은 결정을 내렸을 것이다. 우월한 유전자와 아름다운 외모로 양부모님의 조건적인 사랑을 받으며 자란 재스민, 특별히 잘하는 것도 없고 평범한 외모를 가졌다는 이유로 차별받은 진저이다.

이러한 성장 과정에서 재스민은 우월한 사람은 인정받을 수 있고, 그렇지 못한 사람은 낙오자라는 양부모님의 잘못된 가치관과 삶의 태도를 그대로 받아들여 그것이 정답인 것마냥 자신의 A 자아로 결정내린 채 프로그램화 되어 살아가는 모습을 보여준다.

③ 금지명령

- 성장하지 마라(자라지 마라) : 아름다운 외모, 우월한 유전자는 그녀에게 있어서 득이었을까, 독이었을까? 겉모습은 교양이 넘치고 우아함을 장착하고 있지만, 조금만 깊이 있는 대화를 해보면 엉엉 울다가도 맛있는 사탕을 쥐어주면 뚝 그치고 바로 웃어버리는 어린아이 같은 단순함을 보인다. 남편의 외도를 어렴풋이 알면서, 차명계좌를 만들고 유령회사를 차리는 것을 알면서도 은근슬쩍 눈감아주며 돈과 보석 앞에서 문제를 못 본 척 회피해 버린다. 남편 할 또한 "당신이 원한 거 못 가진 적 있어?"라고 말하며 그녀의 성격을 이용하고 길들이며, 독립적인 성인으로서, 주체적인 어른 여성으로서 성장하지 못하도록 만든다.
- 생각하지 마라 : 남편 할은 재스민의 친구, 트레이너, 보모, 변호사 할 것 없이, 여자라면 가리지 않고 외도를 하면서도 사업차 만난 거라 둘러대며 그녀를 안심시킨다. 이러한 패턴은 반복적으로 보여지는데 재스민이 남편의 사업이나 사생활에 대해 궁금해하거나 물어보려 할 때마다 '너는 아무 걱정하지 마, 내가 다 알아서 할게', '네가 원하는 것은 뭐든지 해주고 있잖아', '어차피 재스민은 돈과 보석이면 다 돼'와 같은 직접적, 암묵적 메시지를 전달하며 자신의 일에 깊이 관여하지 마라는 듯 그녀의 궁금증과 질문에 대해 모두 차단해 버린다. 이미 이러한 패턴에 익숙해진 듯 재스민 또한 더이상의 깊은 질문을 하거나 궁금해하지 않는 모습을 보인다.
- 중요한 사람이 되지 마라 : 이 말은 곧 재스민의 인생을 대변해 주는 말과 같다. 돈 많은 유부남 '할'을 만나 사랑에 빠져 대학교를 중퇴해 버리고, 결혼 생활 중에도 자기 개발이나 자기 성장을 위한 시간 투자를 하기보다는 남편의 사업 유지에 도움이 되는 각종 파티와 사교 모임, 외모를 치

장하는 데 급급해하며 모든 에너지를 쏟아부었다. 진저의 남자친구 칠리가 앞으로 목표가 무엇인지 묻자 그럴듯하면서도 애매모호한 대답을 하며 스스로도 무엇을 해야 하는지 알 수 없는 듯한 모습을 보인다. 인테리어 디자이너가 되겠다는 것 또한 자기가 원해서 결정했다기보다는 진저의 말 한 마디에 덜컥 하겠다고 결심한 것이다. 이처럼 그녀는 A자아상태로 무언가를 선택하고 결정하는 데 어려움이 있는 것으로 보인다. 그 이유에 대해서는 어린 시절부터 '네 욕구는 중요하지 않아, 너는 나(우리)를 위해 존재하니까'의 메시지를 받고 성장하였기 때문이 아닐까 추측해 볼 수 있다.

(3) 라켓시스템 분석(racket system analysis)

재스민의 라켓시스템

각본 신념과 감정	라켓적 표현	강화하는 기억
• 신념 1. 자신 : 여자는 아름다워야 한다. 지지하는 신념 : 예뻐야지만 항상 사랑받을 수 있다. 2. 타인 : 돈과 명예가 없으면 다 낙오자들이다. 지지하는 신념 : 나에게 부를 가져다줄 수 없으면 그 누구도 아무런 가치가 없다. 3. 삶의 본질 핵심 : 외롭고 공허하다. 진짜 내가 원하는 것이 무엇인지 모르겠다. 지지하는 신념 : 화려한 생활이 있어야만 사람들과 관계를 유지할 수 있다. 각본결정 시 억압된 감정 : 분노, 두려움	• 관찰 가능한 행동 항상 파티를 연다. 망했지만 명품을 놓지 못한다. 자신을 구원해 줄 누군가를 찾는다. 거짓으로 자신을 포장한다. • 보고된 내적 경험 불안하고 문제에 부딪히면 도망가고 싶다. 나는 누구인지, 무엇을 해야 하는지 도저히 알 수 없다. • 환상 백마 탄 왕자를 찾지 못하면 내 삶은 끝나 버릴 것이다.	• 정서적 기억 친부모님은 나를 버렸다. 양부모님에게 동생보다 더 예뻐 보이기 위해 항상 노력했다. 남자들은 나의 외모를 보고 접근했다. • 증거제시와 정당화 예쁜 외모 덕에 양부모님이 동생보다 나를 더 편애했다. 사람(특히 남자)들은 나의 외모를 좋아하고 접근해 온다. 나를 열심히 꾸미고 치장할 때마다 사람들이 나를 찾아주고 가까이했다 (사랑받는 느낌을 받는다).

【그림 3-3】 재스민의 라켓시스템 분석

(4) 게임분석(game analysis)

영화 속 주인공 재스민은 쫄딱 망함과 동시에 남편 할이 자살하게 되면서 신경쇠약에 시달리게 된다. 과거와 현실을 구분하지 못하고 혼잣말을 하기도 하고, 과잉된 자의식을 보이며 그럼에도 불구하고 나는 해낼 수 있을 것이라는 근거 없는 자신감을 보이기도 한다. 하지만 스스로 해낼 수 없는 벽에 부딪히면 쉽게 좌절하며 누군가 의존할 대상을 찾기 위해 애를 쓴다. 연기성 성격적응 유형의 사람들은 반대 성(性)으로부터 매력적인 관심이 되기 때문에, 어린 시절 그녀는 양아버지에게 '작은 공주'처럼 키워졌을 가능성이 높다. 어린 아이었던 재스민은 생존을 위해 어떻게 해서든 아버지에게 더 예뻐 보이고 기쁨이 되기 위해 노력했을 것이다. 앞에서도 잠깐 언급했지만 반대로 어머니에게는 그만큼의 정서적인 사랑을 받지 못했을 가능성도 있다. 그럴수록 그녀는 부모님의 마음에 드는 사람으로 보이기 위해 누구보다 열심히 노력하였을 것이고 타인의 욕구를 우선적으로 충족시켜 주며 성장한 재스민은 자아가 불분명한, 즉 '자아가 희미해진' 상태로 자기부정-타인긍정의 인생 태도를 갖게 되었다고 볼 수 있다.

재스민의 희생자, 박해자, 구원자 역할을 살펴보면 다음과 같다.

- **희생자 역할**(진저/드와이트/대니→재스민) : 남편의 외도에 화가 나 스스로 FBI에 남편을 신고했으면서 남편 사업에 대해 전혀 몰랐다고 상황을 회피하며, "나도 모든 걸 잃었다구요", "나도 체포될지도 몰라" 등의 반응을 보인다. 치과 접수원 일을 해보는 게 어떠냐고 권하는 동생에게 "그런 하찮은 일을 어떻게 해?"라고 말하며 할의 사업이 망한 후 명품 구두 파는 일을 했지만 아는 사람들을 만나서 굉장히 난처하고 창피했다는 말을 쏟아내면서 이 모든 일들의 가장 큰 '피해자'인 것마냥 상황을 만들어 간다. 또 파티에서 만난 드와이트에게는 남편이 외과 의사였으며 스트레스로 인한 심장마비로 세상을 떠났다고 말하며 불쌍하고 처량한 미망인인 것마냥 자신을 포장한다.
- **박해자 역할**(재스민→진저/칠리/오기) : 택시를 타고 동생의 집에 도착한 그녀, 재스민의 짐을 집 안까지 내려주는 택시기사에게 두둑하게 팁을 주며 친절하

고 교양 있는 척 행동하지만, "좋은 하루 되세요"라고 인사하는 택시기사에게 눈길 한 번 주지 않는 모습을 보인다. 그녀에게 택시기사는 눈을 마주 보고 인사할 가치가 없는 사람이기 때문이다. 뉴욕에 살던 시절 동생네 부부가 뉴욕에 온다는 소식을 듣자 표정이 어두워지며 진저의 남편 오기에 대해 불쾌한 남자, 막노동꾼이라는 표현을 하고, 진저에 대해서는 "이런 말 하긴 그런데 걔가 좀 둔했어", "진저는 막 나갔고 나는 완벽했거든"이라고 이야기하며 진저와 자신은 다르다는 말을 한다. 동생의 남자친구 칠리에게는 오기와 다름없는 루저라는 말을 아무렇지도 않게 대놓고 하는 것을 보면 박해자의 역할을 충실히 하고 있음을 알 수 있다.

- 구원자 역할(재스민→진저) : 영화를 보다 보면 진저는 언니의 행동이나 태도에 대해 다소 불만이 있으나 앞에서는 선뜻 말을 하지 못한다. 하지만 자신의 힘든 부분을 함께 공유하고 털어놓을 반려자들, 즉 그녀가 이혼하기 전엔 전 남편 오기, 그리고 현재는 남자친구 칠리, '두 아들'이 진저의 곁에 있다. 마트 캐셔로 일하며 성실하게 아이들을 키우고 있으며 사랑에 있어서는 진심으로 열정적인 모습을 보인다. 하지만 재스민은 그런 진저에게 항상 부정적이고 무시하는 말을 하며 진저의 인생각본을 흩트리고 자신의 각본에 초대하여 자신의 뜻대로 움직이도록 만들려고 한다. 마치 자신이 구렁텅이에 빠진 진저를 구원해 주는 구원자인 것마냥 항상 "진저를 위해서였어"라는 말을 붙인다.

(5) 인생태도(life position)

- 자기부정-타인긍정

연기성 성격적응 유형의 사람들은 자기부정-타인긍정의 인생 태도를 가진다. 자기부정의 경우 '나는 당신을 즐겁게 해줄 것이고, 당신을 행복하게 만들어 줄 것이다'이며, 타인긍정의 경우 '그 대가로 당신은 나를 사랑해 줄 것이다'이다. 재스민의 모습을 큰 틀에서 보면 꼭 I'm OK, You're not OK의 자기긍정-타인부정 인생태도를 가지고 있는 사람처럼 보인다. 어떤 상황에서도 흐트러지지 않는 모습을 보이려 애쓰고 다른 차원에 살고 있는 사람인 양 자신만의 기준을 세워 그 기준에 미달하는 사람들은 천대하고 무시하는 모습을 보이기 때문이다.

하지만 그녀의 행동과 말, 그리고 표출하는 감정들을 천천히 따라가다 보면 스스로를 사랑하지 못하는 처연한 본 모습을 만나볼 수 있다. 지나치게 술에 의존하는 재스민은 칠리의 집요한 질문에 자신도 모르게 "몸이라도 팔아서 마티니 한잔 마시고 싶네"라는 말실수를 해버린다. 의존과 중독은 떼려야 뗄 수 없는 관계다. 고통스러운 상황에서 벗어나고 싶은 마음, 다시 말해 고통으로부터 자신을 보호하기 위해 회피를 하게 되고, 회피를 한다는 것은 곧 스스로 무언가를 결정하고 책임지는 힘이 약해지게 되어 자신을 지켜주고 보호해 줄 것이라고 생각하는 것에 지나치게 의존하게 되는 것이다. 재스민에게 의존 대상은 바로 술과 남자다. 알코올 의존증을 가진 사람들은 대부분 자기부정의 인생 태도를 가지고 있다. 술을 자신의 몸에 계속해서 넣는다는 행위 자체가 자기 파괴적인 행동으로 자신을 괴롭히고 해하는 것이기 때문이다.

뉴욕 최상위 1%의 삶을 살다가 자신이 무시하던 사람들에게 비아냥을 받는 재스민, 마음을 다잡고 인테리어 디자이너라는 목표를 세운 뒤 고군분투 노력하지만 생각처럼 쉽지만은 않다. 결국 스스로의 힘으로 성취해내는 것에 실패한 재스민은 다시 한번 자신의 인생을 바꿔줄 백마 탄 왕자를 찾아 나서기로 한다. '이런 곳에서 탈출하게 해줄 남자가 필요해, 나랑 어울릴만한 남자 말이야', 지인의 초대로 가게 된 파티에서 정치가를 꿈꾸는 야망 가득한 남자 드와이트를 만나게 되고, 신이 주신 인생의 마지막 기회라 생각한 재스민은 그를 놓치고 싶지 않아 모든 것을 거짓으로 꾸며 이야기한다. 자신과 남편의 직업, 아들 존재 부정, 심지어 남편의 사망 원인까지 말이다. "남자가 생겼으니까 새 사람이 될 거야"라고 말하며 웃는 모습 뒤에 조금은 슬퍼 보이는 모습이 함께 비춰진다. 자신이 살아온 삶, 자신의 인생을 부정하며 허영과 욕망에 눈이 멀어 누군가에게 기생하여 살아가는 자신의 인생이 스스로도 혐오스러울 테니까 말이다(그림 3-4).

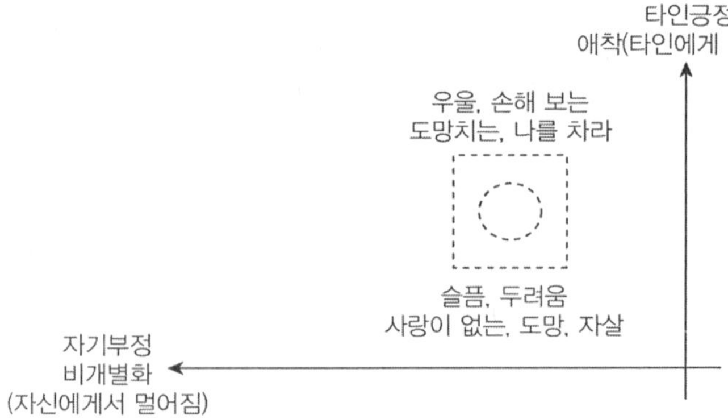

▌그림 3-4▐ 연기성 성격적응 유형의 인생태도

(6) 디스카운트(discount)

재스민은 자신의 존재에 대한 디스카운트를 하고 있다. 그녀의 본명은 자넷, 그렇다면 그녀의 이름이 왜 재스민이 된 것일까? 어머니가 좋아했던 꽃이기도 하지만 그녀의 설명처럼 어둠이 찾아오면 꽃봉오리를 여는 신비스러운 꽃, 그리고 독특하고 뛰어난 향기를 풍기면서 사람들을 매혹시키는 힘이 있는 꽃이기도 하다. 어둠 속에서만 꽃봉오리를 피우는 모습은 어쩌면 '진짜 자기'의 모습이 아닌 '가짜 자기'로 삶을 사는 거짓과 모순적인 재스민의 인생을 반영한 것을 아닐까 하는 생각이 든다. 재스민 꽃처럼 특별한 존재가 되고 싶어 자넷이라는 과거를 버리고 재스민의 삶을 선택한 것은 '진짜 자기' 존재를 부정하는, 즉 존재에 대한 디스카운트를 하는 것으로 해석할 수 있다.

이 외에도 재스민은 자신을 디스카운트하는 행동들을 단면적으로 보여주고 있다. 남편의 사업이 불법적인 것을 알면서도, 여자들과 염문을 뿌리고 다니는 것을 어렴풋이 알면서도 지금의 행복, 다시 말해 돈과 명예, 값으로 매길 수 없을 만큼의 수많은 보석들을 포기할 수 없었기 때문에 '아무런 조치도 취하지 않는' 모습을 보여주며 문제를 회피한다. 할의 아들 대니는 아버지의 사업이 망하자 재스민에게도 원망스러운 듯 울분을 쏟아낸다. "어떻게 눈치를 못 챌 수가 있어요? 신경도 안 쓴 거겠죠. 갖다 주는 돈에 눈이 멀었으니까 말이에요". 재스민에게 진정한 사랑이라는 것이 있었을까? 남편 할을 처음 만났을 때 '블루문'이라는 노래가 흘러 나왔다고 말하는 대목이 여러 번 나온다. 동양과 달리 서양에서는 보름달을 불길한 것으로 인식하여 한 달에 두 번 뜨는 보름달을 재수 없는 것으로 보아 블루문이라고 칭하게 되었다. 어원은 belewe(배신)의 의미를 가지고 있는데 두 번 째 뜨는 보름달, '배신자의 달'이라고 해서 belewemoon으로 부르다가 비슷한 발음인 bluemoon으로 변한 것이다. 노래 제목처럼 재스민은 남자들의 욕망을 채워주고 그들의 손길에 순종적으로 길들여지다가 마지막에는 배신을 당하고 버려지는 패턴을 보인다.

할의 외도로 인해 큰 싸움이 나는 장면에서 솔직하게 이야기하자는 할의 말에 재스민은 "당신이 솔직해지자고? 진짜 재밌네"라는 반응을 보인다. 드와이트가 재스민에게 청혼을 하면서 하는 말도 인상적이다. "나랑 결혼할래요? 선거운동할 때 웃으면서 사진 찍는 게 어렵지만 않다면요"라고 이야기하는데, 대놓고 자신을 빛내줄 여자가 필요하다는 말을 할 때도 "날 사랑한다는 뜻인 거죠?"라고 반응하며 자신이 원하는 방향으로 해석해 버린다. 할의 거짓말, 드와이트의 야망. 남자들의 의도를 사실은 다 알고 있었음에도 이를 부정하고 합리화하며 '과잉적응'하는 재스민의 모습을 볼 수 있다.

회피하고 애써 보지 않으려 노력했던 부분을 결국 맞닥뜨리게 되었을 때 재스민은 스스로 제어가 되지 않을 만큼 심하게 흥분하고 화를 내며 '폭력'적인 모습을 보인다. 결국 남편 할을 자기 손으로 경찰에 신고하는가 하면, 드와이트에게 모든 사실이 들통나자 어린아이처럼 애원하다가 갑자기 마구 소리를 지르기도 한다. 더 나아가서는 달리는 차를 세우기 위해 핸들을 꺾으려 하거나 자동차 창문을 주먹으로 치며 횡설수설하는 등 폭력적인 행동까지 보인다. 문제를 인식하면서도 어른답게 해결하기보다는 회피해 버리는 방법을 택하고, 결국 문제가 터지면 억눌렸던 감정이 폭발하며 억울함과 분노가 섞인 막말을 내뱉으며 미성숙한 방법으로 문제에 대응한다.

(7) 시간의 구조화(time structuring)

재스민이 주로 하는 시간의 구조화는 '잡담'이다. '잡담'을 한 마디로 정의하자면 '즐거움'이다. 하지만 그 즐거움은 한순간일 뿐 잡담이 끝나는 순간 즐거움도 함께 사라지게 된다. 잡담은 주로 '나' 중심이 아닌 '너' 중심의 이야기로, '현재'보다는 '과거' 중심의 대화가 이어지며 부정적 스트로크보다는 긍정적 스트로크가 많이 오고 간다. 시간의 구조화를 '잡담'으로 하는 사람들은 피상적인 대화를 하면서도 즐거움을 채울 수 있고 긍정적 스트로크를 받음으로써 상처받을 위험이 낮아지기 때문에 이를 택한다.

과거의 재스민은 주로 파티를 열면서 사람들에게 보석을 자랑하거나, 지인들과 쇼핑을 하면서 동생이나 주변인들의 험담을 하고, 취미 활동을 할 때에는 남편 할 또는 아들 대니를 자랑하는 데 여념이 없다. 보석과 재력, 남편과 아들을 자랑할 때는 지인들의 부러움을 통해 스트로크를 채우고, 동생 진저나 진저가 이룬 가정에 대해 이야기를 할 때는 지인들로부터 항상 동생을 걱정하고 도와주려 하는 착한 언니, 즉 온정적이고 따스함을 가진 사람으로 보여질 수 있도록 상황을 만들어 스트로크를 충족한다. 글에서 보여지는 것처럼 그 어디에도 재스민 자신은 없다.

'나'가 아닌 '그들', '그것들'을 통해 스트로크를 채우던 재스민이었는데, 이 모든 것들이 사라지자 재스민 중심의 대화들이 이루어지기 시작한다. "재스민 무슨 일 해요?", "대학에 가서는 무슨 공부를 하려고요?", "왜 인테리어 디자이너가 되고 싶은 거죠?", '나'를 통해 스트로크를 채워본 경험이 부족하기 때문에 이러한 대화나 질문들이 불편하고 때로는 분노의 감정까지 올라오곤 한다. 주변 사람들과 잘 지내던 사람도 긍정적인 스트로크를 얻을 수 없는 상황이 되면 게이머가 될 수 있다. 재스민이 원하는 스트로크를 주지 않고 그녀가 불쾌함을 느낄 만한, 하지만 현실적으로 꼭 필요한 질문을 하는 칠리에게 재스민은 적대감과 같은 부정적인 감정을 느끼게 되고, 진저에게 그에 대한 심한 말을 하거나, 무의식적으로 짜증을 내고 자신도 모르게 입에 담을 수 없는 천박한 말을 내뱉어 버리며 '게임'

으로 시간을 구조화하기도 한다. 여기서 구분해야 할 것은 '잡담'과 '활동'인데, 잡담은 P 자아상태나 C 자아상태에서 주로 이루어지지만 활동은 지금-여기, 목적을 달성하기 위해 일어나기 때문에 A 자아상태에 놓여있어 '잡담'과 차이가 있다. 영화 속 재스민은 '어서 날 멋진 여성이라고 해줘', '예쁘고 교양 있으며 우아한 사람으로 봐줘', '세상에서 가장 부러운 여자라고 말해줘'라고 외치는 듯 보인다. 아무런 계획도, 실현된 것도 없으면서 "다시 대학에 갈까 생각 중이에요", "제 직업은 인테리어 디자이너에요"라고 이야기하는 그녀는 여전히 A 자아상태가 C 자아상태로부터 오염이 되어 있다고 볼 수 있다. '작은 공주'로 살고 싶고 그렇게 보여지고 싶지만 원하는 대로 자신을 대해주지 않으면 분노감과 적대감을 보이는, 여전히 낡은 각본에서 헤어 나오지 못하고 있는 그녀가 안타깝다.

(8) 재결정(redecisions)

영화 〈블루 재스민〉에서는 재스민과 진저를 대조적으로 보여주며 두 여자 주인공이 주축이 되어 이야기가 전개된다. 재결정에서는 동생 진저에 대해 조금 더 비중을 두고 이야기를 해보려 한다. 영화 내용으로 추측해 보았을 때 진저는 언니에 비해 모든 면에서 다소 뒤처지고 특히 외모적으로도 차별을 받은 것으로 보인다. 재스민은 마트에서 캐셔 일을 하는 진저를 앞에 두고 "나보고 캐셔나 하라고? 진저와 나는 다르단 말이야"라며 대놓고 말하는데 진저는 부모님과 재스민에게 간접적이든 직접적이든 어떠한 모습으로든 철저하게 무시당하고 비교당하며 성장하였을 것이란 걸 추측해 볼 수 있다. 하지만 진저는 주눅 들며 살지 않고 가출을 선택했으며, 사랑하는 남자를 만나서 두 아들을 낳아 자기만의 삶을 진취적으로 살아 나간다. 비록 넉넉하지는 않지만 자기 힘으로 돈을 벌어 아이들을 키우고 있으며 현재는 본인과 전 남편 사이에서 낳은 두 아들까지 품어줄 만큼 그녀만을 바라보고 진심으로 사랑해 주는 남자친구 칠리도 옆에 있다.

영화에서 재스민이 지인에게 동생 이야기를 할 때 "동생네랑 우리는 사는 수준이 너무 달라"라고 말하는 장면이 있다. 물질적인 수준 차이는 날 수 있지만 조금 더 깊이 들여다보면 '진짜 자기'의 모습으로 사는 진저와 '가식덩어리', '허영덩어리'로 거짓된 삶을 사는 재스민을 비교하여 볼 수 있을 것이다. 교류분석 관점으로 보자면 진저는 어린 시절에 '나는 못생겼다', '나는 할 줄 아는 것이 없다', '나는 언니 보다 못났다', '부모님은 언니만 예뻐한다'의 메시지를 통해 A 자아상태가 P 자아상태로부터 오염이 되었을 가능성이 있다. 하지만 진저는 가출이라는 행동을 통해 낡은 각본을 따르지 않겠다고 결심한다. 물론 이러한 결정을 내리는 데까지 많은 고민과 용기가 필요했을 것이다. 현재는 자신은 충분히 사랑받는 존재이며 그럴 가치가 있는 사람이라고 믿고 있다. "칠리는 내가 좋아 죽겠나 봐"라고 말하며 웃어 보이는 그녀의 모습은 참 사랑스럽다. 부모로부터 그리고 언니로부터 받은 메시지에서 벗어나, 다시 말해 낡은 각본에서 벗어나 패배자 각본에서 승리자 각본으로 스스로의 삶을 재결정한 것이다.

재스민으로 다시 초점을 맞춰보면 영화 마지막 부분에서 드와이트에게 이별을 당한 재스민이 집으로 돌아와 진저와 칠리에게 "드와이트가 같이 살자네, 결혼해서 함께 살 거야. 그이는 여자 없으면 안 되는 타입이야. 경력에 도움이 될 만한 괜찮은 여자 말이야"라고 이야기한 뒤 샤워를 하러 간다. 저 말은 자기 자신에게 하는 말로 해석할 수 있다. '나는 남자 없이는 안 돼, 나를 돋보이게 해줄 수 있는 능력 있는 남자 말이야'. 허상 가득한 삶을 살았던 '재스민', 남자들도 '재스민'의 허상에 반해 그녀를 이용하기만 했다. 마지막까지 낡은 각본에서 헤어 나오지 못한 채 명품 하나 걸치지 못하고 처량한 신세가 되어 집을 나오는 장면은 우리에게 열린 결말을 안겨준다.

재결정이란 인생 초기에 내려진 결정의 모든 내용을 바꾸고 변화하는 삶, 즉 새로운 인생 각본과 명령을 주입해 그동안 반복된 '라켓'이라는 악순환을 끊고 관계 속에서 진실한 스트로크를 주고받을 수 있는 것을 뜻한다. 재스민의 방어막이자 마지막까지 그녀의 자존심을 지켜주었던 명품이 모두 사라진 것은 어떤 의미를 주고자 한 것일까? 그녀가 과거의 낡은 각본으로부터 벗어나 새로운 각본을 쓰게 된다는 의미로 해석해 볼 수 있을 것일까? 영화의 열린 결말에 대해 생각해 보는 것도 재밌을 것이다.

2) 성격적응 유형 분석

(1) 드라이버에 의한 의사소통 방식

연기성 성격적응 유형의 사람들은 어린 시절 부모가 자녀에게 귀엽고 유쾌한 사람이길 바라는 경우가 많다. 타인을 행복하고 기분 좋게 해주는 것을 중요시하기 때문에 이러한 부모의 기대는 자녀에게 '타인을 기쁘게 하라'는 드라이버를 주게 된다. 진저의 기억에 따르면 양부모님은 우월한 유전자를 가진 재스민을 더 예뻐했을 것이라 추측해 볼 수 있다. 재스민은 양부모님의 자랑이자 그들의 스트로크를 채워주는 존재였을 것이다. 그럴수록 재스민 또한 부모님에게 더 사랑받기 위해 무던히 애를 썼을 것이고, 자기 자신이 아닌 타인을 위해 존재하는 역할을 맡았을 것이다.

영화에 나오지는 않지만 대학생이었던 재스민이 학교를 중퇴하고 급하게 결혼 한 부분, 그리고 남편 할과 그의 전 부인 사이에서 낳은 아들 대니를 데려오기 위해 할이 변호사를 선임하여 어렵게 데리고 온 부분을 보았을 때 유부남이었던 할을 만나 결혼한 것이 아닐까 추측해 본다. 뉴욕 상위 1%의 초 상류층 삶을 살 정도로 막대한 돈을 벌어들이는 할을 보면 그의 야망이 대단함을 알 수 있는데, 그런 그에게 아름다운 외모와 허영심이 가득하면서도 다루기가 쉬운 재스민은 사업을 번창하는 데 꼭 필요한 존재였을 것이다. 사랑보다는 어떠한 쓰임의 존재로 서로의 욕구를 채워주는 병리적인 관계라는 것은 할의 끝없는 외도가 반증해 준다. 어린 시절부터 그런 존재로 자라왔기 때문에 재스민은 조건적인 관계임을 알면서도 이 또한 사랑이라고 합리화를 시키며 문제를 직면하지 않으려 한다.

영화를 보면서 느낀 점은 할이 재스민의 약점을 아주 잘 알고 있다는 것이다. 의존적이고 스스로 자립할 수 있는 힘이 없다는 것, "당신은 내가 보살펴 줄게"라는 말을 하며 늘 재스민을 안심시키면서 값비싼 보석을 선물한다. 외도를 들킨 상황에서도 "당신은 내가 잘 보살펴 줄 거야"라는 말을 하는데, 이미 이성을 잃은 재스민에게는 더이상 그 말이 들리지 않는다. 최악의 상황에서도 할이 이 말을 한 이유가 무엇일까? 아마도 '보살펴 준다'는 말로 이전의 있었던 많은 위기 상황들을 요리조리 벗어났을 것이라 생각해 볼 수 있다.

실제 '타인을 기쁘게 하라' 드라이버에 걸린 사람들에게는 '양육적인', 또는 '정서적인' 의사소통 방식을 하는 것이 중요하다. 영화 후반부에서 재스민의 거짓말에 화가 나 다소 격양된 목소리로 이것저것 캐묻는 드와이트에게 "나한테 쌀쌀맞게 굴지 말라구요"라며 까칠하게 반응하는 그녀의 모습을 볼 수 있다. 실제 상담 장면에서 재스민과 같은 유형의 내담자가 온다면 상담자는 양육적인 의사소통 방식을 사용하는 것이 좋다. NP 자아상태로 내담자가 안전하게 보호받고 있음을 알려주고 따뜻한 자세로 다가가는 것이 중요하다. 상담자는 차분한 상태로 온화한 목소리 톤을 유지하고 내담자에게 미소를 지으면서 먼저 이야기하기보다는 내담자의 말을 들어줄 수 있어야 한다. 두 번째로 정서적인 의사소통 방식은 '자유스러운 어린이 자아상태'와 관계된 것이다. 재스민은 아름다운 외모뿐만 아니라 파티로 다져진 사교적인 성격을 가지고 있다. 스스로도 "내가 좀 사교성이 좋잖아"라는 말을 하기도 하는데, 그녀의 자원을 활용하여 상담에 접근할 필요가 있으며, 여기서 주의해야 할 점은 상담자가 어린이 자아상태의 행동을 선택했을지라도 어른 자아로서 스스로의 감정을 계속 관찰해야만 한다.

(2) 과정각본

연기성 성격적응 유형을 가진 사람들은 'After(그 후) 각본'을 가지고 살아간다. '내일 대가를 치르더라도 오늘을 즐겨야 한다'는 모토를 가지고 있으며 긍정적으로 시작하는 듯 보이나, 결국 부정적으로 결말이 나는 패턴을 보인다. 재스민은 새로운 삶을 살아보려고 시도하나 뜻대로 잘 되지 않고 결국 다시 한번 자신을 구해줄 남자를 찾게 된다. 교류분석 관점으로 보자면 낡은 각본에서 탈피하려고 나름대로 노력했지만 결국 자신의 상황을 비관하고 낡은 각본, 즉 자신의 각본신념을 정당화시키며 예전의 삶을 되풀이하려는 모습을 볼 수 있다. 마침내 드와이트라는 백마 탄 왕자를 만났고, 그를 놓치지 않기 위해 자신의 직업과 인생의 전반적인 내용들을 거짓으로 편집한다. 다음 날이 되어도 드와이트에게서 연락이 없자 진저는 "언니가 거짓말한 줄 알고 내뺀 거 아니야?"라고 말하고, 그 말을 들은 재스민은 흥분한다. "거짓말이라고 하지 마! 그래, 몇 가지 사실을 약간 꾸미고 몇 가지를 생략하긴 했지만 내 감정이나 생각, 유머감각은 진심이었다고! 누구나 조금 과장해서 말하잖아, 그게 큰 잘못이야?"라고 반문하지만 손톱을 물어뜯으며 불안해하는 기색이 역력하다. 다시 주워담을 수 없을 만큼 큰 거짓말을 해버린 재스민, 하지만 거짓말이 들통나는 건 그때 가서 생각할 일이다. 드와이트를 만날 때마다 늘 불안함을 가지고 있으면서도 황금 같은 이 기회를 놓칠 수 없었던 그녀, 결국 드와이트에게 거짓말이 들통나자 그녀는 눈물을 흘리며 절규하듯 "결국 이렇게 됐네! 매번 똑같아"라고 소리친다.

뒷일은 생각하지 않고 일부터 저질러버리고, 결국 스스로 수습도 하지 못하는 반복되는 패턴, 어쩌면 그녀는 이번에도 이러한 결말을 이미 예상했을지 모른다. "언제까지 나를 속이려 했어요? 결국은 다 알게 될 텐데!"라고 소리치는 드와이트의 말에 "나도 몰라요"라고 반응하는 재스민의 행동이 매우 어리석어 보인다. '그 후 각본'을 도와주는 'Almost(거의) 각본'에 대해서도 살펴볼 필요가 있는데 번(Berne)은 원래 이 각본을 '몇 번이고 되풀이해서'라고 불렀다. '거의' 각본을 가진 사람은 "이번에는 거의 다 됐는데…" 하고 말하기 일쑤이다. 끝까지 자신에 대해 솔직하지 못했던 재스민, 약혼반지까지 맞추기로 한 상황에서 이별을 당한 재스민이 마음속으로 외친 한 마디가 '거의 다 됐는데…'가 아니었을까.

(3) 성격적응 유형 간의 상호작용

연기성 성격적응 유형 사람들의 공통점은 구체적이고 세밀한 사고가 어렵다는 것이다. 진저가 언니에 대해 설명할 때 '언니는 뭔가 인정하기 싫으면 모른 척 해버리거든'이라는 표현을 쓰기도 하고, 칠리의 집요한 질문에 몇 번 화를 내버리기도 한다. 이러한 유형은 심리검사를 진행할 때에도 "잘 모르겠어요"라는 반응을 주로 하거나 애매모호하게 대답을 한 후 "무슨 뜻인지 아시죠?"라는 표현을 하며 대충 상황을 넘어가려는 태도를 보이기도 한다. 〈블루 재스민〉은 1957년 비비안 리가 주연한 〈욕망이라는 이름의 전차〉를 모티브로 만들어진 영화이기도 하다. 원작의 영화 속 주인공 '블랑쉬'가 항상 즐겨 쓰던 향수가 '재스민'인데 〈블루 재스민〉에서 주인공 이름이 재스민인 것도 연결성이 있을 것이다. 블랑쉬 역시 재스민과 마찬가지로 매력적인 외모를 이용해 현재 자신의 처지를 180도 바꿔줄 수 있는 남자를 만나기 위해 애쓰는 여자다. 블랑쉬와 그녀의 여동생 스텔라는 부모님의 죽음 후 재산을 상속받지만 언니 블랑쉬가 전 재산을 모두 날려버리고, 재산에 대해 계속해서 묻자 말이 정리가 되지 않으며 제대로 대답을 하지 못하는 모습을 보인다.

이처럼 연기성 성격적응 유형의 사람들은 세밀한 사고를 하는 데 어려움이 있으며, 그에 따른 행동에 대해 지적을 받게 되면 더욱더 마음의 문을 닫아 버린다. '타인을 기쁘게 하라' 드라이버에 걸려있는 상황에서 '너의 행동은 잘못되었어'라고 지적받게 되면 타인을 기쁘게 하지 못했다는 생각에 NOT OK가 되면서 상대방에게 적개심을 가지고 분노의 감정을 보이게 된다. 〈블루 재스민〉에서는 진저의 남자친구 칠리가 끊임없이 재스민을 자극하는 존재로 나오고, 원작에서는 블랑쉬 여동생의 남편인 스탠리가 그녀의 이해할 수 없는 행동을 계속적으로 비난한다.

영화 〈블루 재스민〉과 〈욕망이라는 이름의 전차〉를 함께 추천하고 싶은 이유는 웨어 이론을 보다 더 잘 이해할 수 있기 때문이다. 〈욕망이라는 이름의 전차〉의 결말에서 주인공은 여동생과 주변 사람들에 의해 결국 정신병원에 입원해야 하는 상황에 놓이게 되는데, "필요 없어요. 제발 절 놔주라고 하세요. 부탁이에요"라고 말하며 슬픈 듯 공허한 표정을 지으며 끝까지 가지 않겠다고 버틴다. 이때 그녀를 데리러 온 의사 선생님의 말과 행동을 주의 깊게 볼 필요가 있는데 제발 자신을 놔달라고 애원하듯 말하는 블랑쉬에게 "그래요, 놔줘요"라고 말하며 그녀의 감정과 말에 공감을 해준다. 그러곤 모자를 벗어 예의를 갖춘 후 블랑쉬에게 팔짱을 끼라며 신사답게 그녀를 대한다. 블랑쉬는 그런 의사를 다정하게 쳐다보며 "누구신진 모르겠지만 전 항상 낯선 사람들의 친절에 의지해 왔어요"

라고 말하며 의사 선생님의 친절에 이끌려 결국 따라나서는 모습을 볼 수 있다.

재스민 또한 모든 사람들에게 그녀의 행동에 대해 비난을 받는다. 외도 사실을 알고 엄청나게 흥분을 하는 그녀의 행동을 보며 남편 할은 이렇게 말한다. "당신하고는 대화가 안 통해!" 그러고는 어른답게 교양 있게 대화를 하자고 말하며 보기 싫은 듯 자리를 떠나버리고, 아들 대니는 아빠의 불법적인 일을 다 알고 있었으면서 모른 척하다가 결국 아빠를 FBI에 신고한 엄마 재스민이 더 원망스럽다는 말을 남긴 채 다시는 자신 앞에 나타나지 말라고 이야기한다. 드와이트도 "당신 행동은 전 남편이랑 똑같아요"라고 말하며 그녀를 비난한다. 재스민은 자신의 행동이 지적받자 흥분하며 극단적으로 상황을 이끌어 나간다. 남편 할은 경찰에 신고해 버리고 칠리에 대해서는 끊임없이 무시하고 인생의 낙오자라며 비난하는가 하면, 드와이트에게는 "우리 관계가 끝난 거군요"라고 말하며 달리는 차에서 내리려고 폭력적인 행동을 한다.

만약 연기성 성격적응 유형의 사람들과 효과적인 접촉을 원한다면 앞서 말했듯 감정을 통해 접근하며 이들을 다독거리는 것이 중요하다. 이러한 성격유형을 가진 사람들의 개방문은 바로 '감정'이며, 함정문은 '행동'이기 때문에 이들의 태도와 행동에 대해 직접적으로 다루고자 한다면 '당신은 더이상 날 사랑하지 않는군요', '당신은 나를 미워하는군요', '당신과의 관계는 더이상 이어나갈 수 없어요, 우리는 끝이에요'와 같이 극단적으로 상황을 몰고 가며 위의 설명처럼 공격당할 가능성이 높다. 블랑쉬를 안심시키며 자연스럽게 차에 태워 가는 의사 선생님처럼 그들의 개방문인 '감정'을 통해 부드럽게 접촉하며 그들에게 맞춰주듯 방향성을 잡고 나아가는 것이 좋다. 또 긍정적인 관계가 형성이 되었다면 피상적이고 모호한 대답에 대해서 보다 구체적으로 대답할 수 있도록 부탁하며 사고의 영역으로 조금씩 움직일 수 있도록 상담을 이끌어 나가야 할 것이다. 그렇기 때문에 '사고'가 바로 이들의 표적문인 것이며, 그렇게 된다면 사고가 감정과 통합되어 감에 따라 '행동'에서 커다란 변화를 보게 될 것이다.

이와 같이, 열정적 과잉반응자 성격적응 유형의 특징을 정리해 보면 다음과 같다(표 3-1).

〈표 3-1〉 열정적 과잉반응자 성격적응 유형의 특징

성격구조 및 드라이버	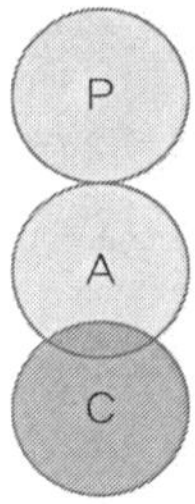 드라이버 : 타인을 기쁘게 하라
사정모형	타인과의 관계에서 '참여'적임, 문제 해결 과정에서 '능동'적인 태도를 취함
어려움 또는 문제점	과잉 반응, 급격해지는 감정
금지명령	성장하지 마라, 생각하지 마라, 중요한 존재가 되지 마라
라 켓	분노, 두려움
게 임	라포 게임(관계 게임), 나를 차주세요
인생태도	자기부정-타인긍정
시간의 구조화	잡담, 게임
웨어 이론	감정(F), 사고(T), 행동(B)
과정각본	그 후(After), 거의(Almost)
선호하는 의사소통 방식	양육적인 의사소통(정서적인 의사소통)

CHAPTER 04

책임감 있는 일 중독자 (강박-신경증적 성격적응)

1. 영화 제목 : 플랜맨

1) 영화정보

개봉일	2014. 1. 9.
제작국가 및 감독	대한민국, 성시흡
출연배우(주인공)	정재영(한정석 역), 한지민(유소정 역)
등급 및 상영시간	15세 이상 관람가 / 115분
상담 주요 키워드	강박성 성격장애, 개인상담, 집단상담

2) 영화 줄거리

도서관 사서로 일하며 결벽증과 강박증을 가진 주인공 한정석(정재영)은 6시 기상, 6시 5분 침대 시트교체 및 다림질, 6시 45분 샤워, 7시 30분 드라이기로 욕실 물기 제거 등 욕실 뒷정리, 8시 옷 입기, 줄 맞춰 걸려 있는 옷과 요일별로 입어야 하는 양복이 정해져 있다. 8시 30분 출근, 모든 물건과 집을 소독하고 출근을 한다. 8시 42분 횡단보도 건너기, 12시 점심시간, 12시 15분 편의점 도착 등 늘 손목시계가 알람을 울려 할 일을 알려주었고, 몸이나 옷에 무엇이든 묻거나 닿기만 하면 세탁소로 달려가는 게 일이다. 자신이 있는 곳은 청정구역, 무균실 같아야 한다. 정석은 계획대로 움직인다는 것은 세상이 잘 돌아간다는 것이고 사람으로 치면 성실하고 건강하다는 뜻이라고 생각한다.

더러운 것을 참지 못하고 항상 소독제를 뿌리고 닦는 것이 일상인 정석은 편의점에서 일하는 이지원(차예련)을 짝사랑하고 있다. 지원 또한 결벽증과 강박증이 있어서 편의점의 모든 물건을 줄 맞춰 정리하고 머리카락 한 올 삐져나온 적이 없다. 정석은 지원만이 자신을 이해해 줄 수 있는 유일한 사람이라 생각하고 100일 동안 지원을 관찰하며 만든 일지를 보여주며 지원에게 마음을 고백하려고 했는데, 갑자기 나타난 유소정(한지민) 때문에 당황해서 관찰 일지를 편의점에 두고 도망쳐 버린다. 소정(한지민)은 예쁘고 즉흥적이며 자유분방하다. 마음이 가는 대로 말하고 행동하며 딱히 계획 없이도 즐겁게 잘 산다.

정석은 두고 온 관찰 일지를 찾기 위해 편의점에 찾아갔고, 일지를 가진 소정을 찾기 위해 소정이 일하는 클럽을 찾아가게 된다. 일지를 읽어본 소정은 정석이 좋아하는 지원을 소개해 주지만 지원은 결벽증과 강박증이 있는 자신을 혐오하고 있었다. 정석은 지원에게 마음을 고백하려다가 거절당한다. 소정은 우연히 정석의 피아노 실력을 알게 되고 정석에게 밴드를 같이 하자고 제안한다. 소정은 정석이 밴드를 하는 대신 정석의 결벽증과 강박증을 고쳐주겠다며 알람을 맞추는 손목시계를 뺏어간다. 소정과 함께한 정석은 평생 처음으로 알람 없이 늦잠을 자고, 더럽다고 생각했던 곱창도 먹어보게 된다.

늦잠을 잔 정석은 허겁지겁 출근을 하고 직장생활 8년 7개월 26일 만에 처음으로 지각을 하게 된다. 알람 없는 그의 인생은 순식간에 꼬여 가지만, 동료들은 박수를 보내는 등 주변인들은 환호성을 보낸다. 정석은 소정과 밴드를 하면서 뜻밖의 피아노 실력을 선보이며 많은 사람의 칭찬을 듣는다. 밴드 경연에 나가기도 하고, 조퇴를 하고 계획에 없는 일을 하기 위해 소정과 즉석 만남을 가지는 등 소정으로 인해 정석의 일상에는 조금씩 변화가 생기기 시작한다.

정신과 병원 치료를 받고 있는 정석은 병원에서 다른 사람들과 함께 이야기를 하며 다양한 사람들의 고민을 공유한다. 정석은 사람들 앞에서 자신이 바뀌어야 할 내용들을 이야기한다. 정석이 바뀌어야 할 것은 '모든 일에 알람을 맞춘다. 줄이 삐뚤어진 것을 못 참는다. 더러운 것을 맨손으로 못 만진다. 계획에 없는 일은 하지 않는다'이다. 적극적으로 정석의 인생에 끼어든 소정은 정석의 알람시계를 뺏는 것부터 시작하여 정석이 바뀌어야 할 네 가지를 강제적으로 실천하도록 만든다.

소정은 조금씩 인연을 쌓으며 변화하고 있는 정석과의 만남을 계속하던 중 병원에서 주최한 발표회에서 우연히 정석의 과거에 대한 일들을 알게 된다. 정석에게는 말 못할 어린 시절의 트라우마가 있었다. 정석은 어린 시절 기억력 소년으로 유명세를 떨쳤다. 정석의 어머니는 깔끔하고 완벽하게 집안일을 하며 아들 정석의 천재성을 자랑스러워하고 정석을 미국으로 보내 보다 나은 환경에서 잘 키우고 싶어 했다. 정석은 어머니와 헤어지는 것이 싫었다. 정석의 일로 실갱이를 하다가 정석이 보는 앞에서 어머니가 발을 헛디뎌 추락하여 사망하게 된다. 정석은 자신 때문에 어머니가 돌아가셨다고 생각하며 그 죄책감으로 늘 깨끗하고 완벽하게 살아야 한다는 생각을 가지게 되었다. 사람들은 정석의 아픔에 함께 눈물을 흘리고 의사는 "네 잘못이 아니야"라고 위로해 준다. 정석은 계획성 없고 지저분하고 자유분방한 소정을 좋아하게 되고 '플랜맨'이라는 노래로 소정과 밴드활동을 하며 평범한 일상을 살게 된다.

2. 교류분석으로 바라보기

1) 주요 개념

(1) 자아상태 분석(ego state analysis)

책임감 있는 일 중독자(강박-신경증적 성격적응)는 프로이트의 발달단계인 항문기 단계의 후반기와 남근기 단계의 초반(4~5세)에 발달한다. 이 시기에 중요하게 강조되는 것은 어린 아동이 그렇게 하는 것이 정당한가 하는 것이다. 이들에게 자주 강조되는 것은 '완벽'이며, 이들이 가치 있게 생각하는 것은 '착한 소년'과

'착한 소녀'로 모범적인 아동으로서 부모로부터 받는 칭찬이다. 그러므로 많은 양의 에너지를 모범적인 사람이 되는 데 사용하고 일을 성취하는 데 투자한다. 책임감 있는 일 중독자(강박 - 신경증적 성격적응) 유형의 자아상태 구조를 분석하면 ▌그림 4-1▐ 과 같다.

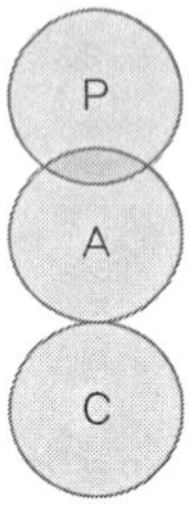

- 어른 자아가 부모 자아상태에 의해 오염된 것
- 부모로부터 배운 것이 진실이라고 강조함
- '해야만 할 것, 해서는 안 될 것'으로만 행동함
- 과도하게 의무적이고 책임의식이 투철함
- 어린이 자아상태의 욕구는 늘 채워지지 않은 상태에 있음
- 너무 일찍 아동기를 포기함으로써 과도한 책임감을 가지고 성장하게 됨

▌그림 4-1▐ 책임감 있는 일 중독자(강박-신경증적 성격적응) 유형의 자아상태 구조분석

정석의 엄마는 미혼모로서 정석 하나만 바라보고 살아왔으며, "아빠 없다고 무시 받았던 거 기억 안 나?" 하며 정석이 아빠 없이 자란 자식이라는 소리를 듣지 않기 위해 매우 엄격하게 대한다. 정석의 장래를 위해서라면 모든 것을 희생할 각오로 최선을 다하지만 정작 엄마와 함께 있는 것이 좋고, 자신으로 인해 엄마가 웃는 모습이 좋아서 열심히 공부하고 완벽하기 위해 노력하는 정석의 마음은 미처 생각하지 못한다. 정석의 엄마는 정석이 훌륭한 사람으로 성공하기만을 바라며 자신의 흐트러진 모습을 아들에게 보이지 않고, 정석에게는 계획대로 실천하고 실수하지 않도록 매우 엄격하고 완벽한 생활을 강조한다.

정석의 엄마는 어린 정석의 면 티와 작은 양말까지도 다림질하고, 속옷과 양말을 각 맞춰서 서랍에 넣어 정리하고, 분 단위로 쪼개진 생활계획표를 꼼꼼하게 작성한다. 정석은 엄마가 작성한 계획표대로 열심히 실천한다. 계획표 시간에 맞춰서 알람이 울리고 알람에 맞춰서 책을 읽고, 알람에 맞춰서 중얼중얼 무언가를 외우고, 알람에 맞춰서 알 수 없는 공식들을 쓰기도 한다. 정석은 계획표대로 실천하며 엄마의 웃는 모습을 보고 '나는 착한 소년이어야 한다', '엄마의 웃는 모습, 엄마의 칭찬이 내 삶의 원동력이다'라는 생각을 가지게 된 것 같다.

정석의 어른 자아는 엄마로부터 받은 '~ 해야만 해, ~ 해서는 안 돼'라는 부모 자아의 오염으로 인해 청결함과 완벽함에 대한 편견으로 자신도 엄마와 같이 깔끔하게 다림질하여 정리하고 자신의 일과 생활에서 완벽함을 추구하며 현재의 삶에서 합리적으로 생각하지 못하고 지나칠 정도의 결벽증과 강박증으로 생활하고 있다. 그리고 엄마가 만들어 준 계획표에 알람을 맞춰 실천한 것처럼 현재 자신의 생활도 엄마의 요구처럼 계획한 대로 일상생활에 알람을 맞춰서 한 치의 오차도 없이 시간을 보내고 있다.

어린 정석이 밖에서 들리는 아이들 소리에 창밖을 내다보며, 골목을 뛰어다니고 물총놀이를 하고 있는 동네 아이들을 부러운 눈으로 보고 있는데 알람이 울리자 창문을 닫고 계획표에 맞춰서 자신이 해야 할 일을 할 때, 어린 정석에게는 과도한 의무와 책임감으로 어린이 자아의 욕구는 늘 포기하고 좌절되어 채워지지 않는 상태이다. 너무 어린 나이에 주어진 과도한 의무와 책임감으로 아동기의 욕구가 좌절된 채 과도한 책임감을 가진 어른으로 성장하게 된 것이다.

정석은 '계획대로 움직인다는 건 세상이 잘 돌아가고 있다는 거고, 사람으로 치면 성실하고 건강하다는 뜻이다'라고 생각한다. 현재의 상황에서 합리적이고 이성적으로 생각하고 판단해야 하는 어른 자아가 '~ 해야만 해, ~ 해서는 안 돼'를 강조하는 부모 자아의 오염으로 결벽증과 강박증을 가지고 세상에 대한 편견으로 살아가게 된 것이다. 그렇게 함으로써 늘 과도한 의무와 책임감으로 자신의 어린이 자아의 욕구는 억압하고 포기하며 좌절되어 왔다. 현재 자신의 욕구를 알아차리지 못하고 늘 계획된 일상에 강박적으로 실천함으로써 현재를 즐기지 못하고 계획에서 벗어나면 삶이 끝날 것 같은 긴장과 불안 속에서 살고 있는 것이다.

정석은 어린 시절 늘 깔끔하고 정돈된 집안 환경과 계획표대로 실천해야 한다는 엄마로부터 의식적이든 무의식적이든 주변을 늘 깔끔하게 잘 정리해야 하고, 삶은 계획을 세워서 실천하는 것이 안전하다는 것을 받아들였을 것이다. 그러므로 정석은 엄마의 가르침을 받아들여 어른 자아가 부모 자아에 의해 오염된 상태로 편견을 가지고 결벽증과 강박적인 행동을 하는 것으로 보이며, 이러한 과정에서 어린이 자아의 욕구는 억압되고 좌절되었을 것으로 보인다.

(2) 각본분석(script analysis)

책임감 있는 일 중독자(강박-신경증적 성격적응) 유형은 유난히 요구하는 게 많은 부모 밑에서 자란 경우가 많다. 부모는 성취를 강조하고, 이들은 모든 일을 마칠 때까지 놀지 않는다. 그리고 계속 자신이 해야 할 일을 찾아다닌다. 때때로 휴식과 오락 없이 한 가지 일을 성취한 후에 또 다른 일을 찾아 헤맨다. 〈플랜맨〉의 주인공 한정석의 각본을 분석하면 ▮그림 4-2▮와 같다.

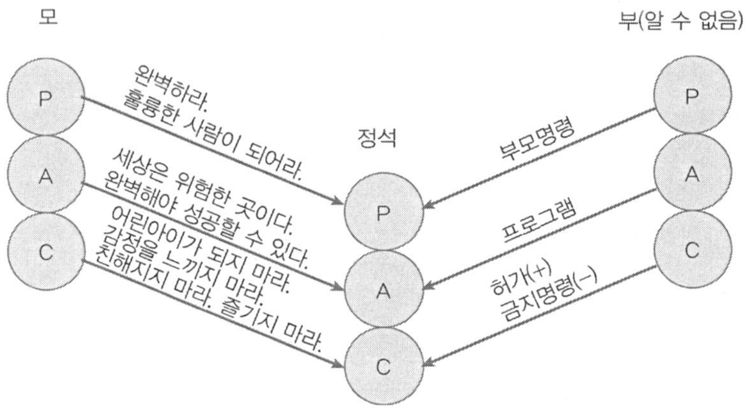

▮그림 4-2▮ 한정석의 각본분석

① 부모명령

부모의 부모 자아상태에서 자녀의 부모 자아상태에 언어를 통해 전달되는 메시지인 부모명령은 인간이 살아가면서 부모나 권위적인 인물들로부터 받은 '무엇을 해라', '무엇을 하지 마라'라는 무수히 많은 명령들과 자신, 타인 및 세상에 대한 정의들로 이루어져 있으며, 드라이버 메시지(driver messages) 또는 드라이버(driver)라고도 한다.

책임감 있는 일 중독자(강박-신경증적 성격적응) 유형의 부모가 주는 부모명령, 즉 드라이버 메시지는 '완벽하라'이며, ▮그림 4-3▮과 같다.

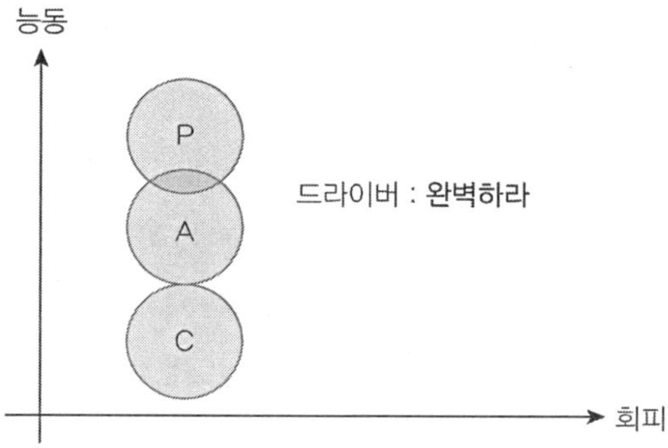

▌그림 4-3▐ 책임감 있는 일 중독자(강박-신경증적 성격적응) 유형의 드라이버

어린 시절 정석은 엄마로부터 "미국에서 제대로 검사받고 바로 영재코스 밟으면... 지금까지 아빠 없다고 무시 받았던 거 기억 안 나? 우리 계획이 뭐라고 했지?"라는 메시지를 듣고, "미국 가서... 훌륭한 사람 돼서... 자랑스럽게 돌아오는 거요"라고 대답한다. 이에 엄마는 "그래. 잘하고 있어"라고 칭찬해 준다.

어린 시절 정석은 아이큐 200이 넘는 천재소년, 기억력 소년으로 방송에 출연하면서 사람들의 관심과 사랑을 받는다. 엄마는 방송국에서 특별한 아들을 둔 소감을 묻는 인터뷰에서 "아들이 자랑스럽죠. 제 자식이지만 나중에 무슨 일을 할지 기대가 됩니다"라고 말한다. 이러한 엄마의 말에 어린 정석은 엄마의 기대에 부응하기 위해 엄마의 계획대로 아빠 없이 자란 자식이라는 무시를 받지 않고 훌륭한 사람이 되기 위해 자신이 해야 할 일은 완벽하게 해내고, 착한 소년이 되어 엄마를 행복하게 해주기 위해 최선을 다한다.

어린 시절 엄마의 말과 행동에서 '완벽하라', '훌륭한 사람이 되어라'라는 엄마의 부모 자아상태에서의 메시지는 어린 정석의 부모 자아상태에 전달되어 부모명령으로 정석의 각본을 형성하게 되었고, 정석은 이러한 부모명령에 따라 각본대로 자신의 삶을 살아가게 된다. 그래서 어른이 된 현재에서도 부모명령에 따라 실수하지 않기 위해 늘 알람을 맞추고 자신의 하루를 흐트러짐 없이 완벽하게 보내며 자신의 각본대로 살아가고 있다. 정석은 매일매일 자신을 채찍질하며 자신의 삶의 틀 속에 자신을 가두고 있었던 것이다. 자신이 계획한 세상의 틀 속에 갇혀서 그것만 실천하며 살면 완벽한 삶이라고 생각하고 안정감을 느끼는 것이다.

정석은 어린 시절부터 엄마를 행복하게 해드리기 위해 자신이 해야 할 일과 생활에서 실수하지 않도록 최선의 노력을 했을 것이다. 그리고 엄마의 '완벽하라', '훌륭한 사람이 되어라'의 부모명령을 받아들여 자신의 삶에서 실천하고 있는 것이다. 정석은 '계획대로 움직인다는 건 아무런 문제가 없다는 거다. 세상이 잘 돌아가고 있다는 거고 사람으로 치면 성실하고 건강하다는 뜻이다'라는 생각을 가지고 강박적으로 자신의 각본대로 살아가고 있는 것이다.

② 프로그램

부모의 어른 자아상태에서 자녀의 어른 자아상태로 전달되는 프로그램을 통해 자녀는 부모로부터 세상을 살아가는 방법을 배우고 습득하게 된다. 책임감 있는 일 중독자(강박-신경증적 성격적응) 유형의 사람은 일반적으로 책임감이 있고 성실하며 믿을 수 있는 사람이다. 열심히 일하며 예의범절을 지키는 사람으로 말과 행동이 일치한다. 이들은 늘 정돈된 느낌을 주며, 옷차림이 단정하고 머리가 헝클어지는 경우도 거의 없다. 상황에 맞는 옷을 입으며 완벽하게 보이려는 경향이 있고, 가장 올바른 시민의 모델이 되기도 한다.

책임감 있는 일 중독자(강박-신경증적 성격적응) 유형의 일반적인 문제해결과 상호작용의 형태는 먼저 접근한다는 것이다. 이들은 대집단보다는 한두 명의 소수와 관계 맺기를 선호하고 자신의 테두리 안에서 편안함을 느낀다. 자아상태분석에서 살펴보았듯이 이들은 어른 자아가 부모 자아로부터 오염되어 있는 것으로 분석된다. '지금-여기'에서 적절하게 활용될 규범을 고려하기보다는 '열심히 일하라', '옳은 것을 하라', '완벽하게 하라'와 같은 부모 자아상태의 요구에 순종하는 경향을 보인다.

정석은 어린 시절 항상 정돈되고 깔끔하며 자를 대고 정확하게 선을 그으며 정석의 생활계획표를 작성하며, 시간표에 따라 알람을 맞춰 실천하게 만들고 한 번도 흐트러진 모습을 보여주지 않았던 엄마의 모습을 통해 자신도 엄마처럼 깔끔하고 완벽하게 모든 일을 충실히 해내야 한다는 강박적인 성격으로 성장한다. 그렇게 깔끔하고 완벽한 모습을 통해 자신이 해야 할 일을 충실히 해냄으로써 엄마를 웃게 만들고 사랑받을 수 있다고 믿는 것이다.

정석은 도서관 사서 일을 한다. 도서관에서 일한 지 8년 7개월 26일이 됐고, 도서대출, 반납, 도서관리 등 도서관에서 하는 일반적인 업무를 한다. 장갑을 끼고 바코드를 찍어 대출을 해주고, 코드 정보를 입력하고 넘버링을 하는 작업, 핀셋과 자를 이용해서 정확하게 책표지에 스티커를 붙인다. 책에 그려진 낙서를 지우개로 깨끗하게 지우고 청소기로 지우개 가루를 빨아들인다. 정리가 끝난 책은 한 치의 삐뚤어짐도 없이 책장에 꽂는다. 매일 반복되고 손이 많이 가는 작업이지만 정석은 자신의 일을 좋아하고 적성에 잘 맞는다고 만족해하며 자신이 정리한 책들을 보며 뿌듯해한다.

영화의 한 장면에서도 나오지만 어린 시절 정석은 엄마로부터 "우리 계획이 뭐라고 했지?"라는 말을 자주 들었을 것이다. 엄마의 계획이 곧 정석의 계획이 되었고, 정석은 엄마가 계획한 대로 최선을 다해 실천하며 엄마를 웃게 만들며 사랑받고 싶었을 것이다. 성장한 어른인 정석은 어린 시절 엄마로부터 작성되어진 계획표를 가지고 완벽하게 실천하라는 메시지를 받아들여 현재 자신의 생활패턴이 되었다. 늘 완벽하고 깔끔한 엄마를 통해 세상은 위험한 곳이므로 매사에 완벽해야 위험으로부터 보호받을 수 있고, 완벽해야 성공할 수 있다고 프로그램된 것이다. 정석은 자신의 일을 완벽하게 처리하고, 자신의 생활도 계획표대로 알람을 맞춰서 실천한다. 계획에 없던 일을 하지 않으며 계획한 대로 되지 않으면 불안하여 다른 일을 할 수 없고 안절부절못한다.

어린 시절 정석과 엄마의 대화를 보자. 엄마가 "우리 계획이 뭐라고 했지?"라고 하면 어린 정석은 "미국 가서 훌륭한 사람이 되어 자랑스럽게 돌아오는 거요"라고 대답한다. 그러면 엄마는 "그래, 잘하고 있어"라고 칭찬해 준다. 정석은 어린 시절 보았던 엄마의 모습과 메시지를 통해 자신도 엄마와 같이 완벽하게 해야 하고, 엄마가 원하는 대로 계획에 맞춰 완벽하게 해내야 한다는 책임감을 가지고 사랑받기 위해 노력했을 것이다. 그래서 실수하지 않기 위해 늘 알람을 맞추고 자신의 하루를 흐트러짐 없이 완벽하게 보내야 엄마를 웃게 만들고 행복하게 해 드린다고 생각했을 것이다. 그리고 그것을 지키기 위해 스스로도 완벽해야 한다고 느꼈을 것이다. 정석은 매일매일 자신을 채찍질하며 자신의 삶의 틀 속에 자신을 가두고 있었던 것이다. 자신이 계획한 세상의 틀 속에 갇혀서 그것만 실천하면 완벽한 삶이라고 생각하고 편안해하는 것이다.

③ 금지명령

책임감 있는 일 중독자(강박－신경증적 성격적응) 유형이 어린 시절에 받은 전형적인 금지명령은 '어린 아이가 되지 마라', '감정을 느끼지(성적인 감정을 느끼지) 마라', '친해지지 마라', '중요한 존재가 되지 마라', '즐기지 마라'이다. 이에 대한 반응으로 아동은 불안감, 죄책감 또는 우울을 느낀다. 이들은 착한 소년(소녀)이 되지 못한다면 부모가 결코 자신과 어떠한 것도 함께하지 않을 것이라 믿고 있다. 이들의 초기결정은 '나는 착해지기 위해 최선을 다할 것이고, 그렇게 된다면 당신은 나를 사랑할 것이다'이다. 그러나 자신의 능력이 충분하지 못하므로 불안감을 느끼게 될 것이고, 때로는 나쁜 생각을 하게 되므로 죄책감을 느끼게 된다.

책임감 있는 일 중독자(강박－신경증적 성격적응) 유형의 자아상태분석에서 살펴보았듯이 이들은 어른 자아가 부모 자아로부터 오염되어 있는 것으로 분석된다. '지금－여기'에서 적절하게 활용될 규범을 고려하기보다는 부모 자아상태의 요구에 순종하는 경향을 보인다. 그리고 친구들과 함께 어울려 놀고 싶은 어린이 자아의 욕구는 늘 억압하고 외면하며 즐거워야 할 아동기를 포기하고 과도한 책임감과 자기통제 속에서 성장하게 된다.

어린 정석은 밖에서 들리는 아이들 소리에 창밖을 내다보며, 골목을 뛰어다니고 물총놀이를 하고 있는 동네 아이들과 함께 놀고 싶은 마음을 억누르고 아이들을 부러운 눈으로 바라본다. 이때 시간표에 맞춰진 알람이 울리자 창문을 닫고 엄마가 그려준 계획표대로 자신이 해야 할 일을 한다. 엄마로부터 어린 정석에게 주어진 과도한 의무는 정석이 착한 소년이 되어 사랑받기 위해 어린이 자아의 욕구는 늘 포기하고 좌절되어 채워지지 않는 상태로 성장하게 만든다. 너무 어린 나이에 주어진 과도한 의무와 책임감으로 자신의 감정을 억압하고 아동기의 욕구가 좌절된 채 과도한 책임감을 가진 어른으로 성장하게 된 것이다.

정석은 미혼모로서 자신을 홀로 키우며 아빠 없는 자식이라는 무시를 받지 않기 위해 최선을 다한 엄마를 실망시키지 않고 행복하게 해주기 위해 자신의 감정이나 욕구를 억압하고, 다른 아이들과 즐거운 시간을 갖지 못하고, 늘 자신에게 주어진 일들에 대해 묵묵히 받아들이고 완벽하기 위해 최선을 다하며 착한 소년으로서 의무를 다한다.

정석은 도서관 동료들과도 회의 시간이 아니면 함께 있지 않고, 동료들의 청결하지 못한 점, 삐뚤어진 넥타이, 컵받침에 반듯하게 놓지 않은 컵 등에 대해 불편함을 느끼고 이를 지적하고 수정한다. 동료들은 이러한 정석의 태도를 겉으로는 무관심하고 불편한 척 무시하는 듯 보이지만 마음으로는 정석을 이해하고 속 깊은 애정이 있는 따뜻한 사람들이다. 어린 시절과 현재 동료들과의 상황에서 알 수 있듯이 정석은 '어린 아이가 되지 마라', '감정을 느끼지 마라', '친해지지 마라', '즐기지 마라'라는 금지명령을 받아들여 자신의 존재보다는 해야 할 일, 의무에 집중하며 정서적으로 억압하고 신체적으로 긴장과 불편을 경험하면서도 엄마의 금지명령을 따르고 있었다.

정석은 한부모 가정에서 엄마 홀로 자신을 양육하면서 힘들어하는 엄마의 모습을 보면서 자랐다. 어린아이처럼 응석을 부릴 수 없었을 것이고, 자신의 불편한 감정을 엄마에게 표현하지 못했을 것이다. 그리고 자신이 해야 할 일과 목표를 향해 열심히 자신을 단련했을 것이다. 정석은 '어린아이가 되지 마라', '감정을 느끼지 마라', '친해지지 마라', '즐기지 마라'의 금지명령으로 자신의 각본에 의해 감정을 알아차리지 못하고, 어른 아이가 되어 친구들, 동료들과 친해지지 못하고 자신의 삶을 즐기지 못하며 결벽증과 강박적으로 행동하게 되었을 것으로 보인다.

(3) 라켓시스템 분석(racket system analysis)

책임감 있는 일 중독자(강박-신경증적 성격적응) 유형은 어린 시절 부모의 사랑을 받기 위해 열심히 무언가를 했던 것처럼 어른임에도 일을 하고 있지 않으면 '죄책감'을 느끼게 된다. 이들은 한 번에 여러 가지 프로젝트를 진행시키는 경우가 자주 있어서 어떤 일은 못 해내는 경우도 있다. 이들의 전형적인 라켓은 불안, 우울, 죄책감(분노, 마음의 상처와 성적인 감정을 가린), 분노(슬픔을 가린)이다. 〈플랜맨〉의 주인공 한정석의 라켓시스템을 분석하면 ❙그림 4-4❙와 같다.

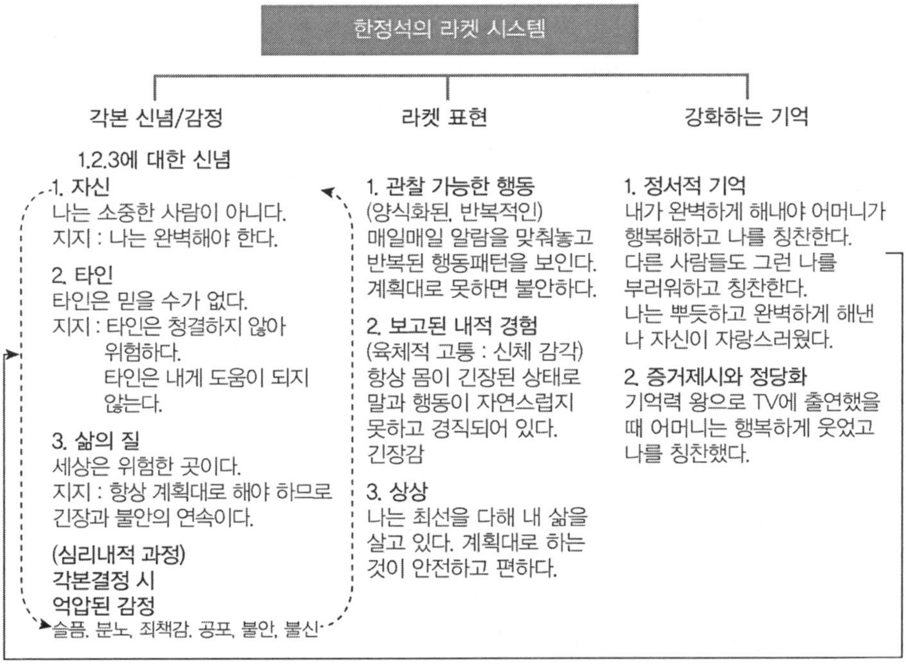

❙그림 4-4❙ 한정석의 라켓시스템 분석

어린 시절 정석은 자신의 면티와 양말까지 다림질하며 서랍장에 차곡차곡 항상 청결하고 깔끔하게 정리해 주는 엄마로 인해 청결하지 못한 것, 더러운 것, 오염에 대한 강박과 각 맞춰 바르게 정리되지 않는 것에 대한 강박이 생긴 것으로 보인다. 그래서 다른 사람들의 비위생적이고 청결하지 못한 모습을 보면 자신에게도 오염이 될 수 있다는 부정적인 생각으로 인해 세상과 타인에 대한 불안과 불신을 가지고 있는 것으로 보인다.

정석은 어린 시절 원주율(3.141592....)을 수백 자리까지 외우는 기억력 소년으로 세상의 주목을 받았지만, 엄마와 헤어지기 싫은 마음에 엄마와 함께 출연했던 쇼에서 거짓말로 틀린 답을 말함으로써 조작방송 시비에 휘말리게 된다. 정석과 엄마는 허무하게 끝나버린 방송의 충격이 가시기도 전에 기자들에게 둘러싸여 비난을 받게 된다. 겁을 먹고 도망가는 정석을 엄마가 다급하게 쫓아가다 발을 헛디뎌 계단에서 추락하여 사망하게 되고, 정석은 그러한 엄마의 죽음을 목격하게 된다. 엄마의 죽음이 자신 때문이라는 죄책감으로 커다란 트라우마가 되었고, 세상 사람들에게 등을 돌린 채 슬픔과 분노, 세상에 대한 공포로 혼자만의 세계에 갇혀 살게 된 것 같다.

정석은 모든 것을 계획하고 알람을 맞추며 극도의 청결을 유지하면서 살아간다. 그것이 성실하고 건강한 생활 패턴이라고 고집스럽게 믿고 있다. 겉보기엔 자신의 삶에 매우 만족하고 있는 듯 보이지만 정석의 내면에는 슬픔과 외로움, 죄책감으로 깊은 상처가 있다. 어린 시절 자식의 천재성을 뒷바라지하기 위한 엄마의 노력은 현재 정석에게 시간과 청결에 대한 강박으로 남게 된 것이다.

정석은 과자를 먹으며 과자 부스러기를 책상에 떨어뜨리며 먹는 동료, 자장면을 입에 묻히고 먹는 동료, 임신 중 감기에 걸린 듯 코를 훌쩍이며 지나가는 동료를 더럽고 비위생적이고 세균덩어리라고 생각한다. 세균으로 가득 찬 이 세상에서 자신은 청결을 유지하기 위해 키보드를 하나하나 분리해서 면봉으로 꼼꼼히 닦고, 세균 방지를 위한 스프레이를 뿌린다. 타인에 대한 불신과 청결하지 못한 위험한 세상에서 자신이 살아남기 위해서 자신의 계획대로 실천하고 계획에 없던 일은 하지 않으며 스스로 만든 자신만의 경계를 지키고 살아간다. 정석의 가방 안에는 장갑, 물티슈, 탈취제 스프레이 등이 차곡차곡 정리되어 있다.

정석의 진정한 감정은 자신 때문에 엄마가 돌아가셨다고 생각함으로써 슬픔과 죄책감이 있을 것이다. 그리고 자신의 삶에서 엄마의 죽음과 같은 불행한 일이 예고 없이 갑자기 찾아올 수 있다는 것을 알고 늘 불안하고 공포스러웠을 것이다. 깊은 슬픔과 외로움, 불안을 표현하지 못하고 타인과 세상에 대한 불신 속에서 늘 완벽하게 하루하루를 보냄으로써 경직된 몸과 한정된 대인관계를 형성하고, 매일 자신의 계획대로 자신이 정한 규칙을 지킴으로써 불안과 죄책감을 조금이나마 떨쳐버리고 싶었던 것으로 보인다.

(4) 게임분석(game analysis)

책임감 있는 일 중독자(강박-신경증적 성격적응) 유형은 어른 자아가 부모 자아에 오염되어 지금-여기에서의 상황에 대한 합리적이고 이성적인 판단보다는 늘 자신이 해야 할 일에 집중하고 어린이 자아의 욕구를 억압함으로써 자신의 감정이나 놀이를 너무 등한시하는 경향이 있으며, '곤경에 처하기', '내가 얼마나 노력하는지를 봐라'는 게임을 한다.

'곤경에 처하기'는 자신이 할 수 있는 능력보다 더 많은 일을 하면서 동시에 그것에 대해 불평을 하는 것이다. 정석은 도서관 사서로서 자신이 맡은 일을 빈틈없이 충실하게 하고, 자신처럼 일하지 않는 동료들에 대해서는 불만을 가지기도 한다. 계획적이고 청결하고 빈틈없는 일처리는 동료들과 '내가 얼마나 노력하는지를 봐라'는 게임을 하고 있는 것이다.

카프만(Karpman, 1968)이 제시한 드라마 삼각형의 관점으로 보면 정석은 청결하지 못한 다른 사람들과 세상에 대하여 자신은 '희생자' 역할을 하고, 다른 사람들은 '박해자' 역할을 한다고 생각할 것이다. 하지만 도서관 동료들의 입장은 정석이 동료들에게 더럽고 비위생적이고 세균덩어리라고 생각하며 장갑을 끼고, 지저분한 것은 물티슈나 청소기로 청소하고, 탈취제 스프레이를 뿌리는 모습에서 정석은 '박해자' 역할을 하고 자신들은 '희생자' 역할을 한다고 생각할 것이다.

정석과 소정의 관계에서 소정은 밴드 오디션에 함께 참여함으로써 자신이 정석의 결벽증과 강박증을 고쳐주기로 하여 자신은 정석에게 '구원자' 역할을 한다고 생각할 것이다. 정석 또한 소정의 아픔을 위로하고 함께 밴드 오디션에 참여함으로써 '구원자' 역할을 한다고 생각할 것이다. 정석의 아픔을 알고 난 후 두 사람은 서로에게 '구원자' 역할을 함으로써 서로의 상처를 보듬고 이해하며 회복할 수 있도록 서로를 지지하고 격려하는 관계로 발전한다.

정석은 돌아가신 엄마가 하늘나라에서 자신을 지켜볼 거라는 생각으로 매일 매일 흐트러짐 없이 정해진 계획대로 하루를 보냄으로써 엄마에게 '내가 얼마나 노력하는지를 봐라'는 게임을 하고, 자신을 '희생자', 엄마를 '구원자'라고 생각하는 것으로 보인다. 어린 시절 기억력 소년으로 천재소년이라는 대중의 소리를 들을 때도 엄마를 행복하게 해드리기 위해 부단한 노력을 하였을 것이다. 그때처럼 지금도 엄마를 생각하며 자신이 얼마나 열심히 노력하는지를 보여줌으로써 스스로 안도감을 느끼는 것으로 보인다.

(5) 인생태도(life position)

책임감 있는 일 중독자(강박–신경증적 성격적응) 유형의 인생태도는 '자기부정–타인긍정'이다. 이들은 착한 소년(소녀)이 되지 못한다면 부모가 결코 자신과 어떠한 것도 함께하지 않고 사랑받지 못할 것이라 믿고 있다.

정석은 자신처럼 계획을 세워 생활하고 그 계획대로 실천하는 것이 건강한 삶의 생활패턴이라는 생각을 가지고 있다. 정석은 '계획대로 움직인다는 건 아무런 문제가 없다는 겁니다. 세상이 잘 돌아가고 있다는 거고 사람으로 치면 성실하고 건강하다는 뜻이죠'라는 생각으로 자신을 긍정적으로, 그렇지 못한 타인을 부정적으로 보는 '자기긍정–타인부정'의 인생태도를 보인다.

정석은 강박증과 결벽증으로 규칙적이고 청결한 삶을 사는 자신을 긍정적으로 보고, 실수와 부주의, 정리정돈 되지 않고 더럽고 비위생적이고 불규칙한 일상을 사는 다른 사람들을 부정적으로 보며 그들의 행동이 이해 가지 않는다는 듯 겉으로 보이는 정석의 이러한 생각과 행동은 '자기긍정–타인부정'의 인생태도를 보이고 있다. 하지만 정석은 근본적으로 자신에 대한 신뢰와 타인에 대한 믿음이 부족하여 자신이 청결하지 못하고 불규칙한 삶을 살면 자신에게 어떤 사고나 피해가 생길지 모른다는 불안에서 불편함을 감수하면서 습관이 되어버린 자신의 생활패턴을 유지하고 있는 것이다.

정석은 이러한 강박적 행동과 사고에 대해 스스로 인지하고 있었으므로 정신과 의사와의 상담을 통해 변화의 의지를 보이고, 함께 일하는 동료들의 말과 행동에 대한 정석의 반응으로 보아 동료들에 대한 깊은 관심과 배려가 있음이 드러난다. 이러한 정석의 태도는 자신에 대한 부정성과 타인에 대한 긍정적인 감정이 나타난다. 겉으로 보이는 정석의 인생태도는 '자기긍정-타인부정'이지만 진정한 내면의 인생태도는 '자기부정-타인긍정'임을 알 수 있다.

(6) 디스카운트(discount)

사람들은 '지금-여기'의 문제들에 대한 현실적인 정보를 무시하거나 실제보다 낮추어 평가하며, 지금까지 익숙하다고 느낀 사고, 감정, 행동에 안주하면서 변화보다는 현상유지에서 안전감을 느낀다.

책임감 있는 일 중독자(강박-신경증적 성격적응) 유형은 '언제나 무엇을 해야만 한다'고 느끼고, 병에 걸릴 때까지 또는 완전히 지칠 때까지 일을 하는 경향이 있다. 또한 아동기에 무언가를 깔끔하게 처리하고 완벽하게 처리함으로써 많은 칭찬을 받았다. 의식적인 강박행위는 불안을 해소하는 시도일 뿐이다. 어른 자아의 부모 자아에 의한 오염으로 '~해야만 해, ~ 해서는 안돼'라는 메시지로 인해 지금-여기에서의 이성적이고 합리적인 판단을 디스카운트 하고 있으며, 자신의 감정을 억압하고 무시함으로써 어린이 자아의 욕구를 디스카운트 하고 있다.

정석은 어린 시절 자신의 감정을 억압하고 디스카운트 한 것처럼 현재에도 자신의 감정과 욕구를 무시하고 억압하면서 계획한 대로 완벽하게 실천하며 사는 강박행위에서 벗어나지 못하고 있다. 알람을 맞춰놓고 생활하는 자신의 문제를 인식하지 못하고 있고, 자신이 현재의 생활을 변화시킬 수 있다는 자신의 선택권과 능력을 디스카운트하고 있다. 정석은 어린 시절 그렇게 했던 것처럼 현재 자신의 감정과 욕구를 디스카운트를 함으로써 어린 시절 익숙했던 편안함을 느끼고, 지금-여기에서의 사고, 감정, 행동을 하지 못하며 익숙한 자신의 현 상태를 계속 유지함으로써 안전감을 느끼고 있다.

또한 정석은 자신의 관점에서 더럽고 비위생적인 타인들, 세균으로 가득 찬 이 세상에 대한 부정적인 생각으로 다른 사람들의 존재 그 자체, 변화 가능성에 대한 선택권과 능력을 디스카운트 하고 있다. 정석은 엄마로부터 배운 것이 진실이라 믿고, 어른 자아가 부모 자아에 의해 오염되어 과도한 의무감과 책임감으로 어린이 자아상태의 욕구는 늘 억압하고 무시한 채 계획대로 무미건조한 일상을 보낸다. 동료들과 친해지지 못하고, 새로운 타인과의 관계를 두려워하며, 자신을 위해 시간을 즐기지 못하며, 과도한 책임감으로 강박적으로 엄마의 기대를 충족시키기 위해 노력함으로써 진정한 자신의 감정과 욕구, 문제에 대한 인식, 변화 가능성에 대해서 스스로 디스카운트 하고 있는 것이다.

(7) 시간의 구조화(time structuring)

책임감 있는 일 중독자(강박-신경증적 성격적응) 유형은 시간의 구조화 중 '활동', '게임', '친밀'을 선호한다. 이들은 바쁜 상태에 있는 것이 '선한 것'이고, 일을 통해 가장 가치 있는 것을 이끌어 낼 수 있다고 믿기 때문에 '활동'은 이들에게 최고의 시간을 의미한다. 친밀은 일을 떠나서도 인생은 가치 있다는 것을 느끼게 해준다. 그러나 이들에게 이런 변화는 매우 힘들어 보인다. 이들은 일단 일을 하고 나서야 놀 수 있기 때문이다.

정석은 자신의 계획표대로 생활하고 계획에 없던 일이 발생할 경우 당황하여 그 자리를 회피한다. 교류분석적 관점에서 정석은 계획표대로 완벽하게 시간의 구조화를 하는 셈이지만 변화에 대한 융통성이 부족하여 계획에 없던 일이 갑자기 발생하면 당황하고 불안해하며 안절부절못한다. 그리고 자신이 계획한 시간에 반드시 계획대로 완벽하게 시간을 보내야만 하는 강박적인 성격으로 자신이 구조화한 시간대로 하루를 보냈을 때 편안하고 안정감을 느낀다.

정석의 시간의 구조화에 변화가 일어난 것은 짝사랑하던 지원이 병원을 권유하면서 병원에서 만난 의사와 다른 환자들과 시간을 함께 보내는 '활동'이 생겼고, 소정과 밴드 오디션을 보기 위해 함께 연습하며 시간을 보냄으로써 '활동'과

'친밀'의 시간이 늘어나게 된다. 정석은 처음에는 병원에서 만난 다른 환자들과 시간을 보내는 것이 탐탁지 않았지만 점차 다른 사람들의 이야기를 듣고 자신의 이야기를 하면서 서로 이해하며 진정한 만남이 이루어지는 시간을 보내게 된다. 소정과의 밴드 연습시간도 처음에는 짝사랑하는 지원에게 잘 보이기 위해 시작했지만 점차 소정과의 만남이 즐겁고 어린 시절 배웠지만 잊고 있었던 피아노를 연주하며 밴드 연습을 즐기게 된다.

정석은 도서관 사서로 일을 할 때를 제외하고는 다른 사람과의 관계가 없다. 그래서 시간의 구조화는 주로 '활동'이 가장 많고, 혼자 있는 시간이 많아 '폐쇄'의 시간도 많을 것이다. 사람들과의 관계는 의례적인 것으로 '친밀'의 시간을 가지기 힘들고, 시간을 낭비하지 않으므로 '잡담'도 많지 않을 것이다. 하지만 정석은 자유분방한 소정과의 만남을 통해 자신의 변화를 느끼며 진정한 감정을 나누게 되고, 함께하는 밴드연습 시간에 피아노를 연주하면서 자신의 즐거움을 찾을 수 있는 '친밀'의 시간을 가지게 된다.

(8) 재결정(redecisions)

책임감 있는 일 중독자(강박-신경증적 성격적응) 유형의 문제는 과도한 책임감이 필요 없을 때에도 불안함을 느낀다는 것이다. 이들은 일 중독자가 되기 쉽고, 자신을 느슨하게 하거나 즐기거나 재미있어야 한다는 것에 흔쾌히 내려놓지 못하기 때문에 자신이 이룩해 놓은 것을 즐기지 못한다.

상담에서 이들에게 가장 중요한 주제는 자신이 비록 완벽하지 않더라도 자신은 '충분히 인정받을 수 있는 사람'이라는 것을 수용하는 것이다. 그리고 '일'보다는 '존재'하기 위한 것을 배워 나가는 것이다. 또한 자신이 무엇을 해야만 하는가에서 벗어나 자신이 어떻게 해야 좋은 느낌을 가질 수 있는지를 배울 필요가 있다.

정석은 자신과는 정반대인 자유분방한 소정을 만나 자신의 삶의 패턴에 변화를 가져온다. 소정이 손목시계를 빼앗아 가서 알람을 맞추지 못한 정석은 늦잠을 자고, 처음으로 지각을 하게 된다. 동료들은 늦잠을 자서 지각한 정석에게 박수를 보내며 환호한다. 정석은 울어야 할지 웃어야 할지 당황해하지만 동료들의 따뜻한 마음을 느낀다.

정석은 소정과의 만남이 이어지면서 계획했던 대로 못하게 되는 일이 발생하고, 계획에 없었던 일도 하게 되면서 불편하고 불안했던 마음이 점점 편안해진다. 소정과의 밴드활동으로 다시 피아노를 연주하게 됨으로써 그동안 즐기지 못했던 자신의 삶의 기쁨과 즐거움도 느끼게 된다.

정석은 병원 발표회 날 용기를 내어 어린 시절 엄마의 죽음과 자신의 상처와 트라우마에 대한 이야기를 한다. 정석은 "엄마 미안해요. 나 이제 손톱도 깨끗이 자르고 옷에 뭐 안 묻히고 깨끗하게 입을 거고 책상 정리도 잘 할게요. 엄마 말 잘 듣고 엄마가 시키는 대로 잘 할 테니까…"라고 말하며 눈물을 삼키며 말을 잇지 못한다. 의사는 눈물 가득한 눈으로 정석을 향해 두 팔을 내밀며 정석의 엄마가 되어 "괜찮아 네 잘못이 아니야"라고 말한다. 정석은 "미안해요. 엄마, 나 엄마랑 같이 있고 싶은데 떨어지기 싫었는데…"라고 말한다. 의사는 또 정석의 엄마가 되어 "아니야 엄마가 미안해. 네 마음 몰라줘서. 그동안 많이 힘들었지"라고 말한다. 정석은 "무서웠어요, 너무 무서웠어요. 엄마"라고 말하고, 의사는 정석의 엄마가 되어 "괜찮아, 이제 괜찮아"라고 말하며 흐느끼는 정석의 등을 토닥여 준다. 의사의 품에 안겨 눈물을 흘리고 있는 정석과 병원 치료 멤버들, 객석의 사람들, 모두 정석을 바라보고 눈물을 흘린다. 정석은 흐르는 눈물을 닦으며 소정을 바라본다.

정석은 무엇보다 자신의 어린 시절 힘들었던 이야기와 그로 인한 자신의 죄책감과 트라우마를 사람들에게 공개함으로써 그동안 자신을 짓눌렀던 슬픔과 죄책감에서 벗어나 홀가분함을 느끼게 된다. 정석은 계획성도 없고 지저분하고 자신과는 정반대인 소정을 만나고 좋아하게 되면서 자신이 계획한 대로 완벽하게 실천하는 강박적인 생활패턴에서 자유롭게 현재를 즐기는 여유로운 삶을 살아갈 수 있게 되었다. 정석은 무거웠던 자신의 짐을 내려놓고 자신의 삶을 '완벽하지 않아도 이대로도 좋다(OK)'고 재결정함으로써 자신의 감정과 욕구를 알아차리고 현실을 즐기는 삶으로 변화를 가져올 수 있었던 것이다.

2) 성격적응 유형 분석

(1) 드라이버에 의한 의사소통 방식

책임감 있는 일 중독자(강박－신경증적 성격적응) 유형은 타인과의 관계에서 회피하는 경향이 있고, 혼자 있을 때 행복해한다. 또한 사회적인 관계를 가지려고 할 때 일대일 또는 두세 명 정도의 타인과 관계 맺는 것을 선호한다. 이들은 문제해결을 할 때 능동적이다. 문제 해결이 필요한 사회적인 상황에서 타인이 먼저 접근하는 것을 기다리는 것보다 자신이 먼저 해결하려고 했을 때 행복감을 느낀다. 이들이 아동기 시절에 긍정(OK)이 되기 위해서 받은 메시지는 '완벽하라'는 것이다. 그래서 그들은 완벽하게 되기 위해 최선을 다한다.

책임감 있는 일 중독자(강박－신경증적 성격적응) 유형인 정석은 타인과의 관계에서 적극적으로 다가가기보다는 거리를 두고 관찰하고 자신이 이해되고 안전하다고 느껴졌을 때 타인에게 접근한다. 정석은 편의점에서 일하는 지원을 짝사랑하게 된다. 지원은 편의점의 모든 물건들을 정확하게 줄맞춰 깔끔하게 정리하고, 머리카락 한 올 나오지 않게 단정하게 빗어 묶은 머리, 짧게 자른 손톱, 유니폼 팔의 칼다림질 자국으로 청결을 유지하고, 탈취 스프레이를 사용하는 등 무균실 같은 존재로, 정석은 자신을 이해해 줄 수 있는 유일한 사람이라고 생각한다.

보통 이성을 좋아하게 되면 고백을 하지만 정석은 그녀를 관찰하고 그녀와 무슨 대화를 나누었는지 기록하며 지원에 대한 데이터를 수집한다. 그렇게 100일 동안 지원을 관찰한 정석은 '이 사람이다'라는 확신이 들었을 때 지원과 처음 만났던 그 시간에 고백하기 위해 알람을 맞춘다. 이렇듯 정석은 타인과의 관계를 맺기 위해 그 사람을 관찰하고 기록하며 자신이 확신이 생겼을 때 접근한다. 책임감 있는 일 중독자(강박－신경증적 성격적응) 유형은 타인과의 관계에서 회피하는 경향이 있는데 정석 또한 다른 사람들과 관계 맺기를 두려워하고 회피한다. 어린 시절 친구와 함께 놀고 싶었지만 그렇게 할 수 없었던 것과 친구들로부터 받은 상처로 인해 자신이 확신이 들 때까지는 관찰하고 기록하며, 확신이 들었을 때 접근을 하는 것이다.

정석은 '완벽하라'는 드라이버로 인해 항상 계획을 세우고 알람을 맞추고 강박적으로 자신이 계획한 대로 생활한다. 정석은 '계획대로 움직인다는 건 세상이 잘 돌아가고 있다는 거고 사람으로 치면 성실하고 건강하다는 뜻이다'라고 생각한다. 그래서 알람을 맞추고 자신이 계획한 완벽한 일상을 보내는 자신을 만족스럽게 여긴다. 정석은 자신의 감정이나 욕구는 무시하고 자신의 계획대로 생각대로 되는 것을 중요하게 여긴다.

웨어(Ware, 1983)의 접촉문 개념에 따르면 책임감 있는 일 중독자(강박-신경증적 성격적응) 유형이 세상과 접촉하는 곳은 '사고(개방문)'다. 그 후에 사고를 통한 '감정(표적문)'과의 통합이 필요하다. 이들의 가장 큰 변화는 '행동(함정문)'에서 일어난다. 이들에게 행동의 변화란 일하는 것을 멈추고 긴장을 풀며 재미와 놀이를 배우는 것이다. 이것은 사고와 감정의 통합을 통해서만 가능하다. 이들은 '완벽하라'는 드라이버로 모든 일에 완벽하게 되기 위해 최선을 다한다. 이들은 어떤 것이 최선인지를 알고 있다. 만약 이들의 행동을 비판한다면 이들은 자신이 완벽하지 않다는 것을 느끼게 될 것이고 부정(Not-OK)적인 감정에 휩싸일 것이다.

책임감 있는 일 중독자(강박-신경증적 성격적응) 유형과 관계를 맺기 위한 최선의 방법은 적절한 질문의 형태('요구하는' 의사소통 방식)를 가지고 이들의 '사고(개방문)'에 접근하는 것이다. 이들은 사고하기를 좋아하고 잘한다. '요구하는' 의사소통 방식은 타인에게 어떤 것을 물어보거나 행동, 사고, 감정을 탐색하는 것을 의미한다. 질문이나 탐색을 통해서 '지금-여기'에서의 반응을 이끌어 내는 것으로 어른 자아의 행동을 사용하는 것이다. 목소리 톤을 일정하게 유지하고 눈 맞춤을 지속하며 몸의 자세는 곧추선 자세에서 양쪽에 균형을 유지한다. 이럴 때 경각심을 가지고 '완벽하라'나 '강하라' 드라이버에 말려드는지를 점검해야 한다.

소정은 정석의 노트를 보고 노래를 만들었으므로 정석에게 밴드 오디션에 함께 참여하자고 제안한다. 소정은 정석에게 "사실 밴드 오디션이라 혼자는 못 나가거든요. 이번 신곡 가사가 아저씨 노트에서 나왔잖아요. 나중에 저작권이니 뭐니 복잡해지니까 그냥 같이 해요. 우리"라며 개방문인 사고에 접근하며 '요구하는' 의사소통 방식을 취하고 있다. 이에 정석은 겉으로는 싫은 척하지만 정말로 싫어하는 모습은 아니었다. 지원과의 만남을 조건으로 하였지만 타인과의 관계에서 회피하는 정석이 한 번에 제안을 수락한 것은 소정이 개방문인 '사고'로 접근하며 '요구하는' 의사소통 방식으로 대화를 시작하였기 때문일 것이다.

소정은 밴드 오디션 연습을 핑계 삼아 정석의 집을 방문한다. 정석의 집은 그의 강박적인 성격과 '완벽하라'는 드라이버로 알 수 있듯이 먼지 하나 없는 신발장, 물기 없는 화장실, 반짝이는 싱크대 등 집안 구석구석 깨끗하게 잘 정리되어 있다. 하지만 소정은 왠지 텅 빈 느낌을 받고, 낡은 흔들의자에 앉은 정석이 쓸쓸해 보인다.

책임감 있는 일 중독자(강박-신경증적 성격적응) 유형의 효과적인 변화를 위해서 '요구하는' 의사소통 방식에 머물러 있으면서, 이들에게 자신이 생각하는 것에 대해서 어떤 '감정(표적문)'을 느끼는지에 대한 깊이 있는 질문을 한다. 이들이 사고하는 것에 대한 감정이 점점 발달하면서 이들은 긴장을 놓게 되고 이완하는 '행동(함정문)'을 시작하게 된다. 그다음에 '양육적인' 의사소통 방식으로 바꾸면 좋은 관계를 유지할 수 있을 것이다. 책임감 있는 일 중독자(강박-신경증적 성격적응) 유형의 드라이버, 선호하는 의사소통방식, 접촉문은 ▌그림 4-5▐ 와 같다.

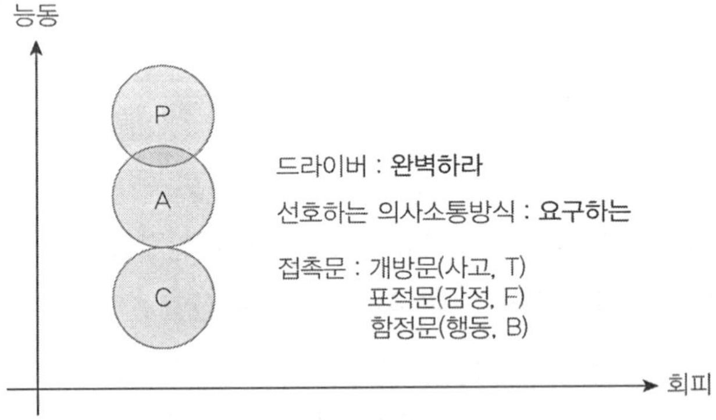

▌그림 4-5▐ 책임감 있는 일 중독자(강박-신경증적 성격적응) 유형의 드라이버, 의사소통방식, 접촉문

(2) 과정각본

책임감 있는 일 중독자(강박-신경증적 성격적응) 유형의 과정각본은 '까지(Until)'각본이다. 이들은 모든 일을 마칠 때까지 놀지 않는다. 그러면서 계속적으로 자신이 해야 할 일을 찾아다닌다. 때때로 '거의 II(Almost II)' 각본을 보여주기도 하는데, 이들은 휴식과 오락 없이 한 가지 성취 후에 또 다른 일을 찾아 헤맨다. 예를 들면, 어떤 사람은 우수한 성적으로 학사를 취득했다. 그리고 바로 석사학위에 들어갔고, 그 다음에는 박사학위까지 취득하였으며, 지금은 교수가 되었다. 하지만 여전히 다음에 나올 저널을 준비하기 위해 마감일에 쫓기면서 밤을 지새우고 있다.

정석은 지원을 짝사랑하지만 지원에 대해 '이 사람이다'라는 생각이 들 때까지(Until)는 고백을 하지 않고 지원을 관찰하고 기록하며, 그녀에 대한 확신이 들 때까지 고백을 미룬다. '까지(Until)'각본은 '해야 할 것(덜 좋은 것)을 끝낼 때까지는 하고 싶은 것(좋은 것)을 시작할 수 없다'라는 각본결정을 진행하며, 계속 유지하는 형태로 '나는 일을 끝낼 때까지는 즐길 수 없어'라고 결정한다. '완벽하라'는 드라이버를 가진 정석은 '까지(Until)' 과정각본으로 자신이 해야 할 일, 계획에 있는 일을 끝낼 때까지는 자신이 좋아하는 일을 하지 않는다. 짝사랑하는 지원에게 고백하기 위해 100일 동안 지원을 관찰하고 기록하고, 확신이 생길 때까지 자신의 목적을 미루고, 확신이 생겼을 때 고백이라는 목적을 수행하게 된다.

책임감 있는 일 중독자(강박-신경증적 성격적응) 유형이 겪게 되는 문제점은 자신이 이룩해 놓은 것을 즐기지 못한다는 것이다. 이들은 자신을 이완시키고 즐기며 재미를 추구하지 않는다. 강한 규제를 지닌 완벽주의자이며, 과도한 성실함과 의무감을 보유하고 있다. 이들은 긴장상태를 유지하는 경향이 있으며 자신을 쉬게 하는 것을 힘들어한다. 과도하게 고정된 도덕관념과 비판성도 지니고 있으며, 부정적인 생각에 대해서 '불안감'과 '죄책감'을 느끼고 있다. 이들은 불안을 낮추기 위해서 어린 시절 배워왔던 대로 착한 소년(소녀)이 되려고 끊임없이 노력한다.

책임감 있는 일 중독자(강박-신경증적 성격적응) 유형은 끊임없는 '일'을 통해 타인과 의미 있는 '존재'를 이어 가려고 한다. 이들은 타인이 자신에게 완벽한 것을 기대하는 것처럼 자신도 타인이 완벽하기를 기대하고, 타인이 자신의 기준에 적절하게 도달하지 못할 때 비난을 한다. 이러한 기대와 빈번한 비난은 다른 사람들과의 관계를 어렵게 만든다.

정석은 자신의 계획에 없는 일, 즉흥적인 일이 발생했을 때 당황하고 회피한다. 자신이 해야 할 일, 계획한 일을 끝마칠 때까지(Until)는 다른 일을 하지 못하고, 자신을 위해 즐거운 시간을 가지지도 못한다. 늘 자신이 정해 놓은 계획에 따라 행동반경과 생활패턴이 정해져 있으므로 시간에 맞춰 알람을 설정하고, 강박적으로 실천하고 계획대로 수행되었을 때 하루를 만족스럽게 생각하며, 또 내일의 하루를 계획하고 계획대로 실천하기 위해 최선을 다하며 일상을 보내게 된다.

까지(Until) 각본을 가진 사람들은 목표를 달성하기 전까지는 즐길 수 없다는 각본으로 하나의 일이 끝날 때까지 다음 일로 넘어갈 수 없다. 책임감 있는 일 중독자(강박-신경증적 성격적응) 유형처럼 강박적·집착적 성격에서 보이는 경우가 많다. '~ 할 때까지는 쉬어서는 안 된다'는 메시지를 따르는 것이다.

정석은 '훌륭한 사람이 될 때까지는 계속해야 한다'는 엄마의 메시지를 따르고 있으며, '~까지는 결코 즐길 수 없다', '~까지는 견뎌야 한다'는 것이다. 그러므로 진정한 '지금-여기'에서의 자신의 인생을 살지 못하고, 참된 자기실현을 회피하고 있다. 도서관 사서 일이 자신의 적성에 잘 맞고, 알람을 맞춘 대로 계획한 대로 시간을 보내고 있지만 자신의 욕구나 감정을 무시하고 외면함으로써 슬픔과 죄책감 속에서 살아가고 있는 것이다.

지금 자신이 맡은 일, 하고 있는 일, 계획한 일들을 다 끝내지 못해도 괜찮다. 단지 그 과정을 즐기면서 지금-여기에서 무엇을 하면 더 웃을 수 있을지, 어떻게 하면 마음이 더 편안할지를 생각하면서 최대한 그 일 안에서 즐거움과 만족을 찾는 것이 중요하다. 그렇게 하면 당장은 불편하더라도 나중에는 반복된 생활패턴에서 벗어나 자신이 원하는 일을 성취하는 데에 한 걸음 더 다가섰음을 느낄 수 있을 것이다.

정석은 엄마가 자신 때문에 죽었다고 생각하면서 그 죄책감으로 엄마로부터 받고 자신이 결정한 각본대로 지금까지 자신을 채찍질하고, 어린 시절 엄마와 함께 있을 때처럼 그 생활패턴과 사고방식을 유지하고 있는 것이다. 그러면서 자신이 정말 원하는 것이 무엇인지, 엄마가 살아계셨다면 어떤 말을 해주고 무엇을 원했을지에 대해서는 생각해 보지 않는다.

정석의 엄마는 정석이 훌륭한 사람이 되기를 바라는 마음과 아빠 없이 자란 자식이라는 소리를 듣지 않게 하기 위해 최선을 다해 뒷바라지했지만 어린 정석이 진정으로 원하는 것이 무엇인지에 대해서는 외면하고, 나중에 훌륭한 사람이 되면 어릴 때 참고 견디며 최선을 다한 보상을 받는 것이라고 생각했을 것이다. 만약 지금 정석의 엄마가 살아계신다면 무엇보다 중요한 것은 아들 정석의 행복이라고 말하지 않았을까 하는 생각이 든다.

정석은 자신과 정반대인 자유분방한 소정을 통해 계획에 없던 일도 하고, 즉흥적인 상황에도 대처하면서 점점 자신의 패턴에서 벗어나기 시작한다. 무엇보다 정석의 아픔을 이해하고 따뜻한 마음으로 받아주는 소정을 통해 '~ 할 때까지는 쉬어서는 안 된다', '~ 까지는 결코 즐길 수 없다', '완벽하라'는 각본에서 벗어나 '지금 하고 있는 일이 끝나지 않아도 쉴 수 있다', '지금 하는 일이 있지만 잠시 즐길 수 있다', '완벽하지 않아도 괜찮다'라는 재결정을 하게 되고, 진정한 삶의 의미를 찾을 수 있었던 것 같다. 까지(Until) 과정각본을 가진 정석은 자신의 패턴에서 벗어나 소정과 함께 밴드 활동을 하며 피아노 연주를 통해 자신의 즐거움을 찾고 지금-여기에서의 삶을 즐길 수 있게 된 것이다.

(3) 성격적응 유형 간의 상호작용

대부분의 사람은 자신이 가지고 있는 성격적응 유형과 유사한 사람과 잘 어울리는 경향이 있다. 우리 각자에게는 가장 편안한 사람이 있으며 이들을 자신의 친구로 선택하곤 한다. 왜냐하면 이들에게는 자신이 선호하는 유형이 있기 때문이다. 또한 우리는 자신과 같은 개방문, 표적문, 함정문을 가진 성격적응 유형과 잘 지내는 경향이 있다. 예를 들면, 강박-신경증적 성격적응 유형과 편집성 성격적응 유형의 개방문은 '사고'다. 표적문은 '감정'이고, 함정문은 '행동'이다.

정석은 편의점에서 일하는 지원을 짝사랑하게 된다. 지원은 편의점의 모든 물건들을 정확하게 줄맞춰 깔끔하게 정리하고, 머리카락 한 올 나오지 않게 단정하게 빗어 묶은 머리, 짧게 자른 손톱, 유니폼 팔의 칼다림질 자국으로 청결을 유지하고, 탈취 스프레이를 사용하는 등 무균실 같은 존재로, 정석은 자신과 유사한 지원이 자신을 이해해 줄 수 있는 유일한 사람이라고 생각한다.

정석과 지원은 모두 책임감 있는 일 중독자(강박-신경증적 성격적응) 유형이다. 두 사람의 개방문은 '사고', 표적문은 '감정', 함정문은 '행동'으로 동일하다. 지원을 짝사랑하게 된 정석은 자신의 감정을 표현하기보다는 먼저 지원을 100일 동안 관찰한다. 그리고 정석이 '이 사람이다'라는 확신이 들었을 때 관찰일지를 지원에게 보여준다. 하지만 너무 유사한 두 사람이 잘 맞을 것이라는 정석의 생각과는 달리 지원은 결벽증에 강박증인 자신이 싫어서 병원을 다니며 상담을 받고 있다고 하였다. 이처럼 유사한 성격적응 유형이 편안하고 서로 이해해서 잘 맞을 것 같지만 한쪽이 자신의 문제를 발견하고 변화를 희망하는 경우에는 자신과 유사한 다른 한쪽의 모든 것이 문제로 인식되기 때문에 좋은 관계를 유지하기 힘들다. 두 사람이 함께 문제를 인식하고 변화하고자 노력한다면 좋은 관계가 유지될 수도 있겠지만 한쪽만의 변화는 서로의 문제만 인식하게 되므로 관계유지가 어려운 것이다. 정석은 지원의 말대로 자신의 변화를 위해 병원 상담을 받지만 결국 자신과 유사해서 짝사랑하게 된 지원에게서 진정한 사랑을 느끼지 못하고 헤어지게 된다.

이성을 만날 때 우리는 자신의 성격적응 유형과는 반대인 사람에게 '매력'을 느끼곤 한다. 그것은 아마도 자신의 미발달된 측면을 발달시키고자 하는 욕구가 있기 때문일 것이다. 예를 들면, 열정적 과잉반응자(연기성 성격적응) 유형과 책임감 있는 일 중독자(강박-신경증적 성격적응) 유형은 종종 서로에게 매력을 느끼는데, 열정적 과잉반응자(연기성 성격적응) 유형은 자신의 '과잉반응'을 중지시키기 위해 '사고'기능의 사용을 배울 필요가 있고, 책임감 있는 일 중독자(강박-신경증적 성격적응) 유형은 자신의 '일 중독'을 피하기 위해 '감정'을 배울 필요가 있기 때문이다.

책임감 있는 일 중독자(강박-신경증적 성격적응) 유형인 정석은 지원에게 고백하러 관찰 일지를 전달하기 위해 편의점에 갔다가 열정적 과잉반응자(연기성 성격적응) 유형의 소정을 알게 된다. 모든 일에 계획을 세워 실천하고 계획에 없던 일은 하지 않으며, 청정지역 무균실처럼 사는 정석과는 반대로 계획 없이 즉흥적이고 지저분하고 털털하며 옷차림도 단정하지 않은 자유분방한 소정을 정석은 이해하지 못한다.

열정적 과잉반응자(연기성 성격적응) 유형의 개방문은 '감정', 표적문은 '사고', 함정문은 '행동'이다. 정석은 지원을 소개받는 대신 밴드 오디션을 함께 보기로 약속하고, 소정은 정석의 강박증을 고쳐주기로 약속한다. 두 사람은 밴드 연습을 핑계 삼아 자주 만나게 되고 서로에 대해 조금씩 알아가게 되면서 서로의 아픔과 상처도 알게 된다. 정석은 자신과 다른 성격으로 항상 밝고 명랑한 소정에게도 말 못할 아픔과 상처가 있다는 생각을 하며 자신만 힘든 것이 아니라는 것을 알게 된다.

정석은 소정으로 인해 자신의 감정을 들여다보게 되고 소정을 좋아하게 된다. 소정은 자신과 달리 계획적이고 무표정한 정석에게 큰 아픔과 상처가 있다는 것을 알고 따뜻한 위로를 하며 자신도 정석을 좋아한다는 듯 키스를 한다. 두 사람은 함께 밴드활동을 하면서 관계를 계속 유지한다. 서로 반대되는 성격유형인 두 사람은 서로의 부족함을 채워줄 수 있는 관계가 된다. 두 사람은 함정문이 '행동'이라는 공통점이 있다. 함께하는 밴드활동은 두 사람에게 행동의 변화를 가져올 수 있게 했던 매개 역할을 하는 즐거운 활동인 것이다. 두 사람의 밴드활동은 그동안의 아픔과 상처를 치유하며 좋은 관계를 유지하게 만들고, 정석에게는 회피하던 대인관계에서 다가가는 대인관계로 발전할 수 있는 원동력이 될 수 있다. 정석은 피아노 연주를 통해 자신의 즐거움과 함께하는 삶의 의미를 찾게 된 것으로 보인다. 지금까지 책임감 있는 일 중독자(강박-신경증적 성격적응) 유형을 영화 〈플랜맨〉을 통해 살펴보았다. 책임감 있는 일 중독자(강박-신경증적 성격적응) 유형의 특징을 정리하면 〈표 4-1〉과 같다.

〈표 4-1〉 책임감 있는 일 중독자(강박-신경증적 성격적응) 유형의 특징

성격구조	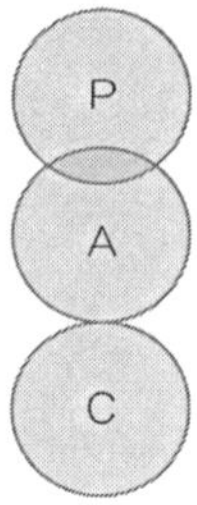 • 어른 자아가 부모 자아상태에 의해 오염된 것 • 부모로부터 배운 것이 진실이라고 강조함 • '해야만 할 것, 해서는 안 될 것'으로만 행동함 • 과도하게 의무적이고 책임의식이 투철함 • 어린이 자아상태의 욕구는 늘 채워지지 않은 상태에 있음 • 너무 일찍 아동기를 포기함으로써 과도한 책임감을 가지고 성장하게 됨
부모명령 (드라이버)	완벽하라.
금지명령	어린아이가 되지 마라. 감정을 느끼지 마라. 친해지지 마라. 중요한 존재가 되지 마라. 즐기지 마라.
라 켓	우울, 불안, 죄책감, 분노
게 임	곤경에 처하기, 내가 얼마나 노력하는지를 봐라.
인생태도	자기부정-타인긍정
시간의 구조화	활동, 게임, 친밀
과정각본	까지(Until), 거의 II (Almost II)
웨어 이론 (접촉문)	개방문 : 사고(T), 표적문 : 감정(F), 함정문 : 행동(B)
선호하는 의사소통 방식	요구하는 의사소통 방식

CHAPTER 05

유희적 반항자 (수동-공격성 성격적응)

1. 영화 제목 : 파이란

1) 영화정보

개봉일	2001. 4. 28.(재상영 : 2021. 11. 18)
제작국가 및 감독	대한민국, 송해성
출연배우(주인공)	최민식(강재 역), 장백지(파이란 역)
등급 및 상영시간	15세 이상 관람가 / 116분
상담 주요 키워드	유희적 반항자, 수동–공격성 성격

2) 영화 줄거리

송해성 감독이 만든 영화 〈파이란〉은 작가 아사다 지로(Asada Jiro)가 쓴 일본 단편소설 『러브레터』를 각색한 작품으로 1990년대 후반을 배경으로 한 영화이다(https://v.daum.net, 2021. 10. 29). 영화 〈파이란〉은 뒷골목 깡패들의 삶과 당시 성행하였던 위장 결혼을 주제로 하였으며, 강재(최민식)라는 한 인간의 변화되어 가는 감정과 삶에 대한 가치관의 변화를 다룬 영화이다. 영화 〈파이란〉은 수동공격성 성격유형을 잘 나타내는 영화로 추천된 영화이기도 하다(KIFA, 2012).

영화 〈파이란〉은 강재가 감옥에서 나와서 PC방에 있는 모습에서 시작된다. 강재는 깡패 생활을 하면서 운영해 오던 비디오 가게에서 미성년자에게 성인 비디오를 판매해서 감옥을 다녀오게 된다. 이후 깡패들의 무리에서 쓸모없는 존재로 낙인되면서 후배들에게조차 무시당하는 위치가 되었다. 강재는 용식(손병호)과 같은 시기에 깡패 세계에 입문하였으나 자신은 건달처럼 사는 반면 용식은 깡패의 보스가 되어서 너무나 다른 위치에서 영화는 시작된다. 강재는 용식뿐만 아니라 후배 깡패들에게조차 무시당하지만 깡패 세계를 떠나지 못하고 배회하고 있다.

그러던 어느 날 용식은 경쟁파 소속 깡패 중 한 명이 자신의 영역에서 놀다 가는 것을 보고 화를 참지 못하고 무차별 폭행을 하여 죽이게 된다. 용식은 자신의 행동을 목격한 강재에게 자신의 죄를 뒤집어쓰고 감옥에 들어가 주면 평생 소원인 배를 사서 고향으로 돌아갈 수 있게 해주겠다고 제안한다. 거절할 수 없음을 인지한 강재는 인생에서 다시 올 수 없는 기회라고 여기며 평생의 꿈이었던 배 한 척을 사서 고향으로 돌아가기로 결심하고 제안을 받아들인다. 조금 전까지만 해도 강재를 무시했던 용식은 그의 부하들에게 강재를 깍듯이 대할 것을 명령하는 등 조직세계의 단면을 보여준다.

다음 날 경찰이 강재를 찾아온다. 용식 대신 자수를 준비하던 강재는 경찰이 자신을 잡으러 왔다고 생각하고 순순히 응하려 하였으나 경찰은 돈 몇 푼을 받고 위장 결혼했던 아내 파이란(장백지)의 부고 소식을 남편인 강재에게 전하러 온 것이었다. 강재는 얼굴도 모르는 아내의 장례 및 사망신고를 위해 집을 떠나지만 귀찮은 일을 해야 하는 상황이 못마땅하여 계속 투덜거리며 길을 나선다.

위장 결혼을 한 아내 파이란은 친척을 찾아 한국으로 왔지만 친척은 이미 한국을 떠난 뒤였다. 몸도 아픈 데다가 중국으로 돌아가도 연고가 없는 파이란은 한국생활을 하기 위해 인력사무소에서 제안하는 위장 결혼을 결심한다. 강재와 위장 결혼을 한 파이란은 술집으로 팔려 갔으나 피를 토하게 되면서 그마저도 거절당하게 된다. 병이 들어 아무도 받아주지 않던 파이란은 다행히 세탁소에 떠넘겨져서 일을 하게 되었으나 인력사무소에서 요구하는 돈을 매달 갚아야만 했다.

세탁소 일을 성실하게 하는 파이란을 보고 세탁소 주인 할머니는 파이란을 점차 신뢰하게 된다. 파이란은 조금씩 안정된 삶을 살게 되면서 결혼을 해준 강재에 대해 감사한 마음을 가지게 된다. 그러던 어느 날 파이란은 자신의 몸이 더 나빠진 것을 알게 된다. 인력사무소에 찾아가 몇 달만 치료에 집중한 뒤 돈을 갚겠다고 부탁했으나 거절을 당하게 된다.

병이 악화된 파이란은 죽음을 맞이해야 하는 상황임을 받아들이고 마지막으로 강재를 보러 갔지만 경찰에 연행되어 가는 강재를 처음이자 마지막으로 먼발치에서 바라만 보아야 했다.

강재는 파출소에서 파이란의 사망신고를 하게 되는 과정에서 파이란이 그동안 마음고생을 한 것에 비해 너무나 쉽게 사망 처리가 되는 절차에 화를 참지 못해 난동을 부리게 된다. 이후 파이란의 차가운 시체를 마주한 강재는 묘한 감정을 느끼게 된다. 처음에는 몇 푼의 돈을 벌기 위해 한 위장 결혼이었으나 한 인간의 죽음 앞에서 강재는 진심으로 파이란을 떠나보내고 있었다.

강재는 장례식에 최선의 예의를 다하는 모습과 화장 후 재로 변한 파이란의 유골을 차마 바다에 뿌리지 못하고 가슴에 안고 있다. 위장 결혼이라 장례식도 형식적으로 하기로 하고 찾아갔던 파이란의 장례식에서 진심을 다해 파이란을 떠나보내려는 강재의 태도에 친하게 지내는 동생 경수(공형진)마저도 이해되지 않아 항의도 하였지만 강재의 모습에서 이전에 보지 못했던 다른 면을 보게 된다.

재로 변한 파이란의 유골함을 전해 받은 강재는 평소 파이란이 지냈던 세탁소를 찾아가서 파이란이 남긴 편지를 보게 된다. 한 번도 보지 못한 서류상의 남편임에도 불구하고 결혼해 주었다는 것만으로 친절을 베풀어 주어서 감사하다는 편지를 읽게 된 강재는 미안한 마음을 가지게 된다. 자신조차도 쓸모없이 여겼던 자신에게 단지 결혼해 주었다는 그 하나만으로도 좋아해 주고 감사해하는 마음을 전달받은 강재는 마음의 변화가 일어나기 시작한다.

강재는 그동안의 삶을 청산하려는 마음을 서서히 준비하고 있었던 것 같다. 파이란의 유골함을 바다에 뿌리지 않고 집으로 돌아온 강재는 용식을 찾아가 용식의 죄를 대신 뒤집어쓰지 않겠다고 분명하게 말을 한 뒤, 뒤도 돌아보지 않고 문을 박차고 나온다.

파이란의 유골함이 있는 동생 경수의 방에서 파이란의 생전 모습이 담긴 비디오 테이프를 발견한 강재는 바닷가에서 자신을 위해 수줍게 노래를 불러주는 파이란의 영상을 보면서 눈물을 흘린다. 그때 용식이 보낸 깡패에 의해 목졸림을 당하고 강재는 생을 마감하게 된다. 강재는 파이란의 유골함과 함께 비디오 속에서 노래하는 파이란의 모습을 바라보면서 서서히 눈을 감는다.

주위 사람들이 강재를 쓸모없고 한심하게 대했지만, 파이란은 강재를 괜찮은 사람으로 생각해 주었기에 강재의 마지막 삶은 무지막지한 깡패로서의 강재보다는 인간으로서의 따뜻한 강재의 모습으로 남아 있게 되었으며 영화가 끝난 후에도 먹먹함을 남기게 한다.

영화 〈파이란〉은 주인공 강재 역을 맡았던 최민식이 자신이 출연한 영화 중에서 가장 의미 있었던 영화로 꼽았을 정도로 우리들에게도 오랫동안 마음에 남아 있는 영화이기도 하다.

2. 교류분석으로 바라보기

영화 〈파이란〉의 주인공 강재는 유희적 반항자(수동-공격성 성격적응) 유형의 성격을 이해하는 데 매우 유용한 인물이다. 강재는 자신의 욕구를 직접적으로 표현하기보다는 억압하거나 순응하는 모습을 보이지만 결국은 자신의 감정에 충실함으로써 유희적 반항자(수동-공격성 성격적응) 유형의 모습을 보이고 있다. 이 유형은 2~3세인 항문기 단계에서 발달하며 자율성을 주장하는 아동 시기에는 '싫어!'라는 말을 종종 사용함으로써 힘 대결을 펼치기도 한다(Joines & Stewart, 2002; 오수희 외, 2012). 자신들이 살아가기 위해서는 투쟁을 해야 한다고 생각되어 대부분 싸움을 하는 데 에너지를 소모한다. 강재 또한 행동에 에너지가 많이 집중되어 있다.

1) 주요 개념

(1) 자아상태 분석(ego state analysis)

① 부모 자아상태(P) : 아동기에 영향을 준 사람의 행동을 그대로 모방하는 것이다. 강재는 말이 거의 없지만 늘 화가 난 모습이다. 감정을 함부로 표현하지 않는다. 아마도 부모 또한 자신의 감정을 함부로 드러내지 않았을 것으로 보인다. 하지만 강재는 깡패 세계에 있으면서도 후배 깡패가 가게 여주인에게 막말을 하자, 말리며 보호해 주는 모습도 보이는가 하면 동시에 깡패 세계의 엄격한 서열도 수용하며 두목 용식에게도 예의를 다하는 모습을 보이기도 한다. 또한 파이란의 장례식 때는 남편으로서 예의를 갖추고 장례를 진행하면서도 진심으로 슬퍼하는 따뜻한 성품도 보여주고 있다.

㉠ 통제적 부모 자아상태(CP) : 영화 〈파이란〉은 감옥에서 나온 강재가 게임방에서 배회하면서 시작된다. 강재는 자신의 자리를 비켜달라는 손님에게 기분 나쁘다고 머리를 툭툭 때린다. 자신과 일면식도 없는 손님에게 화를 내기도 하고 여러 차례 머리를 때리는 등 건달 같은 모습을 보이고 있다. 이러한 모습들은 깡패 세계에서 위계질서 등 통제적이고 서열화되어 있는 삶에 익숙한 모습들로서 전혀 관계가 없는 불특정 상대에게 수동-공격성을 보이는 장면이라 하겠다. 그런가 하면 파이란의 사망신고를 하는 과정에서는 자신이 늦게 온 것에 대해 말을 하려는 순간 "사망신고 끝났습니다"라는 말을 듣게 된다. 그 순간 한 인간의 죽음이 아무것도 아닌 듯 느껴지는 것을 보면서 그동안 늘 무시당하고 존재감 없었던 강재는 참았던 화를 표출하는 듯했다. 그동안 자신의 감정을 표현하기보다는 억압하고 눌러왔던 강재였다.

㉡ 양육적 부모 자아상태(NP) : 구멍가게에 밀린 돈을 받겠다며 앞장서서 가게를 찾아간 강재는 오히려 여주인에게 얻어 맞으면서도 다른 깡패들로부터 여주인을 지키려는 모습을 보여주었다. 그리고 돈을 받고 위장

결혼을 하였지만 아내의 사망 소식을 듣고 장례를 지내기까지의 강재의 모습은 인간으로서의 따뜻한 마음을 보여준다. 강재는 일면식도 없는 아내의 장례를 치르는 과정에서 정성을 다한다. 파이란을 잘 떠나보내기 위해 검은 양복을 사 입고 장례식에 참석하는 등 강재는 파이란을 직접 보지는 못했지만 아내의 죽음을 통보받고 나서 조금씩 달라지는 감정변화들을 보이고 있다.

② 어른 자아상태(A) : 지금-여기에서 자신의 인식이 기본이 되는 것이다. 강재는 두목 용식과 깡패 생활을 같이 시작했지만 현재는 서열이 달라졌음을 충분히 이해하고 있다. 용식이 두목이기에 요구하는 것을 거절할 수 없음을 알고 있다. "너의 소원이 배 한 척 만들어서 고향으로 내려가는 거잖아"라는 말을 들었을 때 배를 사서 고향으로 돌아가는 것이 강재가 원하는 삶이었을 것으로 보인다. 강재 또한 두목 대신 사람을 죽였다는 누명을 쓴 채 감옥에 간다는 것이 무섭고 두려웠을 수도 있다. 하지만 용식의 요구를 받아들인다. 현재 자신이 깡패세계에서 살아남기 위해서는 가장 현명한 결정이었을 것이다.

두목 용식은 차 안에서 지나가는 강재를 불러 머리를 연신 쥐어박으며 "생각 좀 하고 살아!"라고 한다. 이때만 해도 강재는 생각이 없는 깡패 건달처럼 보인다. 하지만 용식이 강재와 술을 먹다 다른 깡패 집단 중 한 명이 자신의 동네에서 있는 것을 보고 흥분하여 때리는 과정에서 죽게 되자 감옥을 가야 하는 상황이 벌어졌다. 용식이 강재에게 대신 감옥을 가 줄 것을 부탁할 때도 강재는 약간의 주저함은 있었으나 그냥 받아들인다. 자신이 대신 죄를 뒤집어 써야만 깡패세계에서 살아남을 수 있는 유일한 방법이라고 생각했을 것이다. 또한 고향에 떳떳하게 돌아가기 위해서는 목돈이 있어야 한다고 판단했던 것으로 보여진다. 이후 파이란이 죽은 뒤에는 감옥을 가지 않겠다고 말하고 고향으로 돌아가겠다고 분명하게 표현하는 모습은 지금-여기에서 어른 자아상태(A)에 있음을 보여주는 부분이라 하겠다.

③ 어린이 자아상태(C) : 아동기에 자신이 자연스럽게 했던 행동을 그대로 재현하는 것이다. 강재는 감옥을 다녀왔지만 게임방에서 배회하며 게임을 하는 모습을 보여주기도 하고 동생 경수에게 똥침을 하기도 하고 엎어치기를 하며 몸 장난을 하는 등 천진스럽고 장난스러운 모습을 보이기도 한다. 그런가 하면 함께 깡패 생활을 했지만 두목 용식 앞에서는 부하로서 시키는 대로 순종을 하며 눈치를 보는 모습을 보이기도 한다.

㉠ 자유로운 어린이 자아상태(FC) : 강재는 깡패 세계에서 만난 동생이지만 경수와의 관계에서는 천진스럽고 장난기 많은 형의 모습을 보인다. 감옥에서 나와서 둘이 엎어치기 씨름을 하는 모습은 서로의 친밀감을 느끼게 해주는 부분도 있지만 깡패 세계에서도 웃음을 자아내게 할 만큼 잠깐은 긴장을 내려놓을 수 있는 즐거운 장면을 느끼게 한다. 서로 상대를 부를 때에도 욕을 일상화하고 똥침을 하고 경수의 머리를 때리고 하지만 둘은 언제나 의좋은 모습을 보이고 있다. 마지막 헤어지기 직전에도 둘의 친밀감을 느낄 수 있다. 강재가 엎어치기를 제안했고 경수는 결투를 받아들이는 자세를 한다. 이때만큼은 관객도 배우도 자유로운 어린이 자아상태(FC)에 놓였을 것이다.

㉡ 순응하는 어린이 자아상태(AC) : 깡패 두목인 용식 앞에서는 어떠한 반항도 하지 않는다. 같이 깡패 생활을 시작하였지만 서열적으로 자신보다 높은 위치에 있는 용식 앞에서는 순종하는 모습을 보인다. 게임방에서 나와 길을 건던 강재는 지나가는 택시 안에서 깡패 두목 용식이 자신을 오라고 부르자 90도로 머리를 숙여 다가가서는 연신 머리를 때리는데도 아무 반응을 하지 않는다. 다음 날 용식을 찾아갔을 때에도 강재는 용식이 자신의 뺨을 때려도 휘청거리면서도 다 맞고 있다. 눈 한번 치켜뜨지도 않는 강재의 모습에서 참고 있는 모습, 감정을 드러내지 않는 모습을 볼 수 있다. 강재는 용식이 자신을 함부로 대하고 무시하는 것을 느끼면서도 화를 내거나 직접 표현하지 않았다.

앞서 살펴본 것과 같이 강재의 자아상태를 구조모델과 기능모델로 분석하면 ▌그림 5-1▐ 과 같다.

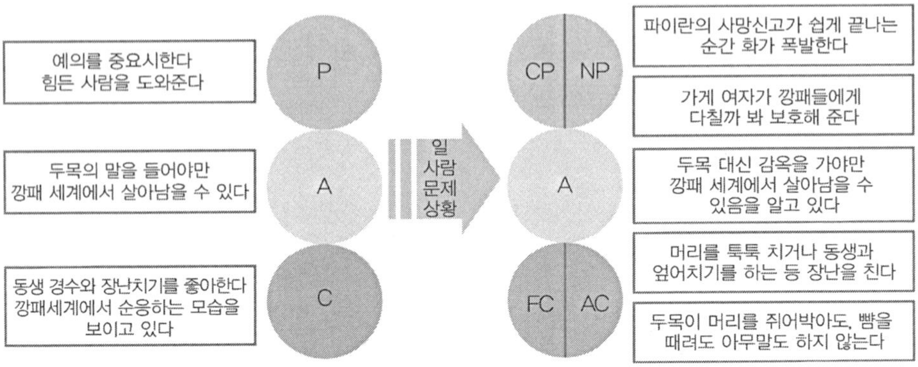

▌그림 5-1▐ 강재의 자아상태 구조모델 분석과 기능모델 분석

우리는 세 가지의 구조화된 자아상태(P, A, C)를 누구나 가지고 있다. P, A, C는 다섯 가지의 기능을 하게 된다. 이때 건강한 자아상태를 가지고 있을 경우 다섯 가지가 필요시 적절하게 기능을 하게 되지만 그렇지 않은 경우 오염 또는 배제되어 제대로 기능하지 못할 확률이 높다. 강재는 이중오염된 자아상태를 보이고 있다. 오염은 하나의 자아상태가 다른 자아상태의 경계를 침범하여 경계선 안으로 침입하는 것으로(김장회 외, 2019), P의 오염은 잘못 인식할 때 생기며 C의 오염은 사실보다는 감정에 의해 발생한다. 부모 자아상태(P)의 편견과 어린이 자아상태(C)의 망상을 정당화하는 데 에너지가 사용된다.

강재가 자란 환경을 짐작만 할 뿐 강재가 어떠한 환경에서 양육되었는지는 알 수가 없다. 다만, 자신의 감정을 잘 드러내지 않지만 화를 많이 눌러 놓았을 것으로 보아 통제하는 부모 자아상태(CP)와 약한 자를 보호하고자 하는 양육하는 부모 자아상태(NP), 그리고 조직에서 적당히 순응하는 어린이 자아상태(AC)를 좀 더 사용하고 있을 것으로 보인다. 이러한 환경은 강재로 하여금 어른 자아상태(A)에서 행동하고 표현한다고 하지만 자신의 진실된 감정이나 생각을 표현하는 것에는 어려움이 있을 것으로 보인다. 따라서 강재의 자아상태는 부모 자아상태

(P)와 어린이 자아상태(C)의 이중오염 상태로서 수동공격성을 사용하는 경우 가장 많이 나타나는 자아상태라 할 수 있다(그림 5-2).

강재는 평소에 화를 누르며 살아왔으며 화가 나면 직접 표현하기보다는 전혀 다른 상황에서 다른 대상에게 화를 표출한다. 출소 후 게임을 할 때 자신의 자리이니 비켜달라는 자리 주인에게 "어르신 주무시는데 겁대가리 없이, 너 나 알아 몰라?"라며 머리를 툭툭 때리기도 하고, PC방 주인에게 "옛날처럼 만들어 줄까요?"라며 위협을 하기도 한다. 그런가 하면 때로는 화를 참고 삼키는 모습도 보이고 깡패 두목 용식에게는 비굴하리만큼 순종하는 모습을 보이고 있다. "생각 좀 하고 살아라, 내가 너 같은 자식이라면 고향 내려가겠다"고 하면서 머리를 쥐어박히고 뺨을 맞는 상황에서도 꾹 참고 화를 표출하지 않는다. 평소에 자신의 감정을 억압하거나 지나치게 순종하지 않고 자신의 생각이나 욕구를 표현하였다면, 비굴하게 살지도 않았을 것이고 당당하게 고향으로 돌아가 제2의 인생을 살지 않았을까 하는 아쉬움이 남는다.

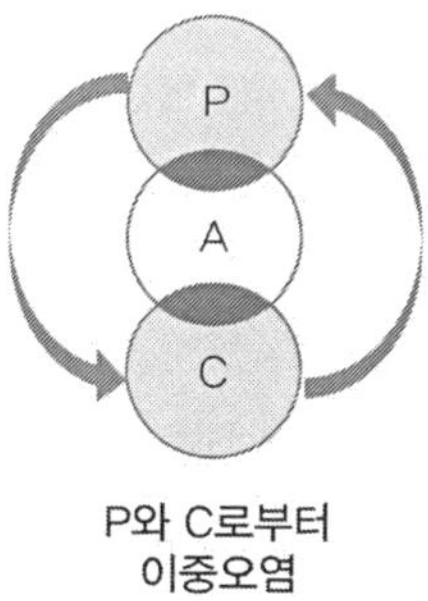

P오염 : 강재는 화가 난 모습이지만 함부로 감정을 표현하지 않는다. 깡패세계에서는 시키는 대로 하는 것이 마치 당연하다고 생각한다.

C오염 : 때로는 어린아이처럼 장난을 치기도 하지만 감정을 절대로 표현하지 않고 두목에게는 순종하는 모습을 보인다.

▎그림 5-2 ▎ 강재의 수동-공격성으로 오염된 자아상태 분석

(2) 각본 분석(script analysis)

① 부모명령

주인공 강재는 '항상 열심히 노력해라, 귀찮게 하지 마라'는 부모명령 아래 속마음을 드러내지 않고 힘들어도 참았을 것 같다. 강재는 언제나 입을 다물고 있는 모습이다. 무시하는 후배들한테도 참고 깡패 두목 용식에게도 참는 모습을 보인다. 어쩌면 표현하지 않고 자신의 감정을 누르면서 깡패 세계에서 살아남기 위해 노력하려고 다짐했을 것으로 보인다. 하지만 참고 참았던 감정은 파이란의 사망신고 때 봇물처럼 터져나와 주체하지 못하는 감정 표출을 하게 된다. 강재는 감옥에서 나와서 다시 깡패 세계에 머물러 있다. 강재가 잘 할 수 있는 것은 어쩌면 깡패로서의 삶일지도 모른다. 이런 점으로 미루어 볼 때 강재의 아버지나 주위 환경에는 깡패처럼 몸을 사용하는 사람이 있을 확률이 높다. 또한 강재처럼 자신의 감정을 드러내지 않고 꾹 참으며 노력하는 동안 자신의 감정을 내재화한 인물들이 있을 가능성이 높다. 강재는 자신의 감정을 함부로 드러내지 않는다. 우리들로 하여금 강재가 충분히 화가 나 있음이 보이지만 정작 주인공 강재는 화를 직접적으로 드러내지 않는다.

각본 메시지 또한 '열심히 노력해, 귀찮게 하지 마'라는 부모명령과 일치할 것으로 보인다. 강재는 깡패 두목에게 귀찮은 존재가 되지 않으려고 한다. 초기에 깡패 생활을 함께 하였지만 의존하는 모습을 보이기보다는 두목과 부하로서 적당한 선을 유지하는 모습을 보이고 있다. 반면 깡패 생활을 하면서도 불쌍한 사람들에게는 정의감을 보이기도 한다. 자신이 불리한 위치에 놓이게 되더라도 약자를 보호하는 등의 모습을 보이고 있다. 그런가 하면 늘 생각없는 사람처럼 행동한다. 무슨 생각을 하는지 궁금할 만큼 답답함을 불러일으키고 있다.

② 프로그램

일상에서 일을 어떻게 하는지에 대한 구체적인 메시지들에 해당한다. 프로그램은 '~하는 법'이라는 식의 문장으로 시작한다. 프로그램 메시지들은 대부분 삶에 필요한 부분도 있지만 부모의 오염된 A 자아상태에서 나와서 자녀의 A 자아상태를 오염시키게 된다(김장회 외, 2019).

주인공 강재는 자신이 깡패 세계에서 잘 살아가기 위해 '참아야 하는 법'을 터득해 나가고 있을지도 모른다. 강재는 항상 입을 다물고 화난 모습을 보이고 있다. 화가 났냐고 물으면 아니라고 대답한다. 자신을 무시하거나 폭력을 사용해도 참는다. 깡패 두목 용식에게도 참는 모습을 보인다. 부모명령에 따라 항상 노력해야 했기에 강재에게 저장된 프로그램은 '잘 참아야 하는 법'을 터득해야 했을 것이다. 강재의 참고 참았던 감정은 파이란의 사망신고 때 엉뚱한 대상에게 봇물처럼 터져나와 주체하지 못할만큼 감정을 표출했다. 평소에 '열심히 노력하라'는 드라이버에 따른 부모명령에 부응하기 위해 늘 참고 견디며 살아가는 것만이 자신이 살아가는 방법이라고 생각했을 것이다.

③ 금지명령

부모명령은 언어를 통해 주어지고 금지명령과 허용은 언어를 배우기 이전에 주어진다(김장회 외, 2019). 부모의 어린이 자아상태(C)에서 나오는 부정적 메시지가 바로 금지명령이다. 유희적 반항자(수동-공격성 성격적응)유형은 '성장하지 마라, 감정을 느끼지 마라, 성취하지 마라, 친해지지 마라, 즐기지 마라'라는 금지명령을 가지고 있다. 강재가 부모로부터 받은 명령들은 열심히 노력해야만 인정받았을지도 모른다. 그래서 강재는 인정받기 위해 열심히 노력했을 것이다. 하지만 강재는 늘 '성장하지 마라, 성취하지 마라, 감정을 느끼지 마라, 즐기지 마라'라는 금지명령을 받았을 수 있다. 강재는 비디오 가게를 잘 하고 있었다. 그러나 불법 비디오를 판매하게 되어 감옥을 다녀온 뒤 다시 밑바닥 신세가 되었다. 두목으로부터 배를 한 척 사줄 테니 대신 감옥을 가 달라고 했을 때 이제는 자신의 소원이 이루어질 수 있는 기회였을지도 모른다. 하지만 파이란을 떠나보내면서 많은 생각들을 하게 된다. 그가 무슨 생각을 하는지는 우리는 잘 알 수 없지만 분명 한 인간의 삶이 너무 허무하게 사라지는 것에서 오는 삶의 허탈함을 보게 되었을 것 같다. 그는 평소에는 감정 없는 사람처럼 건들거리며 깡패 세계를 배회하는 것이 일상이었다. 하지만 파이란의 사망신고가 너무나 순간적으로 끝나는 상황에서 그동안 눌러 놓았던 감정들이 폭발한다. 평소에 부모로부터 받은 금지명령을 잘 지켜 왔던 강재는 어느 한 순간 폭발하는 모습을 보임으로써 우리를 놀라게 한다. 강재의 각본분석은 ❙그림 5-3❙과 같다.

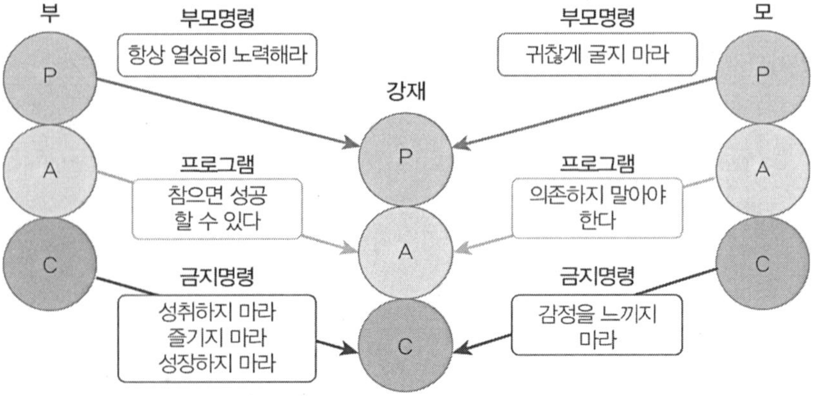

| 그림 5-3 | 강재의 각본 분석

(3) 라켓시스템 분석(racket system analysis)

교류분석에서 라켓은 각본에 따른 행동으로 라켓감정은 어린 시절 유년기에 금지되었던 감정을 대신 또는 대체한 감정이라 할 수 있다. 이러한 라켓감정은 진정한 감정이 아니라 거짓 감정, 위장된 감정으로 볼 수 있다(김장회 외, 2019). 진정한 감정으로는 '화, 슬픔, 두려움, 기쁨' 네 가지로 제한하고 있다. 수동-공격적인 성향의 유형들은 대부분 화를 밖으로 드러내지는 않는다. 겉으로는 기쁨을 드러내고 있지만 내적으로는 화를 쌓아놓는 경우가 많으며 이러한 화는 다른 상대를 통해 밖으로 표출될 확률이 높다.

① 각본신념과 감정

유희적 반항자(수동-공격성 성격적응) 유형의 라켓감정은 좌절, 혼돈, 의분이다(Joines & Stewart, 2002; 오수희 외, 2012). 마음의 상처와 분노를 가리고 있기 때문이다. 주인공 강재의 각본신념과 감정을 살펴보면 다음과 같다. 강재의 자신에 대한 신념은 '나는 쓸모없는 사람이다'라고 생각할 수 있다. 강재는 자신이 참아야 성공할 수 있다고 생각했을 것이다. 타인에 대한 신념은 '다른 사람들은 나를 함부로 대한다'고 생각할 것이다. 이로 인한 삶의 진로는 '세상은 힘있는 사람만이 살 수 있다'는 신념을 가졌을 것으로 보인다. 이런 경우 억압된 감정들은 '화, 분노, 좌절, 혼돈'으로 보이며 강재는 이러한 자신의 감정조차도 드러내지 못할 만큼 존재감이 낮은 인물로 보인다.

② 라켓표현

강재는 깡패 두목 용식에게 머리를 조아리며 굽신거리기도 하고 용식이 함부로 대하는 행동들을 무조건적으로 받아주는 모습을 보여주고 있다. 그런가 하면 이전에는 자신에게 함부로 덤비지 못했을 깡패 부하들까지도 자신을 함부로 하는 부분에 대해 화는 나지만 참는 모습을 보이고 있다. 이러한 모습은 강재에게 있어 살아남기 위한 라켓표현으로 보인다. 하지만 아무리 노력해도 삶의 변화가 없다면 강재의 삶의 마지막은 깡패 세계에서도 버림받고 모두가 거절함으로써 외로운 삶을 종식할 가능성이 높다.

③ 기억 강화하기

강재의 어린 시절에 강화된 기억들은 영화 장면에서는 보이지 않는다. 하지만 배를 사서 고향으로 돌아가고 싶은 욕구를 보았을 때 강재의 삶은 넉넉하지 않았던 유년기를 보냈을 확률이 높다. 뿐만 아니라 '열심히 노력해라'의 드라이버를 가질 만큼 어린 시절부터 출세가 간절했을 가능성이 높다. 이로 인해 강재는 돈을 벌기 위해 깡패 세계에 뛰어들었을 가능성이 높으며 고향에 멋지게 돌아가기 위한 게 삶의 목적이 되었을 확률이 높다. 강재의 라켓시스템 분석은 ❙그림 5-4❙와 같다.

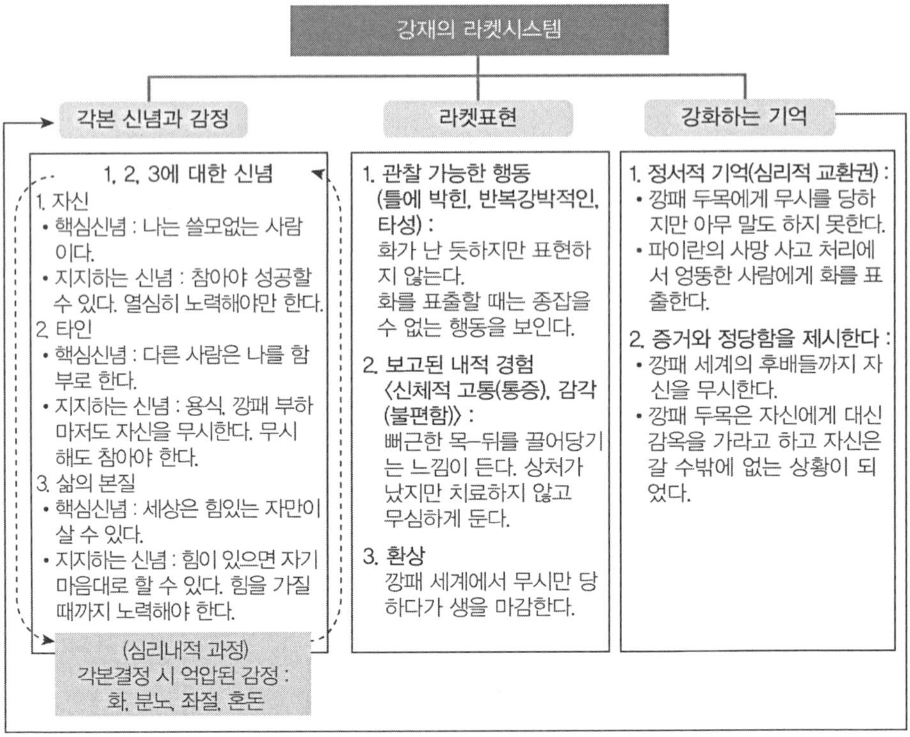

▌그림 5-4▐ 강재의 라켓시스템 분석

(4) 게임 분석(game analysis)

심리게임은 이면의 동기를 가지고 무엇인가를 하는 과정으로 이면교류에서 게임을 하는 이유는 부정적인 스트로크를 추구하기 위해서, 시간의 구조화 수단을 위해서, 인생태도의 정당화를 위해서, 인생각본을 확인하는 수단 때문이다(Stewart & Joines, 1987).

주인공 강재는 '나를 차주세요(Kick me)' 게임을 반복하고 있다. 비디오 가게를 성실히 운영하지 않아서 감옥을 가게 됨으로써 깡패 세계에서 쓸모없는 인간이 되기도 하고 자신이 빚 독촉금을 받아오겠다고 나서서 결국은 깡패 세계에서조차 쓸모없는 존재가 되기도 한다. 마지막에는 깡패 두목 용식을 대신하여 감옥을 가지 않겠다고 이야기함으로써 삶조차도 영위하지 못하고 삶을 마감하는 비운을 맞게 된다. 이런 점으로 볼 때 게임은 그 자체로 부정적이라 할 수 있다. 게임은 라켓감정을 유발하고 결과적으로 부정적인 각본과 자기부정의 인생태도를 확인하게 만드는 고통스러운 상호작용이다(김장희 외, 2019). 주인공 강재는 깡패 두목 용식에게 원하지 않은 복종을 하였으나 파이란의 사망소식을 접한 이후 많은 고민을 해 왔음을 알 수 있다. 용식의 입장에서도 강재는 이용의 대상일 뿐 진정한 동료는 아니었던 것이다. 이로 인해 강재가 고향으로 돌아가겠다고 하는 순간 쓸모없는 존재로 인식되었으며 자신을 배신했다고 생각되어 쓸모없게 된 강재를 죽이게 된다.

만약 두 사람의 관계가 진실한 관계였으면 어땠을까 하는 생각을 해본다. 강재의 죽음에 대한 아쉬움이 많았다. 그래도 한때는 힘든 시간을 같이 보냈던 동료로 이용의 대상이 아닌 친구로서 그들의 관계가 유지되었다면 하는 아쉬움이 있다. 성공하지 않았지만 고향으로 돌아가려는 강재를 용식은 잘 떠나보낼 수 있었을 거라는 생각이 든다. 강재 또한 용식이 잘못을 했을 때 어떻게든 자수를 하게 함으로써 변화된 삶을 살 수 있도록 도움을 주었다면 어땠을까 싶다. 그리고 진정한 친구였다면 어느 날 갑자기 떠나겠다고 이야기를 하기보다는 자신이 대신 감옥을 가겠다고 한 약속을 지킬 수 없는 삶의 변화에 대해 잘 이해시킴으로써 배신감을 느끼게 하지는 않았을 것 같다. 그랬다면 강재는 아마도 지금쯤 어촌에 가서 배를 몰며 욕심 없이 자유로운 삶을 누릴 수 있지 않았을까 하는 아쉬움에 영화의 마지막이 지금까지도 가슴이 아프다.

(5) 인생태도(life position)

인생태도는 무의식적인 인생계획(Berne, 1961)이다. 어린 시절에 작성되며 자신이 살아갈 이야기를 직접 써 내려가게 된다. 강재는 영화의 초반에서는 자기부정(I-) 타인긍정(U+)의 인생태도를 보이고 있다. 강재는 마치 꿈도 없고 야망도 없어 보인다. 자신에 대한 기대감도 없다. PC방을 전전하거나 아는 동생 경수의 방에서 의지해서 살고 있는 실업자의 모습이다. 깡패 세계를 기웃거리지만 강재에게는 아무런 역할도 주어지지 않는다. 후배 깡패들마저도 아무짝에도 쓸모없다고 생각되어 무시하는 행동을 한다. 그러나 깡패 세계에 몸 담고 있었던 강재는 대항하지 못한다. 이미 힘으로 밀리는 상황이 되었으며 깡패 두목마저 자신을 무시하다 보니 후배 깡패들까지도 자신에게 함부로 하는 것을 그냥 받아들이고 있다.

반면 깡패 두목에 대해서는 예우를 다한다. 가게의 여주인에게도 맞아준다. 그들의 삶을 이해하기 때문이다. 하지만 후반부에 가서는 반전을 보이고 있다. 자기긍정(I+) 타인부정(U−)의 인생태도를 보이고 있다. 자신의 생각을 밖으로 좀처럼 드러내지 않았지만 파이란의 장례식 이후 드디어 깡패 두목 용식에게 자신은 그냥 고향으로 돌아가겠다고 선언하며 대신 감옥을 가지 않겠다고 말한다. 깡패 세계의 잘못된 모습, 파이란 장례식에서 본 세상에 대한 분노 등으로 보았을 때 강재의 세상에 대한 기대감은 이미 낮아진 지 오래라는 것을 알 수 있다.

(6) 디스카운트(discount)

유희적 반항자(수동－공격성 성격적응) 유형인 강재의 디스카운트를 살펴보자.

① 아무것도 하지 않음

문제를 해결하려고 하지 않고 폐쇄의 공간에 머무르고 있다. 주인공 강재는 자신의 생각을 표현하지도 않고 함부로 행동화하지도 않는다. 의미 없이 깡패 세계를 기웃거리며 머물러 있지만 그렇다고 자신의 역할이 있는 것도 아니다. 그냥 아무 의미 없이 말없이 그 자리에 있을 뿐이다. 노력을 하고 있지만 노력의 결과가 보이지 않는다.

② 과잉적응

자신이 원하는 것보다 환경이 원하는 것을 우선하는 행동으로 어린이 자아상태(C)에 있을 확률이 높다. 강재는 깡패 세계의 룰을 너무나 잘 알고 있다. 위계

질서를 철저하게 지키고 있으며 자신의 욕구를 전혀 표현하지도 않는다. 깡패 세계에서는 이러한 것들이 용납되지 않는다는 것을 알기에 강재는 순종적이지만 지나치게 경직된 모습을 볼 수 있다.

③ 짜증 혹은 흥분

짜증은 마음에 탐탁하지 않아서 역정을 내는 것으로 문제해결에는 도움이 되지 않는다. 하지만 정서적으로 자신의 감정을 드러내는 부분이라 할 수 있다. 강재는 PC방에서 다른 사람이 자신의 자리라고 일어나라고 하는 순간 자신의 위치가 그곳에서도 아무것도 아니라는 존재감을 확인하게 된다. 순간 다른 사람의 자리임을 알면서도 자리 주인의 머리를 여러 차례 때리기도 하고 PC방 주인에게 시비를 걸기도 한다. 자신의 감정을 짜증이나 흥분으로 표출한 부분이라고 할 수 있다.

④ 무력화와 폭력

무력화는 문제를 해결할 수 있는 자신의 능력을 디스카운트 하면서도 다른 사람이 문제를 해결해 주기를 바라는 의존적 행동이라 할 수 있다. 강재는 이 부분은 크게 드러내지 않고 있다. 아무에게나 무력을 사용하지도 않고 있으며 자신의 감정을 조절하지 못하거나 폭력을 사용하지도 않는다. 어쩌면 강재는 자신의 문제를 스스로 당장은 해결할 수는 없지만 의존적인 부분은 강하지 않은 것으로 볼 수 있다. 그러나 내적 감정이 건드려지는 순간 폭력적인 모습으로 변했으며 전혀 관계가 없는 상대에게 그 화가 분출되는 모습을 보이고 있다.

디스카운트에는 세 가지의 영역과 세 가지의 유형, 그리고 네 가지의 수준이 있다(Stewart & Joines, 1987). 세 가지 영역으로는 자신, 타인, 상황이며 세 가지 유형으로는 자극, 문제, 선택이다. 그리고 네 가지 수준으로는 존재, 중요성, 변화 가능성, 개인적 능력이다(Joines & Stewart, 2002; 오수희 외, 2012). 영화 〈파이란〉의 주인공 강재의 디스카운트 모형을 정리해보면 다음과 같다.

강재는 대화 중에 "씨◯" 등 욕설이 담긴 표현을 수시로 한다. 일이 없으면서도 깡패 세계를 배회하는 모습을 보면서 우리들은 '왜 저렇게 욕을 하지', '깡패 세계에 꼭 있어야 하나' 하는 불편함과 안타까움을 가지게 한다. 뿐만 아니라 강재는 스스로 존재감이 낮다. 자신은 함부로 해도 되는 사람이라고 생각하고 있는 것 같다. 깡패 조직에서의 서열을 존중하고 그 안에서 살아남기 위해서는 자신의 감정은 중요하지 않았다. 용식이 자신에게 함부로 하지만 조직에서의 서열상 충분히 감내하는 모습을 보이고 있으며 후배 깡패들이 자신을 함부로 할 때도 순간 불만을 표현했지만 더이상 행동으로 옮기지는 않는다. 자신의 위치를 알아차리고 자신을 디스카운트 했다고 할 수 있다.

디스카운트는 마음속에서 혼자 하는 것이다. 따라서 디스카운트를 하고 있다는 사실을 우리는 알 수가 없다. 하지만 네 가지 수동적 행동을 보고 디스카운트를 하고 있음을 알 수 있다(제석봉 외, 2010). 강재의 경우는 아무 조치도 취하지 않는 모습을 보이고 있다. 마치 아무것도 할 수 없는 사람처럼 배회한다. 이러한 수동적인 행동을 보이는 것은 에너지를 사용하지 않고 아무 행동도 취하지 않는 데에 대해 에너지를 쏟고 있다고 할 수 있다. 불편을 느끼지만 아무 생각도 하지 않는다. 자신이 처한 상황에 대해 어떤 조치를 취할 수 있는 자신의 능력을 디스카운트 한 것이라 할 수 있다.

디스카운트와 자아상태를 살펴볼 때 오염이나 배제도 디스카운트의 원인이 될 수 있다. 강재의 경우는 어른 자아상태(A)를 활성화하지 않는 모습을 보인다. 비언어적인 단서를 살펴보면 용식이 강재를 무시하는 표현을 하지만 머리를 대주고 아무 표현도 하지 않는다. 하지만 비언어적 단서 속에서도 자신을 디스카운트 하는 모습은 그대로 노출되었다. 강재는 빚 독촉금을 받으러 가겠다고 자처하며 구멍가게 여자를 보호하고자 하였으나 후배 깡패들 앞에서 형편없는 모습을 보이는 등 오히려 자신의 능력을 디스카운트 하는 모습을 보여준다. 가게를 더 엉망으로 부숨으로써 깡패들이 더 강하게 행동하지 못하게 할 수밖에 없는 상황에서 자신을 디스카운트 하고 있다. 강재는 늘 실소(엷은 미소)를 통해 자신이 세상과 맞지 않음을 디스카운트를 하고 있는 것이다. 의미 없는 웃음을 웃기도 하고 동생 경수의 머리를 이유 없이 치기도 한다. 때로는 혼자서 담

배를 피우다가 피식 웃기도 한다. 웃을 상황이 아님에도 웃음으로써 자신이 힘든 상황을 문제시하지 않는 등 자신을 디스카운트 하는 모습을 보이고 있다고 하겠다.

(7) 시간의 구조화(time structuring)

① 폐쇄(withdrawals)

심리적 위험을 피하기 위해 다른 사람과 언어적, 비언어적 교류를 차단하고 혼자 시간을 보내는 시간의 구조화이다. 주인공 강재는 평소에 자신의 감정을 드러내지 않고 과묵한 모습을 보일 뿐만 아니라 욕구를 함부로 표현하지도 않는다. 표현을 하지 않다 보니 강재가 무슨 생각을 하는지 알 수가 없다. 다만, 용식을 대신하여 감옥에 가겠다고 결정하는 부분에서 우리는 강재의 마음속에는 자신이 성공하여 고향으로 돌아가고 싶은 욕구가 있음을 간접적으로나마 알 수 있다. 이처럼 자신의 감정이나 욕구를 드러내지 않고 혼자만의 세계에 있는 경우 주인공처럼 활동을 하지만 폐쇄의 시간의 구조화를 할 확률이 높다.

② 의식(rituals)

의례와 같은 것으로 구조적으로는 어른 자아상태(A)에 속하고 기능적으로는 통제적인 부모 자아상태(CP)에서 지시하고 순응하는 어린이 자아상태(AC)에서 수행한다. 강재는 의식적인 시간의 구조화도 많이 머물러 있음을 알 수 있다. 파이란의 장례식에서의 엄숙한 분위기, 검은 양복을 맞추어 입고 흰 보자기에 싸인 유골함을 들고 오가는 과정에서 위장 결혼한 남편이지만 남편으로서의 위치를 지키려는 자세 등은 의식적인 부분을 중요하게 생각하는 강재의 모습을 보여주고 있다.

③ 잡담(pastimes)

친밀하지 않은 관계에서도 과거의 단순한 일이나 시사, 뉴스 등과 같은 이야기들을 주제로 상보교류를 하며 스트로크를 교환하는 시간의 구조화이다. 강재는 어른인데도 동생 경수와 엎어치기 놀이를 하며 똥침을 놓기도 한다. 동생과 있을 때는 아주 개구쟁이 같은 형이다. 깡패 세계에서의 무서운 모습은 발견할 수가 없다. PC방 주인과도 이유 없이 가서 말을 하기도 하고 겁도 주기도 한다. 건들거리며 깊은 관계를 하지 않다 보니 속마음을 알 수가 없다.

④ 활동(activities)

지금-여기에서의 의도적인 교류를 통해 조건적인 긍정 혹은 부정적 스트로크를 주고받을 수 있는 시간의 구조화이다. 강재의 활동은 그나마 깡패세계에 몸담고 있는 지금-이 순간이다. 하지만 생산적인 활동을 하기보다는 시간을 때우는 듯한 모습을 발견할 수 있다.

⑤ 게임(games)

일련의 이면교류 후에 당사자 모두가 불쾌한 감정이라는 부정적 스트로크를 경험하는 시간의 구조화이다. 심리게임을 드러내지는 않는다. 그냥 숙명처럼 받아들인다. 하지만 내적으로 감옥에 대신 가야 하는 상황에서 고민되는 과정을 우리에게 드러냈다. 그러나 이내 깡패 세계를 이해하고 수용하는 모습을 보여서 게임조차도 강재에게는 여건이 주어지지 않음을 알 수 있었다. 파이란의 죽음 이후 더더욱 강재의 마음을 이해하지 못하는 부분이 많다. 강재가 생각은 점점 많아지는데 우리는 강재로부터 아무런 단서도 찾지 못한다. 그러다 두목 용식에게 감옥을 가지 않고 고향으로 가겠다는 선언 후에야 우리는 강재가 많은 고민을 했음을 알 수 있었다.

⑥ 친밀(intimacy)

상대방을 신뢰하고 지금-여기에서 배려를 바탕으로 긍정적 스트로크를 주고받는 시간의 구조화이다. 그나마 강재가 친밀을 나누는 상대는 깡패 세계에서 알게된 동생 경수이다. 비록 깡패 세계에서 만났지만 서로를 챙기는 모습은 그래도 독자로 하여금 의리 있는 깡패들의 삶을 엿보는 기회가 되었다.

여섯 가지 시간의 구조화 중에서 유희적 반항자(수동-공격성 성격적응) 유형은 잡담과 게임을 좋아한다. 강재 또한 다른 사람들과 가볍게 관계를 맺고 있는 모습을 보이고 있다. 강재는 늘 생각이 많은 듯하지만 겉으로는 아무 일 없이 일상을 보내는 건달처럼 보인다. 하지만 용식이 감옥을 대신 가라고 할 때는 금방 승낙하지 않는다. 많은 고민을 했을 것으로 보인다. 이후 강재는 현재의 상황을 수용하는 모습을 보였지만 파이란을 떠나보내고 와서는 게임을 단호하게 끝내며 감옥을 가지 않겠다고 말을 하면서 게임을 종료한다. 유희적 반항자(수동-공격성 성격적응) 유형은 자신이 뭔가를 하기보다는 타인으로부터 원하는 것을 얻고자 하는 특징이 있다. 강재 또한 두목 용식으로부터 배를 얻어 고향으로 돌아갈 거라는 큰 꿈을 한 때는 가졌을지도 모른다.

(8) 재결정(redecisions)

영화 〈파이란〉에서의 강재는 우리를 놀라게 했다. 유희적 반항자(수동-공격성 성격적응) 유형을 가진 사람의 개방문은 '행동'이다. 강재는 파이란의 장례식을 기점으로 너무나 다른 행동을 보여주고 있다. 재결정을 너무나 강하고 확실하게 보여주었다.

강재의 경우, 초기에는 불만이 꽉 찬 모습이다. 어떤 말을 해도 감정적 소통이 느껴지지 않는다. 자신의 필요에 의해 순종할 뿐 그 사이에서 감정을 드러내지 않는다. 하지만 파이란의 죽음 후 강재의 모습은 불만에서 조금씩 벗어나는 모습을 보이고 있다. 자신이 원하지 않는 삶을 살지 않겠다는 단호한 모습을 보인다. "미안하다. 나 감옥에 안 드가. 고향으로 내려갈래." 그동안의 내적 고민이 한순간에 사라지고 안개처럼 보이지 않았던 강재의 속마음을 훤히 볼 수 있는 기회가 되었다. 자신도 누군가로부터 사랑받고 존중받아 왔음을 자각한 강재는 자신 또한 파이란은 떠났지만 존중하는 모습을 보여주고 있다. 자신 또한 파이란처럼 진실된 삶을 살아가려는 모습을 재결정하게 된다.

2) 성격적응 유형 분석

(1) 웨어 이론과 의사소통 방식

유희적 반항자(수동-공격성 성격적응) 유형의 개방문은 '행동'이고 자신의 생각이나 감정을 직접적으로 표현하기보다는 우회적으로 표현하며 상대로 하여금 표현 또는 행동해 주기를 기대한다. 웨어(Ware)는 이들과 즐기면서 행동을 통해 접근하는 것이 중요하다고 보았다.

강재는 용식이 두목이 된 후부터는 자신과 깡패 생활을 같이 시작하였음에도 불구하고 매우 깍듯이 대한다. 독자로 하여금 깡패 세계의 룰을 이해하는 데 도움을 주고 있다. 동생 경수와는 신체 장난이나 말장난 등을 편하게 하지만 두목 용식에게는 거리를 두고 있다. 함께한 역사가 있으니 자신을 챙겨달라고 부탁할 만도 한데 전혀 내색하지 않는다. 머리를 쥐어 박히고 무시당하는 말을 듣는데도 아무런 행동을 하지 않는다. 한결같이 순종하는 모습을 보이고 있으며 동생 경수와 함께할 때도 화나 분노를 전혀 드러내지 않는다. 오히려 어린아이 같은 천진난만한 모습을 보이고 있다.

표적문인 '감정'은 이들에게 변화를 유도하고 변화를 가지게 한다. 즐기는 관계 속에서 자연스럽게 감정에 접근하는 것이 효과적이다. 강재는 평소에는 자신의 감정을 전혀 드러내지 않는다. 깡패 세계에서 무시감을 경험하지만 참는 데 매우 익숙하다. 하지만 파이란의 장례 절차를 밟으면서 눌러놓았던 감정은 용암처럼 분출되었다. 존중받지 못하고 살다 간 파이란의 삶은 그동안 눌러놓고 표현하지 못했던 자신의 삶을 자각하게 했을지도 모른다. 감정을 드러내기 시작하자 강재는 순응하던 삶에서 벗어나 자유로운 삶을 선택하는 용기 있는 모습을 보여준다. 그러나 평소와 너무나 다른 모습이라 같은 인물로 보기까지 우리들로 하여금 놀란 가슴을 진정시켜야 할 만큼 시간이 필요할지도 모르겠다.

유희적 반항자(수동-공격성 성격적응) 유형은 '예, 그러나' 반응을 하고 논쟁하기를 좋아하며 '이거 아니면 저거' 또는 '전부 아니면 아무것도 아니다'고 생각하기 때문에 '사고' 영역은 유희적 반항자에게 함정문이다. 강재는 두목 용식으로부터 "도대체 생각이 있기는 하냐"라며 머리를 여러 차례 쥐어박히기도 하고 동생 경수로부터 "도대체 무슨 생각을 하는지 모르겠다"는 말을 자주 듣는다. 강재는 변화를 위해 노력해야 한다는 것을 알고 있다. 하지만 이러한 생각들은 밖으로 드러내지 않고 내적으로만 노력하고 있었던 것으로 보인다. 어떻게 하는 것이 가장 좋은 방법인지 많은 고민을 했을 것으로 보인다. 그래서 혼란함이 매우 많았을 것으로 보이며 밖으로 쉽게 표현하지 못했을 가능성이 높다.

강재를 대상으로 웨어의 의사소통 방식에 따라 개방문, 표적문, 함정문으로 분석해 보았다(표 5-1).

〈표 5-1〉 강재의 웨어 이론에 의한 의사소통 방식

개방문(Open Door)		표적문(Target Door)		함정문(Trap Door)
행동(Behavior)		감정(Feeling)		사고(Thinking)
강재는 두목 용식에게는 깍듯이 대한다. 자신과 깡패 생활을 함께한 역사가 있으니 자신을 챙겨 주었으면 하는 바람이 있었을 걸로 보이지만 표현하지 않는다. 동생 경수와는 함께 즐기며 천진한 모습을 보이기도 한다. 이때는 경직되거나 화, 분노가 전혀 드러나지 않는다. 오히려 아이 같은 모습을 보이고 있다.	⇨	강재는 평소에는 자신의 감정을 전혀 드러내지 않는다. 깡패 세계에서 무시감을 경험하지만 꾹 참고 있다. 하지만 파이란의 장례절차를 밟으면서 그동안 눌러놓았던 감정들이 표출되기 시작한다. 너무나 빨리 정리되는 사망절차에서 눌러놓았던 감정이 폭발한다. 존중받지 못하고 살다 가는 자신의 삶의 모습일지도 모르겠다. 그동안 꾹꾹 눌러놓았던 감정이 결국 폭발한 것으로 보인다.	⇨	강재는 두목 용식으로부터 생각이 있느냐는 지적을 받는다. 친하게 지내는 동생 경수로부터도 무슨 생각을 하는지 모르겠다는 말을 자주 듣는다. 강재는 변화를 위해 노력해야 한다는 것을 알고 있다. 하지만 밖으로 드러내는 것이 아니라 내적으로만 노력하고 있었던 것으로 보인다. 어떻게 하는 것이 가장 좋을지 혼란했을 가능성이 높다.

(2) 드라이버에 의한 의사소통 방식

강재는 마음에 들지 않지만 꾹 참는 모습을 영화 속 여러 장면에서 보여주고 있다. 특히 깡패 세계에서는 무조건적으로 참는 모습을 보이고 있다. 자신을 무시하거나 폭력을 사용하지만 그것에 대해 아무 말도 하지 않는다. 기분 나쁘냐고 묻지만 아니라고 대답한다. 아마도 강재의 내면에는 '노력하라'라는 드라이버가 작동되고 있을 것으로 보인다. 깡패 세계에서 살아남기 위해서는 열심히 노력하지 않으면 살 수 없음을 이미 터득했을 것으로 짐작된다.

'말, 어조, 몸짓, 태도, 얼굴표정' 등의 단서들은 드라이버를 확인하기 위해 활용된다(표 5-2). 강재는 말을 할 때 시원하게 표현하지 않는다. 말이 매끄럽지 않다 보니 우리들로 하여금 답답함을 가지게 한다. 말을 논리적이거나 조리 있게 하는 것이 서툴러 보임을 알 수 있다. 약간은 긴장된 듯한, 때로는 하고 싶은 말이 있어도 참는 것처럼 보인다. 언제나 한결같은 어조를 보이고 있다. 특히 어조가 늘 에너지가 약해 보인다. 입안에 넣고 웅얼거리며 말을 하다 보니 화가 나있지만 화를 입 밖으로 드러내지 않고 마치 삼키는 듯 말을 하는 것을 엿볼 수 있다. 자신은 화가 난 게 아니라고 하지만 참고 있는 것을 알 수 있다.

강재는 평소에 두 손을 주머니에 찔러 넣고 걷는다. 몸짓은 크게 변화가 없으며 한결같이 어깨가 앞으로 약간 구부러져 있는 모습이다. 깡패 세계에 있다는 것만으로도 강한 이미지를 느낄 수 있는데 강재에게서는 강한 모습보다는 깡패 세계에서 살아남기 위해 노력하는 모습이 더 강하게 보이고 있다. 깡패 두목 용식에게 몇 대를 맞아 휘청거리지만 다시 반듯하게 서는 모습을 보이는가 하면, 머리를 툭툭 치지만 참는 모습을 보인다. 아마도 내적으로는 '참아야 해. 노력해야 해'라며 꾹 참고 있을 것으로 보인다.

평소에는 화가 난 듯한 얼굴 표정이지만 굳어 있는 모습이다. 눈은 늘 아래쪽을 보고 있으며 감정을 잘 드러내지 않는다. 그러다가 엉뚱한 곳에서 폭발적으로 화가 표출된다. 그때의 얼굴표정은 불같이 화가 나 있어서 감히 말릴 수가 없을 만큼 격양되어 있고 몸짓 또한 화를 참지 못해서 서류를 던지거나 발로 의자를 차는 등 감정이 조절되지 않는 모습을 보이게 된다. 재결정 후에는 매우 안정적인 모습을 보인다. 드라이버에서 마치 해방된 모습이다.

유희적 반항자(수동-공격성 성격적응) 유형은 '수동적 참여' 사분할도에 있으며 감정이나 사고보다는 행동으로 관계 맺기를 선호한다. 사회행동 방식은 '반응'으로 집단의 의견과는 다른 반응을 보일 때가 많다. 이들은 투덜대거나 불평하며 싸움을 하려고 하면서 위협에 대응한다. 그러나 이들에게 선호되는 의사소통 방식은 정서적인 부분이다(그림 5-5).

〈표 5-2〉 강재의 드라이버의 행동단서들

드라이버	말	어조	몸짓	태도	얼굴표정
노력하라	'어? 어? 뭐?' 등 강재는 말을 매끄럽게 하지 못한다. 더듬거리며 말을 한다. 두목이 '기분 나쁘냐'고 물으면 아니라고 한다.	약간은 긴장된, 때로는 하고 싶은 말을 참는 것처럼 보여서 억압된 것 같은 어조이다. 그러나 한결같은 어조이다.	주먹을 쥐거나 주머니에 찔러 넣고 있는 모습이다. 평소에는 몸짓이 크게 변화를 보이지 않는다.	등을 앞으로 약간 구부린 상태이며, 특히 두목 용식 앞에서는 더욱 그렇다. 맞아도 쓰러져도 다시 일어나 바로 선다.	눈을 크게 뜨지 않는다. 얼굴에는 늘 코에 주름이 있다. 화가 난 듯하지만 표정이 한결같다.

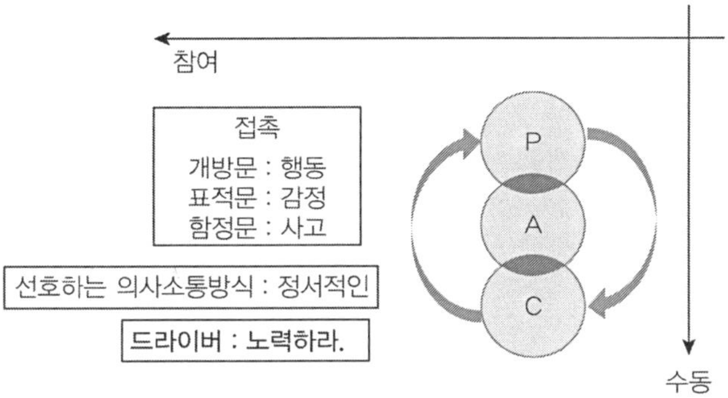

┃그림 5-5┃ 강재의 드라이버, 의사소통 방식

(3) 과정각본

과정각본은 사람이 '어떻게' 자신의 각본 패턴을 이어 나가는지에 대한 선택을 의미한다. 유희적 반항자(수동-공격성 성격적응) 유형은 주요 드라이버가 '노력하라'이다. 과정각본을 보면 '항상(Always)' 그리고 '거의 Ⅰ(Almost Ⅰ)' 각본을 가지고 있다(Joines & Stewart, 2002; 오수희 외, 2012). 이들은 상태가 나쁠 때에도 늘 같은 일을 반복해 왔을 확률이 높다. 강재는 깡패 세계에서 생활하면서 '항상' 각본에 머물러 있었을 가능성이 높다. 아무리 노력해도 변화 없는 자신의 삶이 반복되는 과정에서 삶에 대한 기대가 매우 낮았을 것으로 보인다. 깡패 두목이 자신에게 대신 감옥을 가면 배를 사서 고향으로 돌아갈 수 있게 해준다는 말에 모든 것을 수용하고 꾹 참았을 것이다. 감옥에 한번만 다녀오면 이제는 고향에 돌아가서 행복한 삶을 꿈꾸었을지도 모른다.

'항상(Always)' 각본은 자발성에 스트로크를 주고 자발성이 자신이 원하는 변화에 즐겁게 사용될 수 있는 수단임을 알려주는 것이 필요하다. 반복되거나 부정적인 행동 패턴을 살펴보고 어른 자아에게 '지금과 다르게 하기 위해 당신이 가지고 있는 것들은 무엇인가?', '다르게 하기 위해서 당신은 무엇을 할 수 있는가' 라고 질문하는 것이 좋다. 그리고 '거의 끝났는데', '거의 이해했는데' 등 내담자 패턴에 직면하고 내담자가 완벽하고자 하는 계약이 무엇인지에 질문하는 것이 필요하다(Joines & Stewart, 2002; 오수희 외, 2012). 파이란의 죽음은 강재 자신에게 많은 질문을 던졌을 것으로 보인다. 지금과 같은 삶을 반복할 것인지 아니면 지금과 다른 삶을 살아가야 할 것인지 그동안 드러내지 않았던 내적 고민이 쓰나미처럼 몰려오는 시기였을 것으로 보인다. 이후 강재는 과정각본에서 빠져나오는 용기를 보여주었다. '항상'과 '거의' 각본에 매달려 일생을 보냈던 강재는 스스로 각본을 파괴하고 현재의 자신을 수용하고 고향으로 돌아가려는 의지를 보여줌으로써 각본으로부터 해방된 모습을 보여주었다. 하지만 강재는 결국 죽임을 당하게 된다. 그렇게 용기를 내어 노력했음에도 영화는 행복한 그의 모습을 우리들에게 보여주는 것을 거부했다. 강재의 과정각본은 〈표 5-3〉과 같다.

〈표 5-3〉 강재의 과정각본

과정각본	유희적 반항자(수동-공격성 성격적응) 유형의 주요 드라이버 : 노력하라	
항상(Always) 각본	항상(Always) 각본은 '아라크네 '신화처럼 부모를 화나게 하고 그 벌에서 항상 풀려나지 못하는 각본이다.	강재는 항상 화가 난 모습이다. 하지만 표현하지 않는다. 마음에 들지 않는 부분이 있지만 말하지 않는다. 다만, 상대가 알아주었으면 하는 마음을 가지게 한다.
거의 I(Almost I) 각본	거의 I(Almost I) 각본은 '시지푸스' 신화처럼 성공을 눈앞에 두고 실패를 되풀이하는 각본이다.	강재는 두목 용식으로부터 감옥에 대신 가주는 조건으로 배를 살 수 있었다. 하지만 계약결혼한 아내 '파이란'의 장례를 치른 후 용식과의 약속을 파기함으로써 고향으로 돌아가고자 했던 희망이 눈앞에서 사라지게 된다.

(4) 성격적응 유형 간의 상호작용

강재는 두목 용식에게는 전혀 군말을 하지 못하고 낮은 자세로 대하지만 동생 경수에게는 장난기 있는 형의 모습을 보이고 있다. 그런가 하면 파이란을 떠나보낼 때는 옆에서 동생 경수가 그렇게까지 할 필요는 없다고 오버하지 말라고 하지만 검은 양복을 사 입거나 장례식 때 예의를 다하는 모습을 보이기도 하고 죽은 이를 떠나보내는 과정에서의 슬픔을 진심으로 애도하는 모습을 보이기도 하는 등 자신의 방식을 고집한다. 유희적 반항자(수동-공격성 성격적응) 유형은 사람들이 많은 곳을 좋아한다. 집단의 한 구성원으로서 즐기지만 문제 해결에서는 수동적인 입장을 취하며 아무것도 하지 않고 상대가 무언가를 해주기를 바란다. 유희(놀이)를 할 수 있으나 타인의 통제에 대하여 강하게 저항하는 편이다.

유희적 반항자(수동-공격성 성격적응) 유형의 조기 결단을 보면 '이렇게 당하고서 그냥 두고 보지 않겠어!'라고 왜곡하는 모습을 보인다. 강재는 화가 나지만 그때그때 화를 표현하지는 않는다. 화를 꾹꾹 눌러 놓고 드러내지 않는다. 하지만 그의 비언어적인 모습을 통해 강재가 화를 누르고 있음을 우리는 알 수 있다. 강재는 눌러 놓았던 화를 기분 좋게 우리들에게 보여주었다. 그 부분은 파이란의 장례식 과정에서 보여주는 부분이다. 강재는 너무나 간단하게 처리되는 사망 절차 과정에서 눌러왔던 화를 표출한다. 그동안 억눌렸던 감정, 충족되지 않았던 감정들을 화로 표출하는 모습을 통해 보는 이들로 하여금 시원함을 느끼게 한다.

강재의 아동기에 대해서는 영화에서는 보여주지 않는다. 다만, 가난한 어촌마을에서 자랐을 것으로 짐작을 할 뿐이다. 강재는 배를 한 척 사서 고향으로 돌아가는 게 꿈이라고 했다. 강재는 그동안 갈등 상황이 있었지만 표현하지 않고 묵묵히 참았던 이유는 성공해서 고향으로 돌아가겠다는 소원 때문으로 보인다. 하지만 더 이상 갈등 양상에서 있고 싶지 않다는 반전을 보여주었다. 그는 파이란의 죽음 이후 두목 용식에게 감옥에 대신 가지 않겠다고 폭탄 발언을 하여 우리 모두를 놀라게 했다. 그렇게 우리들을 놀라게 한 강재는 아무것도 이루지 못하고 가진 게 없지만 고향으로 돌아가겠다며 자신의 의지를 확고하게 표현한다.

이 장면은 갈등으로부터 자유를 추구하는 장면이라고 하겠다.

유희적 반항자(수동-공격성 성격적응) 유형들과의 상호작용에 요구되는 핵심주제들을 바탕으로 강재를 분석해 보면 다음과 같다.

① 갈등하기보다는 즐기도록 한다

강재는 아무 생각이 없는 사람처럼 느껴진다. 걷는 모습조차도 건들거리며 걷는가 하면 동생 경수와 몸 장난을 하기도 하고 PC방에서 시간을 보내기도 한다. 내적 갈등이 무엇인지 보는 이는 알 수가 없다. 왜 저러고 시간을 보내는지 안타까움을 자아내게 하지만 강재는 그렇게 시간을 보내며 갈등보다는 즐기려고 노력했던 것으로 보여진다.

② 양자택일 사고방식에서 탈출한다

강재는 파이란의 장례식에 다녀와서 생각지도 않았던 결단을 내림으로써 그동안 보여주지 않았던 자신의 고민에서 탈출하는 모습을 보여주고 있다. 깡패 두목 용식을 찾아가서 감옥에 가지 않을 것이며 자신은 고향으로 내려가겠다고 말한다. 그동안 표현은 하지 않았지만 얼마나 많은 갈등을 했을지 가히 짐작만 할 뿐이다.

③ 살기 위해서 갈등할 필요가 없음을 깨달아야 한다

강재는 깡패 두목 용식 대신 감옥에 들어가 주기를 원하자 처음에는 주저하였으나 이내 수용을 한다. 자신이 깡패 세계에서 살아남기 위해서는 그 방법밖에 없음을 누구보다도 잘 알고 있었던 것 같다.

④ '아니야'라고 직접적으로 말하는 법을 배운다

강재는 깡패 세계에서 거절하는 방법을 알지만 표현하지 못하며 살아왔다. 두목 용식과 후배들에게 무시당하지만, 자신이 처한 상황을 인지하고 받아들인다. 자신의 의견을 표현하는 데 익숙하지 않을 뿐만 아니라 조직 안에서는 표현되어서도 안 되었을 것이다. 하지만 용식에게 자신이 감옥에 대신 가지 않겠다고 분명히 말을 한다. 유희적 반항자(수동-공격성 성격적응) 유형들에게 있어서 거절하는 표현을 할 수 있는 것은 매우 중요하다.

⑤ 자신의 감정을 직접 표현하는 두려움을 없애야 한다

자신의 감정을 직접 표현하는 것은 쉬운 일이 아니다. 우리는 관계 속에서 살아가고 있다. 자신의 감정 표현이 상대에게 어떤 영향을 미칠지 우리는 많은 고민을 하게 된다. 강재는 자신의 감정을 직접 표현하기보다는 우회적으로 표현한 부분이 많다. PC방에서 자신의 자리를 요구하는 자리 주인의 머리를 때리는가 하면 장례식에서 몇 분 만에 끝나는 사망신고에 분개하여 직원에게 소리를 친다. 그동안 억압된 감정의 분출이라고 생각된다. 하지만 죽어가는 강재의 표정은 매우 편안하다. 유희적 반항자(수동-공격성 성격적응) 유형과의 상호작용에 요구되는 핵심주제를 바탕으로 강재의 상호작용을 정리하면 〈표 5-4〉와 같다.

〈표 5-4〉 강재의 상호작용

주 제	강재의 상호작용
① 갈등하기보다는 즐기도록 한다.	강재는 뚜렷한 직업이 없지만 아무 생각 없는 것처럼 즐기는 모습이다.
② 양자택일 사고방식에서 탈출한다.	강재는 파이란의 장례 후 대신 감옥을 가지 않겠다고 표현함으로써 양자택일에서 벗어난다.
③ 살기 위해서 갈등할 필요가 없음을 깨달아야 한다.	살기 위해서 강재는 용식 대신 감옥에 들어가겠다고 허락한다.
④ '아니야'라고 직접적으로 말하는 법을 배운다.	강재는 용식에게 '감옥에 대신 가지 않겠다'라고 단호하게 말을 한다.
⑤ 자신의 감정을 직접 표현하는 두려움을 없애야 한다.	강재는 자신의 생각이나 감정을 용식에게 직접 표현을 한 후 두려움이 사라지고 편안함을 가지게 된다.

영화 〈파이란〉의 주인공 강재는 유희적 반항자(수동-공격성 성격적응) 유형을 이해하는 데 도움이 되는 인물로서 평소에는 자신의 생각이나 감정을 밖으로 드러내지 않고 마음속에 저장해 놓았다가 영화가 끝나가는 시점에서 반전을 보여주었다. 강재는 돈이나 배보다 더 중요한 것이 행복한 삶이었음을 알게 되면서 그동안 자신이 원하지 않은 삶을 살아왔음을 알았을 것이다. 하지만 영화는 강재

의 죽음으로 끝이 나면서 강재가 행복한 삶을 살아가는 것을 볼 수 없는 아쉬움을 가지게 했다.

유희적 반항자(수동-공격성 성격적응) 유형은 겉으로는 아무것도 갈등할 것이 없는 것처럼 보이기도 한다. 하지만 자신의 내면에는 무수한 갈등이 있을 수 있다. 이들은 강재처럼 무언지는 모르지만 충족되지 않은 느낌이 있어서 원하는 대로 되지 않으면 화를 내기도 한다. 하지만 이러한 감정들은 이들의 반항적인 행동 뒤에 숨겨져 있을 수 있다. 아동기에 경험된 상처가 행동과 감정이 통합되면서 사고에 변화가 일어나게 되는 것이다.

06 CHAPTER 뛰어난 회의론자[1](편집성 성격적응)

1. 영화 제목 : 미져리(Misery)

1) 영화정보

개봉일	1991. 3. 1.
제작국가 및 감독	미국, 롭 라이너
출연배우(주인공)	제임스 칸(폴 역), 캐시 베이츠(앤 역)
등급 및 상영시간	청소년 관람불가 / 104분
상담 주요 키워드	편집성 성격적응, 의심, 집착, 광기

2) 영화 줄거리

롭 라이너(Rob Reiner) 감독의 영화 〈미져리〉(Misery, 1990)는 두 사람의 심리를 묘사한 작품이다. 폴은 미져리가 아이를 낳다가 사망한다는 것으로 시리즈를 끝내고 평론가들에게 호평을 받을 만한 정통 소설을 집필하기로 결심한다. 한적한 곳에서 새 작품을 탈고한 폴은 미 서부로 여행을 떠나지만 도중에 콜로라도를 지나다 눈보라 속에서 교통사고를 당해 의식을 잃는다. 폴은 앤에 의해 구출되는데, 앤은 폴을 간호해 주지만 폴의 존재를 신고하지도, 병원에도 데려가지 않고 '노브릴(Noveryl)'의 진통제만 계속 먹인다.

---

1) 본 장에서 Brilliant - Skeptic를 뛰어난 회의론자로 번역하고자 한다. 편집성 성격유형의 강점은 임무를 끝까지 잘 처리하는 재능이 있다는 것이다(V. Joines, 2023).

폴은 앤에게 이번에 쓴 신작 미저리의 미출판 원고를 보도록 허락한다. 하지만 원고를 본 앤은 주인공 미저리가 죽게 된다는 결말을 보고는 광기를 보이며 원고를 불태워 버린다. 그리고 앤은 폴에게 미저리 시리즈의 새 작품을 써서 시리즈를 이어가라고 강요한다. 앤의 강압에 몸이 온전하지 못한 폴은 결국 앤을 따를 수밖에 없었다.

폴은 앤의 광기를 보고는 약과 식량 등을 챙겨서 앤을 따돌리고 탈출을 시도한다. 하지만 결국 앤에게 들키게 되고 앤의 광기는 극에 달한다. 폴은 식칼을 숨기는 등 앤에게 대항하려고 하지만, 그 전에 앤에게 모든 것이 들통이 났고 앤은 폴이 도망가지 못하게 만들겠다며 멀쩡한 발목을 해머로 부러뜨리는 만행을 저지른다. 폴은 몰래 숨겨 모은 진통제들을 앤에게 잔뜩 먹인 후 탈출을 계획하는데 앤이 약을 탄 술을 엎지른 바람에 무산된다. 폴은 어쩌면 자신이 살해당할지도 모른다는 두려움에 휩싸인다. 몰래 방에서 빠져나온 폴은 앤의 스크랩북을 보게 되는데 앤의 정체가, 드래곤 레이디라는 별명으로 불리던 연쇄 영아 살해범이라는 사실을 알게 된다. 폴은 앤이 작품의 결말에 집착한다는 점을 역이용하여 소설을 탈고한 직후, 갑자기 난로에 넣어서 불태워 버리고, 이를 막으려는 앤의 빈틈을 노려 공격한다. 처절한 싸움 끝에 폴은 총상을 입지만 가까스로 앤을 죽이고 탈출하는 데 성공한다. 이제 폴은 지독한 앤으로부터 벗어나게 된다.

뉴욕에 돌아온 폴은 죽음의 위기 속에서 쓴 작품 미저리를 발표하여 폭발적인 반응을 얻었지만 앤이 과도하게 복용시킨 진통제에 의한 중독 증상에 괴로워한다. 시간이 지나고 지옥에서 무사히 탈출한 폴은 훗날 많은 시간이 흘렀음에도 여전히 트라우마의 후유증이 남는다.

2. 교류분석으로 바라보기

1) 주요 개념

(1) 자아상태 분석(ego state analysis)

앤은 교통사고를 당해 죽음에 이르는 폴을 살려내고 폴이 미져리를 쓰는 동안은 전폭적인 도움과 부모처럼 돌보는 P 자아, 폴에게 미져리를 살려내라고 강요하고 협박하는 비판적 P 자아에 놓여있다. 앤의 P 자아 안의 슬로건은 폴에게 공격하거나 지배하는 것이 마치 A 자아의 정당성을 부여하는 것, 즉 '내가 옳은 일을 하고 있다'이다. 이를 P에 의해 A 자아가 오염되었다고 한다. 이와 같이 P에 의해 오염되어 있는 A 자아를 사용하면 자신의 편견을 정당화시켜 줄 수 있는 정보만 받아들인다. 앤은 타인들은 모두 위험하거나 신뢰할 수 없다는 편견이 있을 수 있다. 앤의 A 자아는 생명 부여와 파멸로 이르는 P 자아에 의해 오염되어 있다. 생존을 위해 앤은 온통 머리로만 반응하며 냉담과 광기 어린 집착적인 모습으로 나타내고 있다. 앤의 C 자아 배제로는 어린 시절 학대와 방임으로 버림받음, 내쳐짐의 트라우마로 인해 어린 시절의 기억을 회상할 수 없고 기억 저편에 꾹꾹 묻어버린다. 자신을 지키기 위해 C 자아를 '배제'하면서 C 자아가 자유롭게 활성화되지 못했을 것이다. 앤에게는 어린 시절 자신이 소중하고 창의적인 생각, 감정을 표현할 수 있는 양육적이고 지지적인 C 자아 활성화가 필요하다고 본다. 자아상태 구조분석은 ▌그림 6-1▌과 같다.

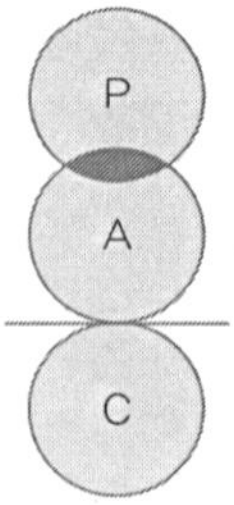

P 자아 오염(편견)
폴을 비난하거나 통제하고 폭력적인 행동
"당신은 여기서 빠져나가지 못해"
"내가 죽으면, 너도 죽어", "당신이 미저리를 죽였어!"
A 자아 정당화
앤은 미저리를 자신과 동일시하는 정당화 '분노'
"미저리를 살려내, 그리고 후속편을 써라"
"나는 당신의 모든 것을 사랑해", "미저리가 살아났어"
C 자아 배제
세상은 안전하지 않아, 타인은 신뢰할 수 없다. '두려움'
자신을 지키기 위해 C 자아를 '배제'한다.

┃그림 6-1┃ 뛰어난 회의론자(편집성 성격적응) 유형의 성격구조

(2) 각본분석(script analysis)

① 부모명령

부모의 P 자아에서 어린 앤의 P 자아로 전해지는 부모명령으로는 '완벽하라', '강하라'의 메시지를 받았을 것이다. 앤은 아동학대의 피해자로 부모로부터 보호받거나 환영받은 존재에 대해 돌봄의 경험이 결핍되어 스스로 살아남아야 했을 것이다. 부모는 앤에게 때로는 따뜻하고 협조적일 수 있지만 대부분 차갑고 거부적이며 요구적이고 지시적일 수 있다. 어린 앤은 자신이 무언가 좀 더 완벽하게 잘하거나 강하면 부모로부터 사랑받을 수 있을 것이다라는 메시지를 받는다. 따라서 감정에 접촉하기를 거부할 수 있으며 타인에게 분노를 촉발할 수 있을 것이다.

② 프로그램

앤의 프로그램으로는 '파멸로 이르는 길, 곧 죽음도 괜찮다'로 설정하여 마치 전기장치의 온-오프(on-off)처럼 자동화되었을 것이다. 뛰어난 회의론자(편집성 성격적응) 앤의 자기비난적 사고(고정관념을 가지고 타인을 의심하는)는 다른 사람이 자신을 비난한다는 신념으로 변형된다. 앤은 다른 사람을 적대적이라고 봄으로써 자신의 위협감을 정당화하려고 한다. 성인이 된 앤은 폴의 소설에 푹 빠져 소설 속 세계로 도피하며 타인에게 폭력적인 행동과 살인을 일삼게 된다. 앤은 자신이 버려지는 또는 내쳐지는 관계의 경험으로 두려움이 매우 커서 자신의 감정을 극도로 억압하며 타인을 신뢰하기 어렵게 된다. 영화 속 앤이 폴에게 이야기하는 장면이다. 영화에서도 앤은 홀로 산속에서 살면서 대인관계를 차단한다.

③ 금지명령

앤의 신화(Myth)로는 '나는 당신을 감정적으로 기분 나쁘게 할 수 있다'는 것을 알 수 있다. 어머니는 앤이 태어나는 해에 죽었고, 아버지는 앤을 학대하고 방임했다고 한다. 앤은 어린시절 세상에 대하여 신뢰할 수 없었을 것이며, 외롭고 불행한 삶을 살았을 것이다. 당연히 대인관계도 어렵고, 타인에 대한 불신감도 매우 커서 고립된 생활을 했을 것으로 보인다. 앤의 부모의 C 자아에서 어린 앤의 C 자아로 전해지는 금지명령은 '너 자신으로 존재하면 안 된다', '타인을 신뢰하지 마라', '감정을 느끼지 마', '친밀해서는 안 돼' 등이 있다. 앤의 각본분석은 다음 ▌그림 6-2▐ 와 같다.

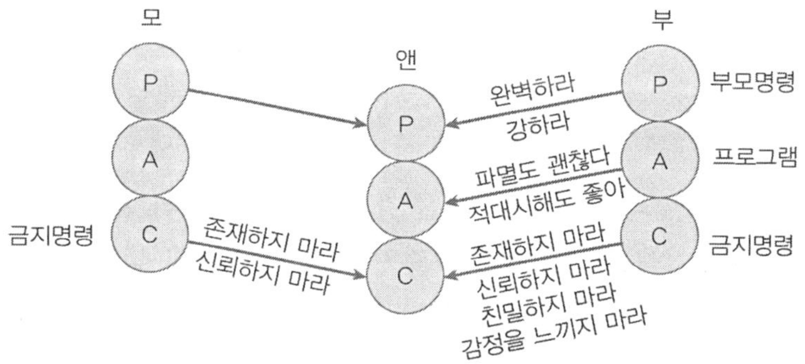

▌그림 6-2▐ 앤의 각본분석

(3) 라켓시스템 분석(racket system analysis)

앤은 어린 시절, 어머니의 사망과 아버지의 학대로 각본신념인 자신의 신념은 '나는 존재해서는 안 된다', '나는 사랑받지 못한다'로 설명될 수 있다. 앤은 자신이 태어나서 어머니가 죽게 되었다는 C 자아의 판타지와 아버지로부터 따뜻한 돌봄의 부재 및 학대피해로 어린아이가 감내하기 어려운 환경으로 나는 존재해서도 안 되고, 사랑받을 수 없는 가치 없는 사람이라는 신념을 갖는다. 결국 자신은 고통 속에 죽게 될 것이라는 환상을 가질 수 있다.

타인에 대한 신념으로는 '타인을 신뢰할 수 없다'로 영화에서 앤은 폴에 대한 지나친 불신과 의심을 하며 폴이 자신을 속이거나 배신할 것이라고 믿으며 폴을 감시하고 통제한다. 또한 폴의 친절한 행동을 숨겨진 의도로 해석하며, 자신에게 칭찬이나 감사를 표현하는 것은 자신을 속이려는 계략이라고 한다. 앤은 자신의 생각에 반하는 폴을 자신의 적이라고 생각하고, 폴을 죽이거나 해치려고 한다. 세상은 전쟁터이며 안전하지 않아, 살고 죽는 것에 집착한다. 억압된 감정으로는 두려움이다. 각본신념과 억압된 감정은 마치 바턴을 주고받듯이 서로 영향을 준다. 어머니의 사망은 어린 앤에게 유기의 두려움이며 아버지의 학대는 심리적 고통과 또다시 버려질 수 있다는 불안감의 고통이었을 것이다. 앤은 폴의 소설세계와 미져리라는 주인공에 대해 환상을 품고 있다. 앤은 폴을 자신의 소유물로 여기며, 폴을 통해 자신의 욕구와 환상을 충족시키려 한다. 앤은 미져리 시리즈에 집착하고 미져리에 집착하며 자신의 삶과 동일시한다. 앤은 미져리가 위협받으면 자신의 존재도 위협받는다는 현실과 상상의 경계를 벗어나는 것으로 나타난다. 앤의 이상행동은 폴의 생명을 구해주는 생명부여와 폴을 작가로서 성장보다는 파멸의 이중적 이미지를 가진다. 앤은 자신의 삶에 불만족스럽고, 현실을 부정하고, 환상에 빠져있으며 폴을 이용하여 자신의 삶을 채우려고 한다.

영화 〈미져리〉에서 앤은 자신의 삶과 스스로에 대한 불만족스러움과 심리적 결핍감으로 공허감을 채우기 위해 폴에게 정서적으로 집착하거나 또는 몰두함으로써 자신의 행동이나 상태를 스스로 통제할 수 없는 관계집착적인 모습을 볼 수 있다. 한편 앤은 본인을 대단한 사람으로 착각을 한다. 예를 들면, "이런 대접을 받다니 꿈만 같아요", "〈미져리〉를 완성시키기 위해 신이 폴을 나에게로 보냈다", "신께 기도하여 응답받았다", "그가 갈 길을 네가 보여줘라" 등이다. 이런 대사를 살펴보면 마치 자신이 신과 직접 대화를 하는 능력이 있는 사람이라고 생각한다. 그리고 베스트셀러 작가인 폴이 자신과 함께하고 있다는 것을 자신을 향한 사랑 때문으로 여긴다.

라켓시스템은 ❙그림 6-3❙과 같다.

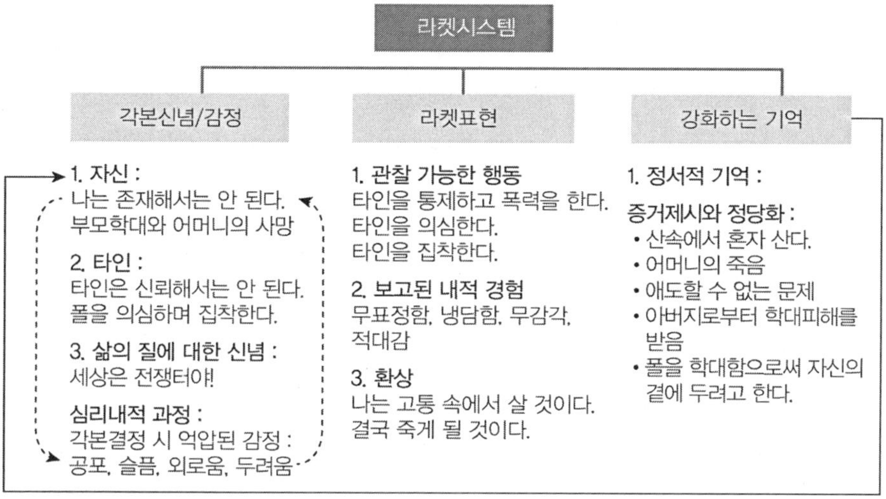

❙그림 6-3❙ 앤의 라켓시스템 분석

(4) 게임분석(game analysis) 및 드라마삼각형

① 게임분석

'딱 걸렸어, 이 녀석'

뛰어난 회의론자(편집성 성격적응) 앤은 예리한 사고의 소유자로 세세한 부분에 치밀한 주의를 기울인다. 모든 상황에서, 무엇이 일어나고 있는지를 주의 깊게 살피는 것을 좋아한다. 미묘한 부분을 탐지하기 위해 늘 안테나를 세우고 있다. 이들은 끝까지 임무를 잘 처리하는 재능을 보여준다.

앤은 극도의 경계심과 타인을 용서할 수 없는 사고로 언제나 의심하며 자신의 신념을 밀어붙인다. 영화 속 두 사람 사이의 끊임없는 심리 게임은 '딱 걸렸어, 이 녀석'이다. 앤은 폴이 어떻게 해서 방 밖으로 나갔는지 궁금해하지만 다시금 자신이 문을 열어두고 나갈 수도 있다고 생각하면서도 한편 폴을 의심하기 시작한다. 앤은 여전히 방문의 열쇠를 폴이 가지고 있는지를 확인하려고 감시하며 폴이 자신에게서 탈출하려고 한다는 의심을 하지만 드러내지는 않는다. 앤이 문을 열었을 때 자물쇠 안에서 뭔가 덜그덕거리는 소리를 들었지만 폴이 조작했다는 확신이 들 때까지는 과잉 반응을 하지 않겠다는 치밀한 생각을 한다. 왜냐하면 폴이 몰래 집안을 돌아다닌다면 앤이 폴을 의심하고 있다는 사실을 눈치채지 못하게 하고 싶었다. 이번에도 자신의 물건들이 휘저어졌다는 느낌을 받았지만 자신이 아무것도 움직이지 않았다는 것을 확신할 수 없었기 때문에 아직 아무 말도 하지 않기로 결정한다. 앤은 폴이 계속해서 부주의하고 더 많은 증거를 남겨두고 있지만 언젠가 몰래 빠져나갈 가능성을 없애기 위해 이를 비밀로 유지하는 것이 더 나을 것이라 판단한다.

앤처럼 자의식이 과다한 사람은 스스로 현실과 이상 사이에 괴리가 생길 때 문제가 발생한다. 폴이 집안 이곳저곳에서 앤의 흔적들을 살펴보는 중 앤의 차 소리를 듣고 황급히 자신의 방으로 들어가려고 허둥댄다. 허둥대는 바람에 응접실에 있던 도자기 인형 중 펭귄 피규어가 떨어지는 찰나에 폴이 잡아서 그대로 제자리에 두는 장면이 연출된다. 앤은 자신이 설정한 기준에서 조금만 벗어나도 강한 불안감을 느끼며 강박증에 시달리는 것이다. 강박적인 행동에서 오히려 편안함을 느낀다. 예를 들면, "폴 당신이 만졌죠", "내 도자기 펭귄은 항상 남쪽을 보고 있어요" 앤은 피규어 중 하나가 옮겨진 것을 발견하며 폴에 대한 의심은 다시 고조된다.

폴과 앤의 전투게임은 체스의 정신 게임이다. 폴과 앤이 서로의 머릿속으로 들어가 상대방이 무슨 생각을 하는지 알아내려고 노력하는 장면이 많다는 것이다. 앤의 움직임이 폴이 노브릴(Noveryl)에 중독되어 앤이 필요하도록 만드는 것이라면, 그의 반대 움직임은 앤이 폴의 미저리와 동일시하여 글에 중독되어 앤도 폴을 필요로 하는 것이었다. 아마도 캐릭터 중 한 명이 죽지 않는다면 앤은 폴의 속임수가 자신을 따라가지 못할 것이라고 설명한다. 소설 속의 미저리를 동경하며 미저리와 자신을 동일시한 앤은 작품 속 미저리를 죽인 폴에게 더욱 분노하게 되었을 것이다. 앤은 분노를 주체하지 못하는 격렬한 모습으로 폴을 위협한다. 불안정한 대인관계의 양상을 보인다. 예를 들면, "내가 죽으면 너도 죽어", "난 미저리를 원해", "당신이 미저리를 죽였어!"

② 드라마삼각형

앤의 드라마삼각형 분석은 다음과 같다. 앤은 희생자를 찾아 공격하는 박해자의 역할이다. 앤의 강박적인 부정적인 사고는 언제나 우울하고 희망이 없음으로 끝을 맺는다. 앤은 자신의 행복과 삶의 의미를 미져리라는 소설의 주인공에게 의존한다. 편집성 성격유형은 경계성 성격장애(DSM-5)의 대표적인 특징이다. 감정 기복이 심하고 대인관계의 어려움으로 자신과 타인에 대한 평가가 극과 극이 되고 최고의 사람, 최악의 사람으로 평가하기도 한다. 대상에 대하여 애증의 극단을 오가는 평가적인 태도는 경계성 성격장애로 볼 수 있을 것이다.

다음은 앤이 폴에게 하는 대사이다. "폴, 당신은 멋진 시인이에요"(구원자), 당신은 놀라운 사람이에요"(구원자), 화를 내며 경멸하며 "늙은이 같은 사람이에요"(박해자), "누군가 올 것이라고 기대하지 마"(박해자)의 모습이 나타나며, 폴에게 "당신은 나를 배신했어"라며 희생자의 역할을 보여준다. 한편 앤의 희생자 역할은 자신이 폴의 소설을 인정하지 않으면서, 폴이 자신의 기대에 부응하지 않고 자신을 무시하고 욕구를 충족시키지 않는다고 느낀다. 앤은 폴을 구속하고 정신을 지배하고 조종하기 위해 폴에게 노브릴이라는 약을 과다복용시키는 박해자의 역할이다. 진통제인 노브릴은 처음에는 폴의 아픔을 완화시켜 주지만 점점 필요 이상으로 투약됨으로써 폴을 중독시킨다.

앤은 폴의 소설 미져리에 강한 애착을 가진다. 그러나 폴이 앤의 기대에 부응하지 못하거나, 탈출을 시도하면, 폭력적이고 이상행동을 보인다. 어린 시절 가정폭력 피해 및 남편과 아이를 잃었다는 과거의 트라우마가 있다. 이러한 경험들로 인해 앤은 친밀한 관계를 갖고 싶어 하지만, 동시에 상대방을 믿지 못하고, 자신의 감정을 통제할 수 없어 타인에게 상처와 파국적인 상황으로 이끈다. 앤은 자신이 폴을 납치하고 고문하는 것이 정당하다고 생각하며, 자신의 책임을 회피하고 폴에게 강제로 미져리를 살리는 소설을 쓰게 한다. 또한 폴의 의견이나 권리를 존중하지 않고 비난하고 협박한다.

마지막, 구원자의 역할이다. 폴의 생명을 구하고 음식을 제공하고 보살피는 행동이다. "내가 당신을 살려준 건 이유가 있어. 영원히 함께하고 싶었지. 그래서 당신의 생명을 구하고 당신을 먹이고 입혔어." 그리고 앤은 폴의 속임수가 자신을 따라가지 못할 것이라고 설명한다. 폴에게 몇 번이나 방을 나갔는지 묻는다. 폴은 3번이라고 말하지만 앤은 그 이상이라고 믿는다. 앤은 말한다. "내 생각엔 당신 같은 놈들은 살기 위해 거짓말을 하는 데 너무 익숙해져서 현실에서도 거짓말을 멈출 수 없을 것 같아", "하지만 괜찮아 폴. 일곱 번, 일흔 번이라도 오히려 죄를 용서해 주는 하나님의 영원한 용서에 대한 믿음을 가지고 있어"라고 한다. 자신이 폴을 구했기 때문에 선한 사마리아인이라고 착각하고 있는 것이다.

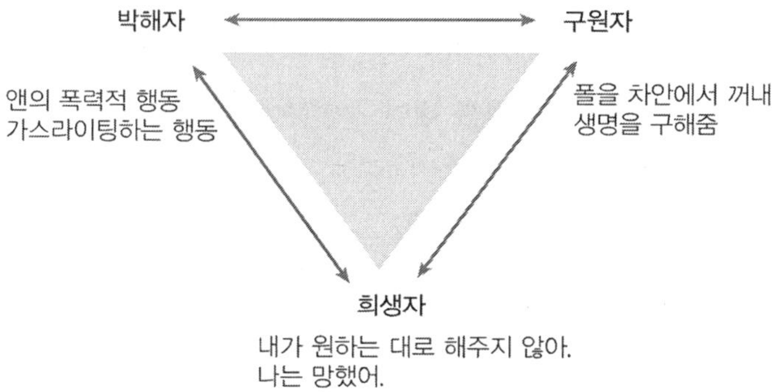

| 그림 6-4 | 드라마삼각형

(5) 인생태도(life position)

토마스 해리스(Tomas Harris)의 편집성 성격유형으로 I'm OK, You're not OK의 관점에서 분석하고자 한다. 자기긍정-타인부정의 영역에 있는 앤은 자신에 대한 '경직'된 경계, 즉 '나는 절대적으로 옳다'를 가진다. 앤은 새로운 정보를 받아들이거나 자신을 수정하는 것을 어려워한다. 타인을 '부정(Not OK)'하기 때문에 점차로 자신과 타인 사이에 견고한 경계를 가지고 있다. 앤은 전남편에 대해 집착보다 오히려 자신의 또 다른 진정한 사랑인 소설에 집중한다. 앤의 집착은 불행에서 폴 셀던에게로 바뀌었고 앤은 사람들이 마약이나 알코올 중독이 된 것처럼 관계에 의존한다. 앤은 유명인 작가와 서로 사랑에 빠졌고, 그런 자신에게 능력이 있다고 믿는다(I'm OK), 앤은 fast cars의 원고 40페이지를 읽고 비판한다. 앤은 폴이 자신이 쓰기를 바라는 소설 유형에서 벗어나고 있다는 사실에 화가 났다. 앤은 자신이 작가 폴보다 더 잘 안다고 생각하고 작가인 폴에게 자신이 원하는 스토리를 강요한다(You're not OK). 또한 앤의 자신의 정체성과 자아상태는 불안하고 혼란스럽고, 분노하며 자신의 의견과 판단에 고집스럽고 완고하다. 이러한 인지적 문제들은 앤의 편집성 성격을 강화시켰을 것이다. 앤의 인생태도는 ❙그림 6-5❙와 같다.

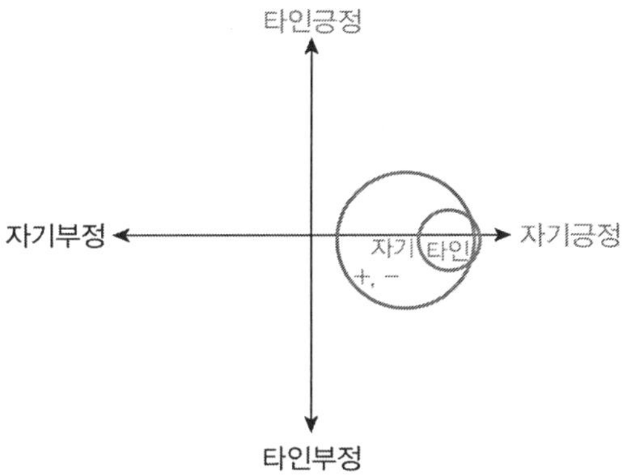

❙그림 6-5❙ 앤의 인생태도

(6) 디스카운트(discount)

앤은 상황의 중요성을 디스카운트 하며 상황을 개선하고 변화하는 것을 회피한다. 앤은 자신과 폴이 위험하고 비정상적이라는 것을 인식하지 않고, 자신의 생각을 강요하고 통제한다. 앤은 자신의 행동이 폴에게 큰 고통과 공포를 안겨주고, 앤 자신에게도 부정적인 삶의 영향을 미친다는 것을 무시한다. 결국 자신의 능력과 폴의 능력을 디스카운트 한다. 예를 들면, 자신의 행동에 대해 합리화하거나 변명하며, 죄책감이나 반성이 없다.

(7) 시간의 구조화(time structuring)

앤의 시간의 구조화는 '폐쇄'와 간혹 '친밀'의 시간을 보낸다. 첫째, 폐쇄이다. 앤은 대부분 폐쇄의 방식으로 타인과의 접촉을 회피하고, 자신의 환상 속에서 살아간다. 앤은 이분법적 사고와 자신을 나쁜 사람으로 간주하여 자신이 살 자격이 없다고 생각하며 타인과의 관계를 철회한다. 둘째, 친밀이다. 앤은 폴에게 자신의 과거를 털어놓으며, 폴에게 동정을 구하고자 한다. 그리고 폴에게 음식이나 약을 제공하며 그를 돕는 척한다. 또한 앤은 폴이 자신을 사랑하고 이해해 줄 것이라고 기대하며, 폴을 자신에게 의존하게 하려고 한다. 앤의 친밀은 진정한 상호 존중과 신뢰에 기반하지 않고 자신의 욕구를 충족시키기 위한 수단에 불과하다고 볼 수 있다.

2) 성격적응 유형 분석

(1) 드라이버

① 드라이버에 의한 의사소통 방식

㉠ 주요 드라이버 '완벽하라'와 '강하라'

뛰어난 회의론자(편집성 성격적응)는 자신을 돌보기 위해 주의를 기울인 것보다 훨씬 더 많은 자극에 주의를 기울이는 법을 배운다. 편집성 성격적응 유형의 긍정적인 측면은 매우 똑똑하고 예리하며 세밀한 사고가로서 일을 처리하는 방법에 대해 조심스럽고 정확하다고 볼 수 있다. 사람들의 변화를 돕는 가장 효과적인 방법은 그들이 성인의 삶에 반응하여 어린 시절의 행동을 어떻게 적응시키는지 이해하는 것이다(Joines, 2022).

앤의 주요 드라이버는 '완벽하라'와 '강하라'이다. 앤은 어린아이의 환상, 즉 버림받음에 대한 공포 속에 살아갔을 것으로 보인다. 앤의 생존본능은 감정을 억제하며 완벽하고 강하게 살아내야 하는 주요 드라이버를 가질 수 있을 것이다. 성격적 특질은 경직된 사고, 투사 행동적 표현은 의심하고, 질투하는, 시기하는 방식이 될 수 있다. 영화 〈미저리〉에서 앤은 표현이 없거나 표정이 없는 폐쇄적인 태도를 보인다. 걷는 모습에서도 다소 경직된 자세로 '강하라'의 메시지를 읽을 수 있다.

앤의 편집성 성격적응 유형의 '완벽하라'(=강하라) 드라이버에 의한 의사소통 방식은 다음과 같은 특징을 보인다. 자신의 사고와 판단은 완벽하다. 따라서 고집스럽고 완고하며, 타인의 의견이나 사실을 인정하지 않는다. 폴이 쓴 미저리 시리즈의 마지막 책에서 주인공 미저리가 죽는 것을 받아들이지 못하고 폴에게 새로운 책을 쓰라고 강요한다. 타인에게 과도한 집착과 애정을 표현하면서도, 상황에 따라 적대적이고 폭력적인 수동적 행동을 보인다. 폴에게 자신이 넘버원 팬이라고 말하면서도, 폴이 탈출을 시도하거나 자신의 기대에 어긋나는 행동을 하면 폴을 학대하거나 협박한다. 폴의 다리를 둔기로 내려쳐서 부러뜨리는 잔인한 행위를 하면서도, 그것이 폴의 잘못이라고 주장한다. 이러한 경험들은 앤의 정서적인 상처와 사회적 고립으로 대인관계에서 철회(withdrawing)를 결정한다. 철회는 낮은 긍정적 정서성과 사회적 이탈 및 정서적 회복력의 결여를 반영한다. 에너지 수준이나 즐거움을 느끼는 능력의 저하, 사회적 어색함/ 불편감을 나타내기도 한다.

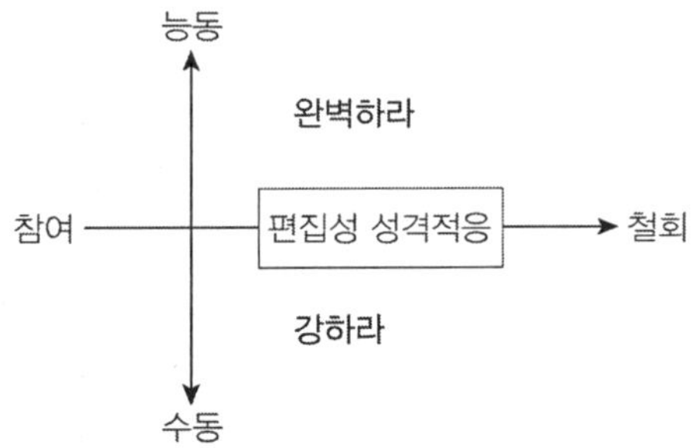

❙그림 6-6❙ 앤의 드라이버와 성격적응과의 관계

ⓛ 드라이버 행동에 의한 접촉

타인과의 접촉방식과 의사소통의 시발점은 '완벽하라' 및 '강하라' 드라이버의 작동이다. 편집성 성격적응의 'C 자아'의 신념인 '나는 완벽히 통제하고 강해야 한다'의 사고를 지닌다. 개방문은 생각을 말하는 것이다. 앤의 표적문(Target Door)은 자신이 안전하다는 느낌을 가지면 접근이 가능해진다고 하였다. 앤은 자신의 편집적인 성향으로 상처받기 쉬운 마음을 방어하기 위해서 사람들과의 거리를 둔다. 앤의 '감정'이 표적문(Target Door)이지만 영화에서는 두려움은 억압된 상태로 나타난다. 함정문(Trap Door)의 앤의 행동은 생존을 위해 어렸을 때 얼마나 조심해야 했는지에 대한 방어이다. 완벽하고 강해야 하며, 어린애 같거나 장난스럽지 않게 행동해야만 한다. 비판을 수치심과 굴욕감으로 동일시할 수 있다. 웨어가 제시한 문을 설명하면 <표 6-1>과 같다.

<표 6-1> 앤의 심리치료 접근 방식

성격적응	첫 번째 드라이버	두 번째 드라이버	개방문	표적문	함정문
편집성	강하라	완벽하라	사고	감정	행동

출처 : Ware, P.(1983). Personality Adaptations : (Doors to Therapy). Transactional Analysis Journal, 13(1), 11-19.

ⓒ 의사소통 방식

편집성 성격적응의 앤의 문제해결 방식은 수동 및 중립적이며 폴과의 관계는 철회(withdrawing)로 볼 수 있다(박종삼, 1999). 드라이버에 따른 웨어 이론과 초기 의사소통 방식으로는 개방문(사고), 표적문(감정), 함정문(행동)이며 의사소통 방식은 '요구하는'으로 나타난다. 줄리 헤이(Julie Hay, 2013)에 따르면, 개방문의 '사고'는 편집성 성격적응 유형의 사람들은 완벽하고 강하기를 기대하는 엄격한 부모, 폭력적인 부모에 의해 오염된 사고이다. 부모로부터 A 자아의 오염을 제거하고 안전함과 신뢰할 수 있다는 상황에 대해 따뜻한 '허가(permission)'가 필요하다. 앤은 상황이 언제나 위험할 수 있다고 보고 타인을 경계하는 것을 정당화할 수 있는 증거를 찾는다. 앤은 돌아온 미저리의 작품을 쓰게 폴을 강요하며

"완벽한 미저리를 집필해요"라며 저질 원고를 태웠으니 이제 새로운 원고를 써야 한다고 말한다. 앤은 자신이 생명의 은인이며 많은 사람들은 자신을 부러워할 것이라고 폴에게 말한다. 최고의 작품을 쓰라고, 예전처럼 명작을 쓰라고 요구(지시)한다. ▌그림 6-7▌과 같다.

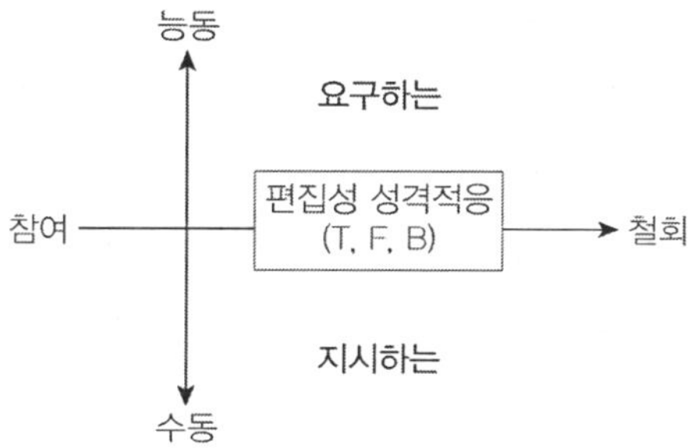

▌그림 6-7▌ 앤의 의사소통 방식

㉣ 사분할도

토니 화이트(Toney White, 2005)에 따르면 편집성 성격적응 유형의 '생존 결정'은 세상은 적대적이니 누구도 믿지 말고 살아가야 한다고 하였다. 따라서 화를 내고 공격함으로써 비판적, 통제적 부모 자아(CP)가 일반적으로 높다고 한다. 관계에서 앤을 살펴보면 통제적이고 우월한 위치를 차지하게 된다.

사고로 적응하는 방식으로 앤의 지시문은 "나는 실수하지 않아야 한다", "나는 완벽하게 해야 한다"로, 자신이 지시문처럼 하지 않으면 자신에게 나쁜 일이 일어날 것만 같다고 생각하여 지나치게 사고하며 완벽한 결과를 얻기 위해 집착할 수 있다. 불신과 의심을 품고 있으며 그럴 때 자신의 두려움을 피할 수 있다. 앤의 '강하라' 드라이버는 C 자아의 '배제'를 이끈다. 그래서 앤은 폴이 자신을 떠나는 것에 불안을 느끼지만 드러내지 않고 반대로 공격하게 된다.

앤의 상호작용 측면에서는 자신의 판단대로 행동하며 '사고(thinking)' 영역으로 이끈다. 초기 관계 맺는 방법에 따라 타인에게 먼저 접근하는

'능동'과 타인이 다가오기를 기다리는 '수동'이 있다. 또한 대집단에 속하기보다 한두 사람의 관계 설정을 '철회(withdrawing)'로 한다.

C 자아상태의 배제에 대해 토니 화이트(Tony White, 2005)는, C 자아는 세상에 대한 신뢰를 포함하여 '자기돌봄'이 필요하다고 보고하였다. 좋은 대인관계 기술이 없는 앤은 실제로 매우 어려운 캐릭터이다. 유명한 작가를 자신만이 소유하고 통제할 수 있다는 생각에 자신의 욕구를 강제한다고 볼 수 있다. 실제 자신이 옳다고 생각하기 때문에 당신이 그들의 생각에 동의하지 않으면 전문상담사도 적으로 볼 수 있다. 왜냐하면 거절에 매우 민감하기 때문이다. 다음 ▌그림 6-8▌과 같다.

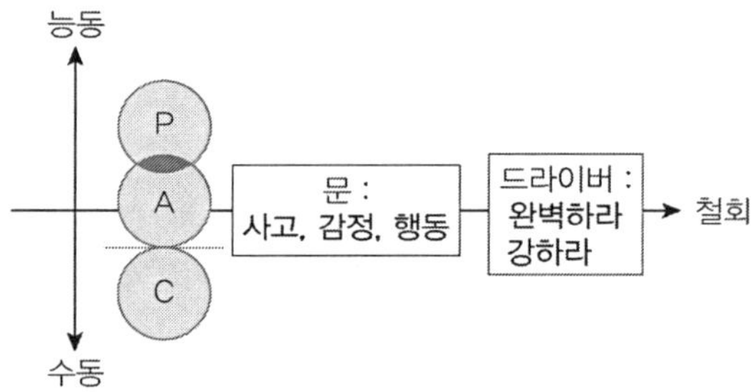

▌그림 6-8▌ 앤의 편집성 성격적응 사분할도

뛰어난 회의론자(편집성 성격적응)의 성격구조는 앤은 C 자아를 배제하고 이를 제거하려 한다. 타인을 '벽'으로 밀어넣어 친밀감을 저해하고 애착을 두려워한다. 앤이 '완벽하라'의 드라이버로 들어가면 어떤 방식으로든 자신에게 해를 끼칠까 봐 강박적으로 타인을 경계하게 된다. 이때 가장 중요한 감정은 '두려움'이다. 앤은 두려움을 직면할 필요가 있지만 현재는 어려움이 있다. 앤은 앤의 C 자아를 '배제'하는 대신 지지와 보호(NP, FC)를 요구할 수 있다고 예측해 본다. 영화에서는 앤의 강박적인 태도를 강조한다. 11살 어린 시절 앤은 자신은 살 자격이 없다고 생각했다. 이는 앤이 '생존적응(survival adaptation)'을 어떻게 해야 하는지 보여준다. 앤의 성격적응의 형성에 있어 금지명령은 어린아이가 되지 마라, 친밀하지 마라, 감정을 느끼지 마라, 소속되지 마라, 즐기지 마라이고 부모명령은 완벽하라, 강하라이다. 아마도 앤은 C 자아에서 과잉반응을 하고 있는 것으로 판단되고 억압된 감정 '두려움'에 기인한 것으로 보인다.

앤의 의사소통 방식은 '요구하는', '지시하는'으로 부정적이고 파괴적인 행동을 요구하거나 지시한다. 요구하는 의사소통 방식을 사용한다는 것은 타인에게 어떤 것을 물어보거나 행동, 사고 및 감정을 탐색하는 것을 의미한다. 세상은 여전히 안전하지 못하고 신뢰할 수 없다라고 사고한다. 질문이나 탐색을 통해 '지금 – 여기'에서의 반응을 이끌어 내는 것이다. 즉, 어른 자아의 행동을 사용하는 것이다. 드라이버와 의사소통 유형, 접촉문 등을 표로 정리하면 다음 〈표 6–2〉와 같다.

〈표 6-2〉 앤의 드라이버, 웨어이론과 의사소통 방식

성격구조	성격적응	드라이버	금지명령	웨어 이론	선호하는 의사소통방식
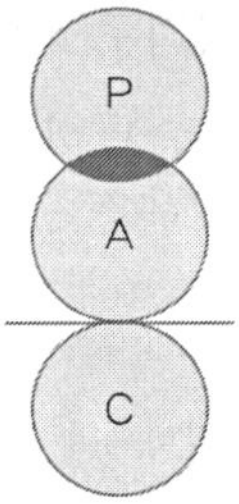	뛰어난 회의론자 (편집성 성격적응)	완벽하라 =강하라	어린아이가 되지 마라 친밀하지 마라 감정을 느끼지 마라 소속되지 마라 즐기지 마라	T, F, B 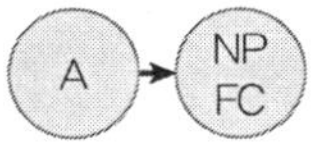	요구하는 지시하는

출처 : Ware, P.(1983). Personality Adaptations : (Doors to Therapy). Transactional Analysis Journal, 13(1), 11-19.

② 편집성 성격적응과 사분할도의 구조적 다이어그램

영화 〈미져리〉는 편집성 성격적응 유형의 문제를 작가 자신을 투영한 '앤' 그리고 약물을 투사한 '미져리'에 대하여 보여주는 작품이다. 스티브 킹은 자신의 좌절에 대해 회피하고 작가로서의 작품에 대한 집착에 대하여 앤(약물중독)을 사망하게 하고 죽음과 삶의 양극에서 삶을 선택하며 자신을 극복하고 막을 내린다. 〈미져리〉에서 폴은 자기를 추구하려는 시도를 하며, 앤의 죽음 이후 폴의 생존과 자유를 의미한다. 앤의 죽음은 그동안 살인과 범죄에 대한 응징이기도 한다. 앤의 편집성 성격은 결국 그녀를 파멸로 이끌었다. 죽은 앤이 떠오르는 것은 폴이 자신과의 심리적인 전투를 이기고 개별화로 향하는 과정이라고 분석된다.

앤은 C 자아의 부정과 배제로 폴에게 방어적이며 지배적이고 보호적인 부모역할 P 자아에 놓여있다. 앤은 폴에게 거짓말을 하거나, 협박을 하거나 놀리거나, 비하하는 등의 방식으로 의사소통한다. 앤은 폴을 자신의 소유물로 여기고 그를 통제하고 자유를 박탈하고 지시적이면서 요구적이다. 이러한 교류는 폴의 자유와 창의성을 억압한다. 앤의 인생태도는 자기긍정－타인부정 영역으로 앤 자신이 절대적으로 옳다라고 사고한다. 타인을 부정하기 때문에 점차로 타인과 자신 사이의 견고한 경계를 가지며 결국은 타인과의 친밀감을 나누기 어렵고 고립된다.

앤에게 상담 및 치료할 수 있다면 타인에게 가까이 다가가도 안전하다는 것을 인식하고 타인에 대한 신뢰할 수 있는 경험이 매우 필요할 것이다. 성격구조적으로 A 자아를 기반으로 P와 C 자아에 놓여있는 자신에 대한 진정성을 느끼게 경험하는 것이다. 다음 ❙그림 6-9❙와 같다.

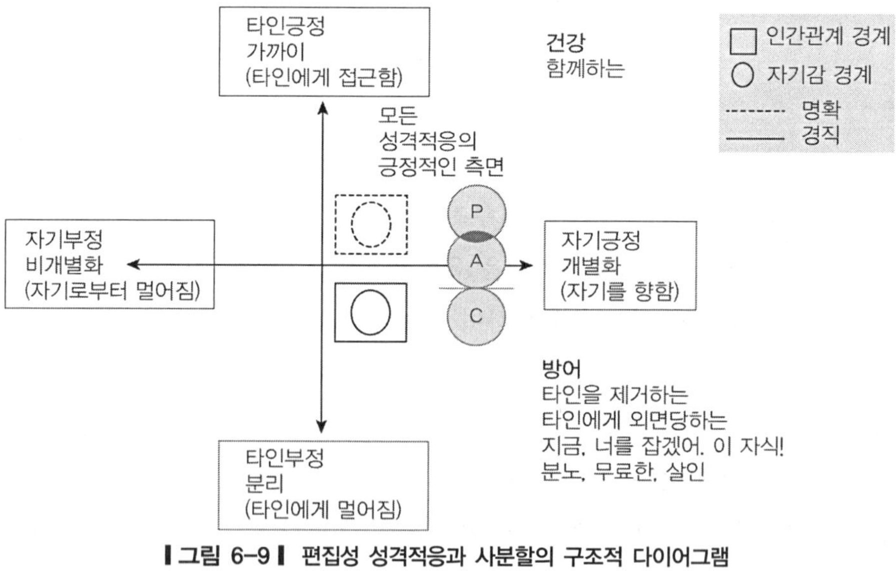

❙그림 6-9❙ 편집성 성격적응과 사분할의 구조적 다이어그램

(2) 과정각본

Untill(~할 때까지)의 좌우명은 "나는 내 일을 끝마칠 때까지는 즐길 수가 없어요" 이다. 영화 속 앤은 미져리의 결말이 자신이 원하는 대로 끝나기 전까지는 안심할 수 없다. 그래서 작가인 폴을 의심하며 자신이 원하는 결말을 이루기 위해 회유하다가도 폭력적 행동을 한다. 앤은 모든 게 자신이 원하는 대로 완벽하게 (드라이버 행동) 작품이 완성될 때까지 "그때까지 살아있어도 돼"라고 이야기한다. 어쩌면 앤의 내면에는 자신이 원하는 것은 결코(Never) 얻을 수 없다는 것을 알 수도 있을 것이다. 대사 중에 "나는 폴 당신이 나를 떠날 것이라는 것을 알고 있다"고 말한다. 과정각본은 〈표 6-3〉과 같다.

〈표 6-3〉 편집성 성격적응 유형 및 과정각본의 특성

과정각본	좌우명	삶의 패턴	드라이버
Until (~할 때까지)	"나는 내 일을 끝마칠 때까지는 즐길 수가 없어요."	불쾌한 것을 완벽하게 끝마칠 때까지는, 유쾌한 것들을 얻을 수 없다.	완벽하라
	'미져리의 결말을 자신이 원하는 대로 끝나기 전까지는 안심할 수 없다'. "그때까지 살아있어도 돼."	'폴을 믿을 수 없어. 경계하고 의심해야 해.'	
Never (결코 ~하지 않는)	"나는 결코 내가 가장 원하는 것을 갖지 못했어요."	결코 출발할 수도 없고 어디에 도착할 수도 없다.	강하라
	"나는 폴 당신이 나를 떠날 것이라는 것을 알고 있다."	"내가 당신을 살려준 건 이유가 있어. 영원히 함께하고 싶어요" "총알 하나는 내 것이고 다른 하나는 당신의 것이에요."	

(3) 다른 성격적응과의 관계

뛰어난 회의론자(편집성 성격적응)가 가장 잘 적응할 수 있는 적응은 책임감 있는 일 중독자이다. 이 두 성격적응의 의사소통 유형은 개방문(open door)인 사고, 표적문(target door)인 감정 그리고 함정문(trap door)인 행동이 같다. 뛰어난 회의론자가 가장 어려워하는 적응은 반대쪽 개방문과 함정문을 가진 매력적 조작자와 유희적 반항자이다. 뛰어난 회의론자는 모든 규칙을 따르는 반면, 매력적 조작자와 유희적 반항자는 모든 규칙을 어긴다(V. Joines, 2023).

07 CHAPTER 매력적 조작자(반사회성 성격적응)

1. 영화 제목 : 똥파리

1) 영화정보

개봉일	2009. 4. 16.
제작국가 및 감독	대한민국. 양익준
출연배우(주인공)	양익준(상훈 역), 김꽃비(연희 역), 이환(영재 역)
등급 및 상영시간	청소년 관람불가 / 130분
상담 주요 키워드	반사회성 성격장애, 개인 상담, 집단 상담

2) 영화 줄거리

용역 깡패 상훈은 어린 시절 가족에게 받은 상처(난폭한 아버지에 의한 부부싸움을 말리다가 여동생이 칼에 찔려 병원으로 이송되었고, 그때 어머니는 따라가다가 교통사고로 사망하게 됨. 여동생의 죽음으로 아버지는 교도소에서 15년을 지내게 됨)를 안고 거칠게 살아왔다. 어느 날, 길에서 연희라는 여고생과 시비가 붙었는데 주눅이 들지 않고 맞서 싸우는 모습에 호기심과 동질감을 느끼며 서서히 가까워진다. 연희는 남동생과 함께 가난한 환경에서 PTSD인 아버지의 폭력에 시달리며 상훈과 비슷한 상처를 안고 살아가고 있다. 상훈과 연희는 서로의 상처를 이해하고 위로하며, 공감하게 된다. 그들은 서로의 존재를 통해 상처를 치유하고 새 삶을 살아갈 수 있겠다는 희망을 가진다. 자신의 방식대로 삶을 살아가고 있던 상훈은 15년 만에 출소한 아버지를 마주하며 분노가 끓어오르면서 폭력을 가하기도 하고, 생각나면 또 찾아가서 자신의 분노를 쏟아낸다. 하지만 죽음 앞에서는 연을 끊을 수 없는지 아버지를 살리려고 안간힘을 다한다. 상훈에게 배다른 누나가 있고, 누나 또한 이혼해서 유치원생 조카가 있다. 상훈은 조카가 과거 자신의 처지를 떠올리게 하는지 유일하게 관심과 사랑을 주며 그 속에서 보람을 느낀다. 상훈은 용역 깡패로서의 삶을 청산하고 연희와 가족들과 잘 살고 싶은 마음으로 마지막으로 일을 나갔는데 영재(연희 남동생)의 폭력으로 생을 마감한다. 가족들과 연희 그리고 용역에서 함께 일하던 친한 형(사장)은 조카의 유치원 재롱잔치를 보기 위해 모두 모였지만 상훈은 오지 못한다. 상훈이 죽었다는 소식을 듣고 그들은 오열을 하고 상훈의 죽음을 슬퍼한다. 상훈이 그들의 사랑을 받고 점점 나은 삶을 살기 위해 발버둥치지만 죽음이 눈앞에 먼저 와버렸다. 상훈에게 더 나은 삶을 살기 위한 기회를 주지 않았다.

상훈이 좀 더 일찍 자신의 삶을 개척하려고 노력했으면 죽음까지 오지 않았을 것이다. 사회가 상훈에게 자신의 삶을 잘 살 수 있도록 미리 줬어야 했던 것은 무엇일까? 이 영화는 단순히 한 사람의 문제에 그치지 않고 가족과 사회 전체에 영향을 미치고 있다는 것을 적나라하게 보여주고 있다. 가족의 대물림을 막기 위해서 가정과 사회의 관심과 노력이 필요하다. 만약 상훈이 가족을 잃고 부모를 대신할 수 있는 양육자에게 도움을 받았더라면 어떤 삶을 살았을까? 상훈이 이 삶을 선택할 수밖에 없는 것은 대물림도 있겠지만 환경이 더 크다고 보인다. 상훈과 비슷한 처지에 놓여 있었던 사람들은 정말 많을 것이다. 상훈과 같은 삶을 살지 않게 사회와 사회제도가 지금보다 더 많은 개선이 필요하고 더 나아가 이 세상에 있는 많은 사람들이 도울 수 있는 방안들도 반드시 필요하다.

2. 교류분석으로 바라보기

1) 주요 개념

(1) 자아상태 분석(ego state analysis)

매력적 조작자(반사회성 성격적응) 유형의 성격구조는 어른 자아가 어린이 자아상태에 의해 오염되어 있고, 부모 자아상태와는 배제되어 있다(그림 7-1). 이들은 성숙한 어른 자아보다 직관적이고, 창조적인 어린이 자아상태 속에 있는 어른 자아를 통해 생각한다. 이들은 자신의 사고 능력을 문제를 해결하거나 장기간의 안목을 통한 결과물을 산출해 내는 데 쓰기보다, 타인을 속이거나 우습게 만드는 쪽으로 사용한다. 부모의 규칙과 가치는 단지 부모 자신이 얻고자 했던 것이기 때문에, 이들은 부모 자아상태를 배제한다. 어떤 경우에는 매력적 조작자가 부모의 모든 메시지에 대한 신뢰를 가지고 있지 못하다고 여겨, 부모 자아상태의 정보를 배제해야 한다고 약 5~6세 때 결심하는 경우도 있다.

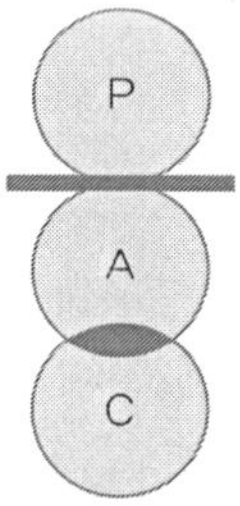

| 그림 7-1 | 매력적 조작자 성격적응 유형의 자아상태 구조분석

상훈은 아버지의 학대와 폭력이 자신을 망친다고 믿기 때문에 부모 자아를 자신의 인생에서 배제하려 한다. 또한 본능과 억압에 의해 합리적이고 논리적인 사고를 할 수 있는 어른 자아를 오염시키게 된다. 상훈은 정서적으로나 경제적으로나 풍족하지 못한 환경에서 자라왔다. 혼자의 힘으로 살아내기 위해 경쟁에서 이겨야 했고, 거칠게 행동하는 것을 배웠다. 상훈은 따뜻하게 돌봄을 받을 가족조차 없었기에 누구를 믿고 의지하지 못한다.

주인공 상훈은 어린 시절 여동생이 부모의 부부싸움을 말리다가 난폭한 아버지의 칼에 찔려 죽게 되는 사건을 겪게 된다. 그때 병원으로 가던 중 교통사고로 엄마도 죽게 되는 비극으로 인하여 부모 자아가 배제되었다. 상훈은 그때 무력하게 지켜보아야만 했던 자신을 원망하며, 살아남기 위해 폭력을 선택했다. 결국 폭력으로 세상을 살아내기 위해 용역 깡패로 사회에 적응하며 살게 된다. 그는 맡은 일을 우유부단하게 하거나 답답하게 하는 후배들에게는 가차 없이 욕을 퍼부으면서 폭력을 휘두른다. 그 폭력은 아주 익숙하고 늘상 일어나는 행위로 보인다. 만약 상훈이 이쪽 일을 시작했을 때 사랑과 관심을 받으며 일을 했었더라면 어땠을까? 누군가가 상훈의 아픈 마음을 달래주면서 함께 일했으면 처음 일하는 후배를 물건 다루듯 하였을까? 상훈은 그 당시 아마 똑같이 물건 취급을 받으면서 일했을지도 모른다. '받은 만큼 줄 수 있다'는 말이 떠오르면서 상훈이 이해가 되기도 한다. 그와 반대로 조카를 사랑하는 마음과 자신과 비슷한 처지의 이성을 좋아하는 따뜻한 마음을 가진 상훈의 모습도 볼 수 있다. 처음부터 상훈이 따뜻한 마음을 가질 리가 없다. 처음에는 상훈의 방식대로 행동으로 표현을 했고, 자신의 상처를 치유할 수 있는 감정이 쌓이고 쌓여 다른 상훈의 모습을 볼 수 있는 것 같다. 그렇게 변해가고 있는 상훈이 다른 삶을 살 수 있는 희망적인 모습으로 전개되어 간다.

상훈은 합리적인 사고를 만들어 가는 단계에서 부모님의 부재로 세상을 혼자 살아가야 했고, 비극적 가족사에 피해를 당해 누구를 믿고 의지할 수 없었다. 폭력적인 아버지에게 반항하지 못해 지키지 못한 어머니, 여동생에게 죄책감이 항상 있었다. 그런 상훈은 온전하게 살아갈 수 없다. 무책임하고 무능력한 아버지들은 폭력으로 갚아줘야만 한다. 상훈이 용역 일을 할 때 가정폭력을 하고 무능력한 가장들을 죄의식 없이 처참하게 때린다. 그리고 힘없이 맞고 있는 아내에게도 맞고만 있냐고 뭐라 하기도 한다.

후배 영재(연희 동생이자 신참)도 상훈과 비슷한 어린 시절을 보냈다. 아버지는 조현병과 가정폭력으로 가장의 역할을 못 하고, 어머니는 용역 깡패에 의해 죽임을 당했다. 한 명 있는 누나(연희)는 고3이지만 부모님 대신 가장 역할을 하느라 공부는 뒷전이다. 이런 암울한 집안 환경에서 영재는 난폭해지고 돈을 벌기 위해 용역 깡패 신참으로 들어왔고, 상훈의 구타와 갈굼으로 점점 폭력적으로 변해갔다. 영재는 일을 배우기 위해 상훈을 따라 채무자에게 빌려준 돈을 받는 과정에서 겁을 주고 더 때리기 위해 망치를 가지고 오라는 명령에 우물쭈물하니까 놀러 왔냐고 폭행을 당하고 욕설을 듣게 된다. 그런 일이 반복되면서 영재는 상훈에게 감정이 쌓여만 갔고, 눈빛 또한 무섭게 변해갔다. 한 사건은 영재의 분노를 극에 달하게 한 경우이다. 영재와 상훈이 함께 간 채무자의 집에서, 상훈이 자신의 어린 시절 장면을 떠오르게 하는 폭행 장면을 보고, 머뭇거리는 순간 순식간에 채무자가 상훈의 머리를 도끼로 내리치는 일이 발생한다. 그때 영재는 오열을 하며 채무자를 폭행하고, 상훈은 그런 영재를 말린다. 상훈은 평소와 달리 머뭇거리지 않는 영재를 칭찬하지는 못할망정 비난을 하게 된다. 그 순간 영재는 그동안 상훈에게 쌓였던 분노가 폭발하게 되면서 "왜 우물쭈물 대는데..." 라고 오열을 하며 잔인하게 죽이게 된다. 영재 또한 상훈과 비슷하게 부모님의 부재로 부모 자아가 배제되어 있다. 그리고 점점 더 폭력적으로 변하면서 합리적인 사고보다는 자신의 감정이 시키는 대로 생활하고 있다.

(2) 각본분석(script analysis)

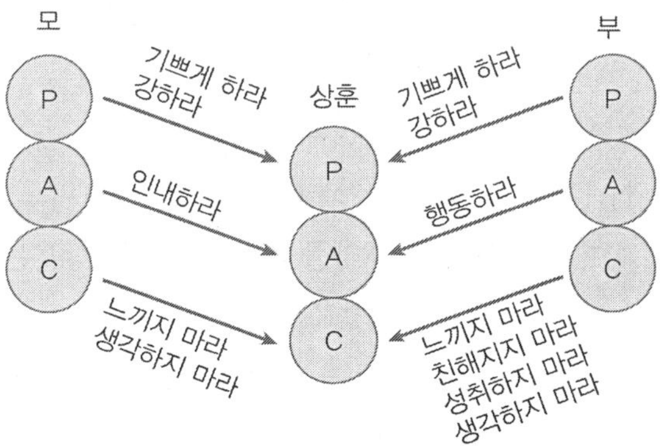

| 그림 7-2 | 상훈의 각본분석

① 부모명령

매력적 조작자(반사회성 성격적응) 유형의 부모는 종종 경쟁적이거나 자신의 욕구를 첫 번째로 내세우는 사람이다. 그래서 어린 자녀는 부모로부터 무시당하거나 잊혀지고, 버림받았다는 감정을 경험한다. 그래서 부모가 주는 드라이버 메시지는 '강하라', '타인을 기쁘게 하라'로, 상훈은 어린 시절 아버지의 폭력과 학대를 당하면서 처음에는 부모님을 기쁘게 해서 그것을 극복하려고 노력했다. 하지만 그런 노력에도 불구하고 여동생은 아버지의 칼에 찔려 죽었고, 어머니는 여동생이 있는 병원에 가려다가 교통사고로 사망했다. 갑작스러운 어머니와 여동생의 죽음으로 상훈은 깊은 슬픔을 삼키며 아버지와 이 세상에 맞서기 위해 폭력을 일상화하게 되면서 강해야만 살아남는다는 것을 배웠다. 상훈도 아버지의 드라이버 메시지 '강하라'를 그대로 물려받아 용역 깡패로 욕설과 폭력으로 살고 있고, '기쁘게 하라' 메시지로 남은 가족과 이성에게 사랑의 욕구를 주려고 하는 모습을 볼 수 있다.

상훈은 용역 깡패로 일하면서 여자에게 폭력을 휘두르는 남자를 때려주고 힘없이 당하고 있는 여자들도 왜 당하냐며 폭력을 가한다. 또한 채무자 가정에 가서 폭력을 가하는 가장들을 가혹하게 때린다. 15년 만에 출소한 아버지를 볼 때마다 치밀어 오르는 분노를 참지 못하고 아버지를 무자비하게 폭행하게 된다. 그런 상훈은 아버지의 자살 시도로 아버지를 업고 병원에 가서 자신의 피를 다 뽑아서 줄 테니 살려달라고 애원한다. 죽이고 싶도록 밉지만 자신의 아버지이기에 죽게 내버려 둘 수 없는 상훈을 보게 된다.

상훈에게는 배다른 누나와 누나의 아들(조카)이 있다. 누나도 가정폭력이 심한 남편으로 인해 이혼하고 일하면서 조카를 혼자 키운다. 상훈은 누나를 돕기 위해 생활비를 주기도 하고, 아빠 없다고 놀림을 받는 조카의 아빠가 되어주기도 한다. 때로는 혼자 심심하게 놀고 있는 조카의 친구가 되어주기도 한다.

상훈에게도 처음으로 위로와 공감을 받고 줄 수 있는 사람이 생겼다. 바로 고3 연희(영재 누나)이다. 비슷한 가정환경에서 성장하였고 상훈을 피하지 않고 적극적으로 맞서는 여자, 연희에게 호감이 가고 점점 기대고 싶어진다. 그런 연희로 인해 상훈의 삶에 조금씩 변화가 오기 시작한다. 급기야 용역 깡패 일도 접고 다른 삶을 계획하고 있는 것으로 보인다.

② 프로그램

프로그램(program)은 일이나 문제를 어떻게 해야 하는가에 대한 구체적인 메시지들로 구성되어 있으며, 자녀들은 부모로부터 세상을 살아가는 기술과 방법을 배우고 습득한다. 그러므로 부모의 잘못된 생활방식이나 미해결된 문제는 자녀에게 부정적인 프로그램 각본 메시지로 전달되어 부정적인 영향을 미친다.

상훈의 어머니는 부부싸움 중에 몸으로 저항하거나 도망가지 않고, 인내하며 당하고 있다. 같이 싸우거나 몸싸움을 하지 않는 모습에 '인내하라' 프로그램을 가지고 있다. 반면 상훈의 아버지는 폭력을 가하거나 술을 먹고 욕설을 퍼부으며 가정불화를 일으키는 모습에 '행동하라' 프로그램을 가지고 있다. 상훈 역시 어린 시절에는 '인내하라' 프로그램으로 살다가 용역 깡패 일을 하면서 '행동하라' 프로그램으로 살아가고 있다.

③ 금지명령

매력적 조작자(반사회성 성격적응) 유형이 어린 시절에 받은 전형적인 금지명령은 '친해지지 마라', '(두려움과 슬픔을) 느끼지 마라', '성취하지 마라' 그리고 '생각하지 마라(다른 말로, 문제는 미래에 해결하라. 그리고 현재는 다른 사람을 어떻게 바보로 만들고, 어떻게 압도해야 할지만을 생각하라)'다. 반사회성 성격적응의 기본적인 역동은 자신이 버림받았다는 것이다.

상훈은 상처 깊은 가족사를 안고 혼자서 살아오면서 긍정적인 감정을 느끼지 못하고 살아왔다. 용역 깡패 일을 하면서 돈을 갚지 않는 채무자들과 주변 후배들에게 폭력과 욕설로 지내왔다. 그런 상훈에게 두려움과 슬픈 감정은 느끼지 말아야 할 감정이다. 또한 행복한 감정도 느낄 수가 없었다. 아버지의 출소가 상훈을 더 힘들게 했지만 아버지의 자살 시도로 아버지에 대한 분노가 줄어들게 되었다. 그에게도 삶을 변화시킬 수 있는 희망이 있었지만 죽음으로 끝내 이루지 못했다. 이것으로 볼 때 '느끼지 마라' 금지명령을 알 수 있다.

상훈은 사회와 등을 지고 어둡게 지내왔고, 학교도 그만두고 마음속에 한을 품고 용역 깡패로 살아왔다. 그런 상훈은 비슷한 배경의 사람들과 교류하게 되고, 다양한 사람들과 지내는 것은 제한되어 있다. 그는 가족에게도 소속되지 못하고 제대로 된 직장도 없다. 도시 빈민이라는 환경에서 꿈꿀 수 있는 정상 가족, 행복한 가정은 상훈에게 아주 먼 미래 이야기다. 이것으로 볼 때 '친해지지 마라' 금지명령을 알 수 있다.

상훈은 열악한 가정환경과 폭력, 빈곤으로 인하여 무엇을 잘 하는지, 무엇을 하고 싶은지 그런 욕구도 가져보지 못했다. 그저 무력하게 욕설과 폭력을 자연스럽게 배웠고, 그것을 사용하면서 돈을 버는 용역 깡패로 일하고 있다. 공부를 한다든지 기술을 배운다든지 자신의 성취를 위해 했던 것은 없다. 이것으로 볼 때 '성취하지 마라' 금지명령을 알 수 있다.

상훈은 배움을 통해, 책을 통해, 가르침을 통해 올바른 사고를 형성할 수 있는 환경도 주어지지 못했다. 주위에 상훈을 양육해 줄 사람도 지켜봐 줄 사람도 없었다. 그런 상훈이 제대로 된 사고를 할 수 있었을까? 고작 가정폭력으로 체득한 욕설과 폭력뿐 올바른 생각으로 행동을 하지는 못한다. 이것으로 볼 때 '생각하지 마라' 금지명령을 알 수 있다. 어찌 보면 상훈은 어린 시절 부모님께 받은 금지명령대로 성인이 된 지금까지 사용하며 살고 있는 것으로 보인다.

(3) 라켓시스템 분석(racket system analysis)

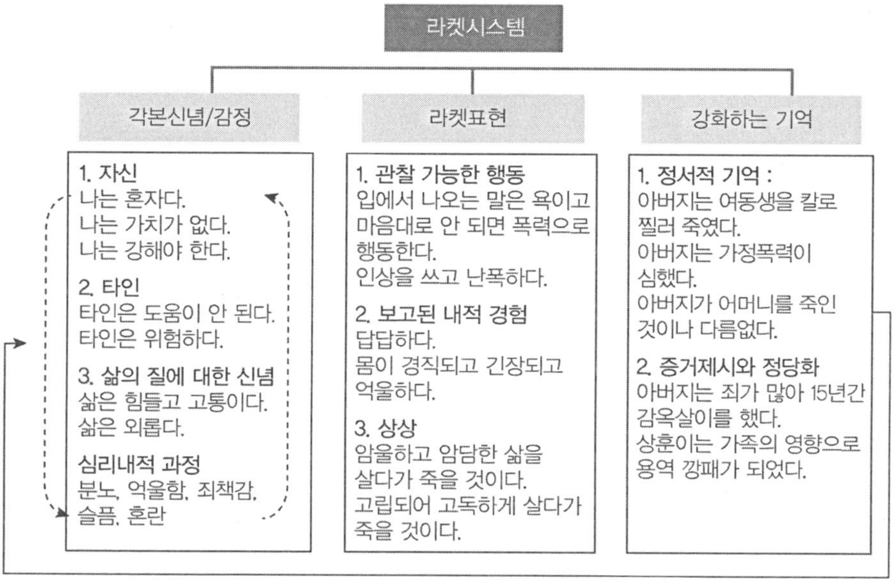

| 그림 7-3 | 상훈의 라켓시스템 분석

상훈은 아버지의 폭력으로 인하여 가족들이 죽고 가족체계가 파괴되어 혼자서 살아내야만 했다. 아버지에 대한 분노와 15년 후 출소한 아버지를 받아들여야만 하는 혼란 속에서 많은 갈등이 있었을 것이다.

상훈의 삶을 라켓시스템으로 분석해 보면 자신에 대한 신념은 '나는 혼자다', '나는 가치가 없다', '나는 강해야 한다'라는 신념을 가질 것으로 보이고, 타인에 대한 신념은 '타인은 도움이 안 된다', '타인은 위험하다' 그래서 삶의 질은 '삶은 힘들고 고통이다', '삶은 외롭다'라고 가정해 볼 수 있다. 세 가지의 신념이 상훈의 삶의 패턴으로 자리 잡아 반복적으로 살아갈 것이다. 그리고 라켓표현에서 상훈에게 관찰되는 행동은 구겨진 인상과 함께 입 밖으로 나오는 욕설, 폭력적인 행동들을 볼 수 있고, 내적으로는 답답함과 함께 몸이 경직되고 긴장되어 억울함이 보고되었다. 이런 삶을 계속 살게 된다면 암울하고 암담한 삶을 살다가 죽을 것이고, 고립되어 고독하게 살다가 죽을 것이라는 상상을 하게 된다. 그에 대한 정서적 기억은 아버지의 칼에 여동생이 찔려서 죽은 것과 그것으로 인한 어머니의 사망이고, 증거로는 아버지가 그 사건으로 인해 15년간 감옥살이를 한 것과 상훈이가 가족의 영향으로 용역 깡패가 된 것이라고 생각된다.

(4) 게임분석(game analysis)

성인이 된 반사회성 성격적응을 하는 사람은 어느 한 곳에 헌신하는 것을 피하며, 타인과 친해지는 것을 거부한다. 그 결과, 이들은 자신이 진정으로 원하는 사랑을 얻을 수 없다. 그 누구도 이들을 신뢰하지 않기 때문이다. 이들은 아동기에 속임수를 사용하여 자신이 원하는 것을 얻겠다는 결단을 했기 때문에, 이들이 자주 하게 되는 심리적 게임은 '네가 할 수 있으면, 나를 잡아 봐!'라는 것이다. 이러한 게임에서, 게임을 시도하는 사람은 계속적으로 타인을 놀라게 하여 다른 곳으로 피하도록 만든다. 때때로 이 게임은 '경찰과 도둑'으로 옮겨 간다. 반사회성 성격적응인 사람은 타인에게 '나를 잡아 봐!'라는 게임을 시도하고, 결국 실제로 잡힌다.

상훈은 용역 깡패로 일하면서 확실하게 일을 하지 못하면 인정사정없이 폭력과 욕설을 가했다. 그런 과정에서 신입인 영재는 우물쭈물하거나 어설프게 일하면 상훈에게 폭력을 당했다. 영재는 상훈이 원하는 일 처리를 하기 위해 따라다니며 일을 배웠고, 점점 더 폭력의 수위는 올라갔다. 그러던 어느 날 상훈이 용역 일 마지막 날에 채무자가 아이들 보는 앞에서 아내를 구타하는 장면을 보게 되었고, 그 사건이 자신의 과거를 생각나게 하였다. 그의 아들 이름도 자신의 이름과 같은 상훈이라는 점이 더 상훈을 우물쭈물하게 했던 것 같다. 그런 상황에서 상훈은 채무자에게 도끼로 머리를 맞았고, 영재는 상훈에게 배운 대로 바로 잔인하게 폭력을 가했다. 어찌 보면 영재는 상훈에게 잘했다고 칭찬을 받아야 하는 상황인데 도리어 화를 내니, 영재는 그동안 쌓아왔던 감정들이 폭발하게 되었고 제정신이 아닌 상황이 되면서 욕설을 퍼부으며 처참하게 상훈을 죽인다. 이 스토리를 보면 알 수 있다. 상훈은 먼저 '나 잡아 봐'라는 게임을 걸었고,

결국에는 영재에게 잡히고 말았다.

카프만(Karpman, 1968)이 제시한 드라마 삼각형의 관점으로도 보면 상훈은 가정폭력과 열악한 가정환경에서 자신은 '희생자' 역할을 하고, 폭력적인 아버지와 자신을 제압하는 사람들은 '박해자' 역할을 한다고 생각한다. 하지만 용역 깡패로 일을 할 때 후배들이나 채무자들은 양심의 가책 없이 폭력을 휘두르는 모습에서 상훈은 '박해자' 역할을 하고 당하는 사람들은 '희생자' 역할을 하였다. 또한 15년 만에 출소한 아버지에게 '박해자' 역할을 하며 죽일 듯이 폭력을 가하다가 아버지의 자살 시도로 그의 목숨을 살리는 '구원자' 역할을 하기도 한다. 대표적인 예로는 가정폭력으로 이혼을 하고 아들과 살아가는 누나에게 생활비를 줌으로써 '구원자' 역할을 했다. 또한 조카에게 자신과 같은 경험을 하지 않길 바라면서 아버지 역할, 친구 역할을 하면서 '구원자' 역할을 해왔다. 마지막으로 연희에게도 처음에는 '박해자' 역할을 하다가 위로와 공감을 하는 사이가 되면서 서로에게 '구원자' 역할을 하게 된다. 반사회성 성격적응의 또 다른 인물 영재는 어떠한가. 가정 폭력과 열악한 환경에서 자라면서 '희생자'였다가 생활비를 벌기 위해 용역 일을 하게 된 '구원자' 역할을 하려고 하다가 상훈을 죽인 '박해자'가 되었다.

(5) 인생태도(life position)

매력적 조작자(반사회성 성격적응) 유형의 인생태도는 'I'm OK, You're not OK(자기긍정-타인부정)'이다(그림 7-4). 자신에 대한 경직된 경계를 가지고 있고, 새로운 정보를 받아들이거나 자신을 수정하는 것을 어려워한다. 이들은 타인을 부정하기 때문에 점차로 자신과 타인 사이에 견고한 경계를 가지게 된다. 또한 이들은 타인이 가까이 오지 못하도록 자신의 벽 밖으로 몰아내며, 타인이 자신의 잘못된 부분을 볼까 하는 두려움 때문에 가까이하지 않는다. 이는 유아기에 애정 상실 등으로 심신에 고통을 받고, 그것을 혼자서 견디어 낸 어린이가 터득한 태도이다. 자신의 내면을 보는 것을 거부하고 어려운 일이 생기면 지배하고 경멸하거나 부모를 탓하며, 타인 처벌 경향이 강하고, 책임 전가를 빈번하게 한다. 타인을 잘 공감하지 못하고 항상 자신이 특별 취급되는 것을 당연하게 여기는 자기애가 강한 사람이다.

상훈은 가정폭력 환경에서 자랐고, 가족이 비참하게 흩어지는 삶을 살면서 혼자 이 험한 세상을 살아내야 했다. 그런 상훈이 할 수 있는 것이라고는 자신을 믿고 타인을 배척하는 것밖에 없었을 것이다. 영화의 장면에서도 알 수 있다. 상훈이 채무자에게 잔인하게 하는 폭력은 잘하는 것이고, 영재나 후배들이 하는 폭력은 어설프고 만족스럽지 않다. 자신이 하는 폭력은 우월하고 타인이 하는 폭력은 힘없고 형편없다고 느낀다. 또한 상훈이 자신의 감정에 빠져 채무자에게 맞은 것은 정당하고 영재가 배운 원칙대로 채무자를 가혹하게 때린 것은 정당하지 않다. 하지만 상훈이 연희를 만나면서 'I'm OK, You're not OK(자기긍정-타인부정)' 인생태도가 'I'm OK, You're OK(자기긍정-타인긍정)'로 변해가고 있는 것을 발견할 수 있다. 자세히 설명해 보면, 길을 가다가 뱉은 침이 지나가는 여고생 연희의 교복에 묻게 되자 연희는 화를 참지 못하고 상훈의 뺨을 때리고, 상훈도 참지 못하고 연희를 후려쳐서 기절시킨다. 그렇게 시작한 인연이 가정폭력이라는 같은 처지로 서로의 벽이 점점 무너지게 된다. 또한 어느 누구에게도 말하지 못한 내면 깊숙한 가족에 대한 상처를 이야기하면서 서로를 위로하게 되고 공감하게 된다. 그동안 속시원하게 말하고 싶었던 자신의 힘들었던 상처들을 격하게 토해내며 오열하면서 위로받고 이해받으면서 자신들의 존재를 가치 있게 느끼게 된다. 이런 과정을 통해 세상을 다시 보게 되고 세상 앞에 떳떳하게 살기 위해 한 발짝 내딛기 위해 노력하려는 의지도 보이게 된다. 상훈의 인생태도는 연희의 영향으로 마음의 벽을 무너뜨리고, 혼자 견디려고 하지 않고 함께하려는 태도로 변화되고 있음을 알 수 있다.

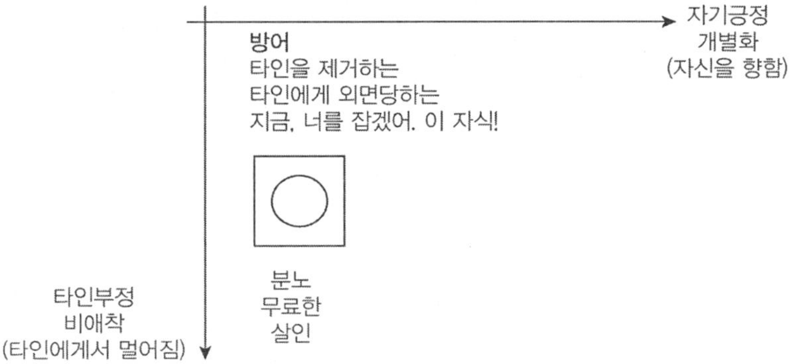

| 그림 7-4 | 매력적 조작자 유형의 인생태도

(6) 디스카운트(discount)

디스카운트는 문제 해결과 관련된 정보를 자신도 모르게 무시해 버리는 것이고 마음속에서 자신도 모르게 혼자 하는 것이다. 내담자는 무의식적으로 자신의 디스카운트를 스트로크해 주도록 유도한다. 지금-여기의 문제들을 자신의 각본 틀에 맞추어 왜곡하는 것은 현실적 정보를 무시하거나 실제보다 낮추어 평가하는 것이다. 디스카운트를 할 수 있는 영역에는 자기 자신, 다른 사람, 상황이 있고, 디스카운트 유형에는 자극, 문제, 선택권이 있다. 디스카운트 수준에는 존재, 중요성, 변화 가능성, 개인의 능력이 있다.

상훈은 아버지의 폭력으로 인하여 자신의 삶은 물론이고 가족의 삶이 산산조각 났다는 것을 인지하고 있다. 하지만 상훈이 아버지의 폭력을 대물림하는 것으로 볼 때 변화 가능성을 디스카운트하고 있다. 또한 아버지에 대한 분노와 가족을 잃은 슬픔을 스스로 극복하지 못하고 깡패로 자신의 능력을 디스카운트 하고 있다. 상훈은 디스카운트를 함으로써 아버지와 똑같은 삶을 살아가고 있고, 세상 밖으로 나오지 못하고 어두컴컴한 터널 속에 갇힌 삶을 살고 있다. 연희도 상훈과 비슷한 환경으로 인하여 집에서는 가장의 역할, 학교에서는 학생의 역할을 하고 있다. 그런 환경에서도 빗나가지 않고 아버지와 남동생 곁을 보살피며 생활하지만 자신의 능력을 개발하기 위해 노력하지는 않는다. 고3이니 대학진학과 기술을 배울 수 있는 방법도 많을 법한데 자신의 능력을 디스카운트 하고 있다. 영재 또한 학생으로서의 역할을 벗어던지고 생활비를 벌겠다고 용역 깡패로 자신의 능력을 디스카운트하고 있다. 폭력이라는 환경에 깊숙이 파고드는 영재를 볼 때 변화 가능성을 디스카운트하고 있음을 알 수 있다.

(7) 시간의 구조화(time structuring)

누구에게나 하루 24시간이라는 똑같은 시간이 주어진다. 중요한 것은 나에게 주어진 이 시간을 어떻게 사용하느냐, 즉 어떻게 구조화하느냐에 따라 우리는 인생의 승자가 되기도 하고 패자가 될 수도 있는 것이다.

상훈이는 참담한 어린 시절을 보내면서 험한 삶을 살아내기 위한 폐쇄나 의식, 활동, 게임을 주로 하며 살아왔다. 그중 대부분 폐쇄나 게임을 주로 하며 살아왔다. 상훈은 일하는 장소가 아니면 거의 열악한 집에서 생활하고 있으며, 다른 곳에 가는 일이 드물다. 또한 상훈은 용역 깡패로 돈을 갚지 못하는 사람들을 폭력과 욕설로 게임을 시작하며 상대방을 제압한다. 만약 돈을 갚게 되면 상훈은 상대방을 그전보다는 기분 좋게 대하지만 당하는 사람은 반대로 무기력한 태도로 변한다. 처음 취했던 역할에서 전환이 이루어지는 것과 끝에 가서 나쁜 감정을 가지게 된다는 것은 변함이 없다. 또 다른 예는 '경찰과 도둑'이라는 게임을 연상케 하는 것으로 상훈이 우유부단하고 일을 제대로 하지 못하는 신참에게 무지막지하게 폭력을 가하고 그것을 당한 신참은 쌓아두었던 감정이 폭발해서 상훈을 죽이게 되는 경우에서도 볼 수 있다.

반면 그런 상훈에게 조카의 존재는 지금과 다른 삶을 살게 하는 원동력이다. 조카와는 잡담, 활동, 친밀을 즐겁게 하고, 그 사이를 연희도 함께하며 상훈의 삶이 어둡지만은 않고 희망이 보이게 된다. 상훈은 처음 연희를 만났을 때는 게임으로 시작했고, 그런 다음 조금씩 만남이 이어지며 잡담을 하거나 이유를 말하지 않아도 마음이 통하는 관계가 되면서 친밀로 서로의 관계를 이어가게 되었다. 또한 용역 깡패로 살다가 친밀이 늘어나면서 생활 태도에도 변화가 일어남을 발견할 수 있다. 돈을 모으기 위해 통장을 만들었고, 일방향으로 소통하던 방식인 삐삐에서 쌍방향으로 소통하기 위한 핸드폰 교체로도 알 수 있다. 상훈이 하던 일을 청산한다고 사장에게 말을 한 것도 상훈의 삶이 변하고 있음을 말해준다.

시간의 구조화에서 상훈이 폐쇄와 게임을 줄이고 친밀로 갈수록 감정의 변화가 일어났고, 행동에도 큰 변화가 일어나면서 상훈의 얼굴에 미소가 보이기 시작한다.

(8) 재결정(redecisions)

매력적 조작자(반사회성 성격적응) 유형은 슬픔이나 두려움 등의 상처받기 쉬운 감정을 숨기기 위해서 '분노'나 '혼란'을 사용한다. 중요한 것은 이들과의 사이에서 신뢰를 쌓는 것이다. 그렇게 하면, 이들은 당신 앞에서 약한 자신의 모습을 보일 것이다. 그러고 나서야 이들은 자신의 진정한 욕구를 채워 나가기 시작할 것이다. 자신의 욕구를 만족시키기 위해서는 타인을 이용하는 것이 아니라, 타인과의 협력을 바탕으로 해야 한다는 것을 배울 필요가 있다. 또한 부모와는 달리, 타인은 자신의 욕구를 충족시키기 위해서 협력해 준다는 경험을 가질 필요가 있다. 그렇게 함으로써 타인에 대한 신뢰를 얻을 수 있고, 타인을 희생의 제물로 삼는 것이 아니라 조화와 화합의 대상으로 여기는 것이다.

상훈은 어린 시절 가정폭력과 가족의 죽음으로 어른 자아가 어린이 자아상태에 의해 오염되어 있고, 부모 자아상태와는 배제되어 있다. 그는 슬픔과 두려움에 맞서 싸워야 했고, 오직 혼란과 분노만이 자신을 지키기 위한 감정이다. 그런 상훈에게 적합한 일은 용역 깡패로 돈을 갚지 못하는 채무자에게 망설임 없이 욕설과 폭력을 가하는 것이다. 하지만 15년 만에 아버지가 출소하고 죽이고 싶었던 아버지가 자살을 시도하자 살려야겠다는 마음이 생기면서 흔들리는 상훈을 보게 된다. 또한 상훈이 마음의 벽을 없애는 큰 역할을 한 사람은 연희이다. 비슷한 가족 배경이라는 동질감과 말없이 느낄 수 있는 공감 그리고 위로로 인하여 상훈은 용역 일을 그만둘 생각을 하게 된다. 덧붙여 상훈은 자신의 어린 시절을 연상시키는 자신이 꼭 필요했던 보살핌과 사랑을 조카에게 주게 됨으로써 다시 새로운 가족애가 생기기 시작한다. 종합적으로 보면 상훈은 아버지를 포함한 가족(배다른 누나와 조카)과 연희, 사장(누나에게 소개해 주고 싶은 사람)과 지금과 다른 자신의 삶을 재결정하려고 시도한다.

2) 성격적응 유형 분석

(1) 드라이버에 의한 의사소통 방식

매력적 조작자(반사회성 성격적응) 유형과 관계 맺기 위한 최선의 방법은 이들이 얼마나 '영리한가(개방문, 행동)'를 말해줌으로써 유희적인 방법('정서적인' 의사소통 방식)으로 관계를 맺는 것이다. 타인보다 영리한 행동을 하고자 하는 것은 이들에게 가장 중요한 특징이다. 다음에는 양육을 사용하여 이들이 '감정(표적문)'을 경험하도록 돕는다. 이들이 직접적으로 획득할 수 없었던 진정한 욕구가 무엇인지 탐색한다. 이들이 획득할 수 없었던 것에 대한 아픔과 감정을 인정해 주고, 더욱 진실할 수 있도록 모든 것을 허용한다. 이들은 자신의 '사고(함정문)'로 당신 위에 올라서려는 지속적인 시도를 멈출 것이다.

상훈의 의사소통 방식에서도 매력적 조작자(반사회성 성격적응) 유형이 잘 나타난다. 정서와 감정보다 행동으로 상대방에게 표현을 한다. 상훈의 의사소통 방식은 대상에 따라 다르지만 용역 깡패로 일을 할 때는 욕설과 폭력으로 타인을 위협하거나 속이기 위하여 공격적인 의사소통을 한다. 대표적으로 영재에게 상훈은 개방문인 행동(폭력과 욕설)에 그쳤기 때문에 상훈의 죽음을 막을 수 없었다. 만약 상훈과의 관계에서 서로의 상처를 치유할 수 있는 표적문인 감정까지 왔었으면 상황은 달라졌을지도 모른다. 상훈이 영재에게 주로 하는 의사소통은 지시하는 방식이다. 15년 만에 출소한 아버지와의 관계에서는 개방문인 행동(폭력과 욕설)에서 자살 시도한 아버지를 업고 병원에 뛰어가서 행동에서 살려달라고 애원하는 감정(표적문)으로 지시하는 의사소통에서 정서적인 의사소통으로 변화가 일어난다. 또한 누나에게는 돈을 주는 행위로 지시하고, 양육적인 의사소통을 하고, 조카에게는 필요한 것을 사준다든지 함께 있어 주는 행위로 양육적인 의사소통을 주로 한다. 또한 연희에게는 문자를 보내는 행위, 함께 무언가를 하는 행위, 위로와 공감으로 감정을 나누는 정서적인 의사소통을 한다. 반사회성 성격적응 유형인 상훈은 개방문인 행동으로 의사소통을 시작해서 표적문인 감정을 경험하고 정서적인 의사소통을 주로 한다(그림 7-5).

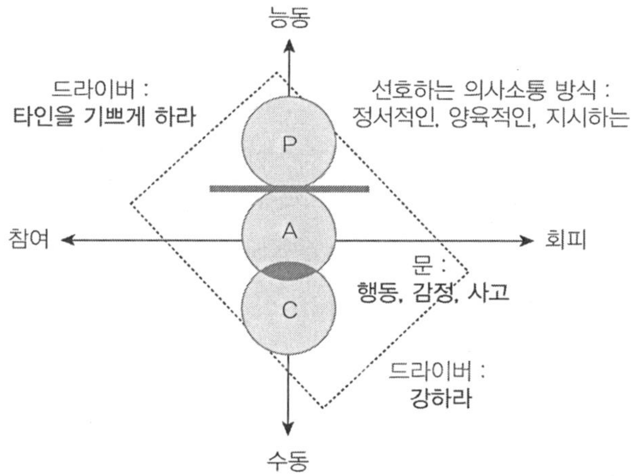

| 그림 7-5 | 매력적 조작자 성격적응의 드라이버, 의사소통 방식, 접촉문

(2) 과정각본

매력적 조작자(반사회성 성격적응) 유형의 과정각본은 '결코(Never)', '항상(Always)' 그리고 '거의 I (Almost 유형 I)'을 가지고 있다. '결코'식 각본이란 '나는 내가 원하는 것을 결코 얻을 수 없어'라는 각본 신념을 진행하고 있는 형태를 말한다. '결코'식의 각본을 가진 사람들은 반복적으로 부정적인 이야기를 자주 한다. 그러나 그 문제를 해결하기 위하여 어떠한 적극적인 요구나 행동을 하지 않는다. 그의 순응하는 어린이 자아는 '강해져라'라는 부모명령을 듣고 있다.

상훈의 과정각본도 결코식 각본과 유사하다. 자신의 상황과 처지가 결코 변할 수 없다고 생각하며 어린 시절 각본 그대도 살아가고 있다. 세상에 혼자 버려진 것처럼, 힘든 세상을 극복하기보다는 어린아이가 가졌던 각본 '나는 혼자다', '나는 가치가 없다', '타인은 위험하다', '삶은 힘들고 고통이다', '삶은 외롭다'를 바꾸려 하지 않고 살아간다. 이 부정적인 각본신념을 지키기 위해서는 독한 마음 품고 강해질 수밖에 없다. 정말 혼자 험한 세상을 살아가기 위해 안간힘을 써야 하기 때문이다. 과거에도 그랬지만 현재도 나를 도와줄 사람, 나를 사랑해 줄 사람은 결코 없을 것이라는 신념으로 살아간다. 하지만 그런 상훈에게도 결코식 각본을 깰 수 있는 기회가 찾아왔다. 그 기회를 잡기 위해 용역 일도 접으려고 했지만 죽음으로 끝내 결코식 각본을 끝낼 수는 없었다.

'거의 I'식 각본을 가진 사람들은 '나는 이번에는 그것을 거의 다했어'라고 말한다. 결과적으로는 일을 완수하거나, 목표를 달성하거나, 승리하지 못하게 된다. '거의'식 각본을 나타내는 사람의 순응하는 어린이 자아는 '완전하게 하라', '열심히 해라', '기쁘게 하라'는 부모명령을 듣고 있는 것이다. 그래서 그는 두 가지의 문장 유형을 사용할 것이다. 일련의 긍정적인 문장들 뒤에 하나의 부정적인 문장을 덧붙일 것이다.

상훈의 과정각본도 '거의 I'식과 유사하다. 자신이 하는 일을 완수하지 못하고 넘어가는 식이다. 15년 만에 출소한 아버지의 경우에서도 알 수 있다. 아버지에 대한 분노가 차오르면 죽일 듯이 폭력을 가하다가 자살 시도를 하니 업고 뛰어가 살린다. 또한 상훈이 조카에게 게임기를 사주고 그 게임기로 아버지, 누나, 조카가 웃으면서 게임을 할 때 상훈은 창문 밖에서 보기만 할 뿐 끼어들지 못한다. 마음 한편으로는 늘 가족과 함께하고 싶지만 가족 구성원이 되지 못한다. 마지막으로 용역 깡패 일을 우물쭈물하지 않고 냉정하게 잘 해오다가 감정에 동요가 되어 완전하게 매듭짓지 못하고 죽임을 당한다. 상훈이 '거의 I'식 각본을 사용하지 않았더라면 상훈은 아마 원하는 삶을 살았을 것이다.

(3) 성격적응 유형 간의 상호작용

우리가 이성을 만날 때는 자신의 성격적응 유형과 반대의 성격적응 유형을 가진 사람에게 '매력'을 느끼곤 한다. 그 이유는 반대 유형에 대한 자연스러운 끌림 때문이며, 자신의 미발달된 측면을 발달시키고자 하는 욕구 때문일 것이다.

서로에게 가장 어려움을 느끼는 사람은 개방문과 함정문이 서로 반대쪽에 있는 사람일 것이다. 이성 간의 관계에서 보면 일종의 '매력'일 수도 있지만 '불쾌감'을 주는 요인이기도 하다. 수동-공격성 성격적응과 반사회성 성격적응의 개방문은 '행동'이고, 함정문은 '사고'다. 수동-공격성 성격적응과 반사회성 성격적응은 이들과 싸우거나 조작하려고 시도하겠지만 효과가 없을 것이다.

매력적 조작자(반사회성 성격적응) 유형과 수동-공격성 성격적응의 상호작용은 일반적으로 매우 피상적이고 강한 친밀감이 없는 경우가 많다. 친밀감을 갖는다는 것은 이들에게 매우 어려운 과제다. 이들은 친밀감을 자신이 좋아하는 흥분과 극적인 상황으로 대체한다. 이들은 타인과 매우 즐겁고 흥분되는 관계를 맺는 듯이 보이지만, 다른 한편으로는 상처받은 상한 마음과 그에 따른 깊은 앙심을 품고 있는 경우가 많다. 또한 타인을 신뢰하지 않고 '힘 겨루기' 게임을 하는 경향이 있다. 그리고 어린 시절 느꼈던 부조리한 것에 대해 복수할 기회를 찾으며 화를 내기도 한다. 이런 방법 때문에, 이들은 자신이 하는 행동에 대해 정당성을 부여하나 결과적으로는 파괴적인 결말을 맞이하곤 한다.

상훈과 영재의 상호작용에서도 볼 수 있다. 둘 사이는 용역 깡패라는 같은 일을 하지만 상훈은 일처리도 못하고 우유부단하고 답답한 신입(영재)을 욕설과 폭력으로 관계를 이어간다. 신입은 수치심과 모욕감을 참으며, 상훈을 따라다니며 빌린 돈을 받는 방법을 배우게 되고 상훈이 느슨해진 모습을 발견하고는 쌓였던 감정을 폭력으로 대응하게 되고 결국에는 죽이면서 복수를 하게 된다.

상훈과 연희의 상호작용에서는 상훈이 뱉은 침이 지나가는 연희의 교복에 묻게 되자 연희는 화를 참지 못하고 상훈의 뺨을 때리고 상훈도 참지 못하고 연희를 후려쳐서 기절시킨다. 연희는 상훈에게 대들며 맞서 싸우게 되고, 이런 연희가 상훈은 호감이 가고 정이 들기 시작했다. 서로 가족에게 상처받은 마음을 위로해 주고 기대고 싶은 관계가 되면서 피상적인 관계가 아닌 친밀한 관계가 된다.

매력적 조작자(반사회성 성격적응) 유형과 강박-신경증적 성격적응의 상호작용은 종종 비즈니스에서 그 능력을 충분히 발휘하는 모습을 보인다. 이들은 상황을 조장하는 기술(반사회성)과 더불어 책임감 있는 특성(강박-신경증적)을 지니고 있다. 이들은 상품을 잘 팔 뿐만 아니라, 책임성 있게 잘 전달한다. 책임감 있는 일 중독자의 모습이 매력적 조작자의 모습을 유지할 수 있도록 도와주고, 매력적 조작자의 모습이 책임감 있는 일 중독자의 활기 없어 보이는 따분한 모습을 보완해 준다. 이러한 성격적응을 하는 사람이 겪고 있는 가장 큰 문제점은 개인적으로 친한 관계에서는 편안한 감정을 갖지 못한다는 것이다. 이들은 일정한 거리를 유지하기 위해 일을 한다.

상훈과 누나(배다른 형제)와의 상호작용에서도 볼 수 있다. 이혼한 누나가 핸드폰 판매 일을 한다고 조카를 집에 혼자 두고 오는 일이 종종 있어서 상훈은 누나 대신 조카를 슬그머니 돌봐준다. 그리고 형편이 힘든 누나에게 생활비를 주기도 한다. 상훈은 책임감이 강하지만 힘이 없어 보이는 누나에게 도움이 되어주려고 노력한다. 상훈은 누나에게 항상 일정한 거리를 유지하면서 관계를 유지하는 모습을 볼 수 있다. 이와 같이, 매력적 조작자 성격적응 유형의 특징은 다음과 같다(표 7-1).

〈표 7-1〉 매력적 조작자 성격적응 유형의 특징

성격구조	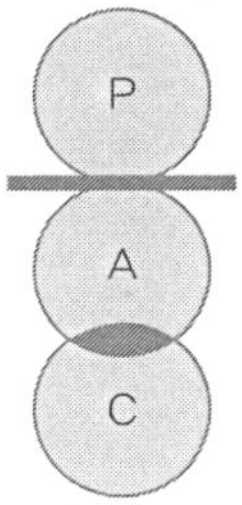 어른 자아가 어린이 자아상태에 의해 오염되어 있고, 부모 자아상태와는 배제되어 있다. 이들은 성숙한 어른 자아보다 직관적이고, 창조적인 어린이 자아상태 속에 있는 어른 자아를 통해 생각한다. 이들은 자신의 사고 능력을 문제를 해결하거나 장기간의 안목을 통한 결과물을 산출해 내는 데 쓰기보다, 타인을 속이거나 우습게 만드는 쪽으로 사용한다. 부모의 규칙과 가치는 단지 부모 자신이 얻고자 했던 것이기 때문에, 이들은 부모 자아상태를 배제한다.
주요 드라이버	타인을 기쁘게 하라, 강하라
금지명령	느끼지 마라, 친해지지 마라, 성취하지 마라, 생각하지 마라.
라 켓	분노, 혼란
게 임	나를 잡아 봐, 경찰과 도둑
인생태도	자기긍정-타인부정
시간의 구조화	게임, 잡담
과정각본	결코(Never), 항상(Always), 거의 Ⅰ(Almost유형 Ⅰ)
웨어 이론(접촉문)	개방문 : 행동(B), 표적문 : 감정(F), 함정문 : 사고(T)
선호하는 의사소통 방식	정서적인, 양육적인, 지시하는 의사소통 방식

08 CHAPTER 창의적 몽상가(정신분열성 성격적응)

1. 영화 제목 : 마담 프루스트의 비밀정원

1) 영화정보

개봉일	2014. 7. 24.
제작국가 및 감독	프랑스, 실뱅 쇼메
출연배우(주인공)	귀욤 고익스(폴 역), 앤 르 니(마담 프루스트 역), 베르나데트 라퐁(애니 이모 역), 헬렌 벤상(안나 이모 역)
등급 및 상영시간	전체 관람가 / 106분
상담 주요 키워드	개인상담, 가족상담

2) 영화 줄거리

"기억은 일종의 약국이나 실험실과 유사하다. 아무렇게나 내민 손에 어떤 때는 진정제가, 어떤 때는 독약이 잡히기도 한다."

-마르셀 프루스트-

두 살 때 부모님을 잃고 함묵증에 걸린 주인공 폴, 폴은 이모들이 운영하는 댄스 학원에서 피아노 연주를 하며 살아간다. 폴의 피아노 실력은 매우 뛰어났고, 이모들은 그런 폴을 세계적인 피아니스트로 키우려 많은 노력을 하지만 번번이 대회에서 수상을 하지는 못한다. 초점이 없는 듯한 멍한 눈, 감정이라고는 전혀 찾아볼 수 없는 표정, 이모들의 요구대로 꼭두각시처럼 움직이는 폴의 하루 일과는 아침에 눈을 떠 이모들의 댄스 학원에서 피아노 연주를 한 뒤, 가장 좋아하는 슈게트를 간식으로 먹고 가까운 공원으로 산책을 나가는 것이다. 여기서 독특한 것은 공원을 가든, 다른 곳을 가든 벽에 걸린 칠판에 꼭 동선을 적어 놓고 나가야 한다는 것. 어느 날 슈게트가 모두 바닥이 나 여느 날과 다름없이 칠판에 동선을 적은 뒤 이를 사러 나가게 되고, 집으로 돌아온 폴은 엘리베이터 고장으로 어쩔 수 없이 계단을 이용하게 된다.

계단을 오르던 폴은 자신의 피아노를 조율해 주는 앞이 보이지 않는 피아노 조율사를 만나게 되고, 그가 한 집에 들어가는 것을 보게 된다. 피아노 조율사가 흘리고 간 물건을 돌려주기 위해 폴은 무언가에 홀린 듯 그 집에 따라 들어가게 되는데, 평범한 집인 듯 보였지만 안으로 들어갈수록 정원이라는 말이 떠오를 정도로 푸른 식물들이 집 안을 한가득 채우고 있었다. 그런 모습이 어리둥절하지만 한편으로는 폴의 호기심을 더욱 자극하게 된다. 그렇게 그곳에서 폴은 마담 프루스트와 첫 조우를 하게 된다.

폴은 매일 밤 똑같은 꿈을 꾼다. 악몽 같은 꿈을... 밝은 얼굴로 웃어 보이는 아빠의 모습으로 시작되지만 늘 그렇듯 꿈의 마지막 장면은 무서운 표정으로 소리를 지르는 아빠의 모습으로 끝이 나버린다. 마담 프루스트는 폴을 보자마자 한눈에 어떠한 문제가 있음을 직감하게 되고, 폴이 차를 마시고 잠이 든 틈을 타 그의 집 열쇠를 꺼내어 간다. 두 이모와 폴이 없는 때를 노려 그녀는 폴의 집에 잠입하게 되고, 그 과정에서 그가 어머니에 대한 깊은 그리움과 아버지에 대한 엄청난 분노와 적대심을 가지고 있다는 것을 알게 된다. 그녀는 폴의 물건 중 하나를 가지고 나오며 "네 엄마가 어디 있는지 알아"라는 메시지를 남긴 뒤 폴이 다시 그녀의 정원으로 찾아오도록 만든다.

그렇게 폴은 프루스트가 만들어 주는 차와 마들렌을 먹으며 그동안 가슴 깊이 묻어 놓았던, 아니 어쩌면 다시는 보고 싶지 않았을 그의 기억들과 하나씩 하나씩 마주하게 된다. 폴의 기억 속 부모님은 늘 싸우고 있었고, 그 과정에서 아빠는 엄마에게 매일 폭력을 행사하곤 했다. 자신의 기억 속 아빠의 모습과 아버지의 이야기가 나오면 무조건 차단시켜 버리는 이모들로 인해 폴은 자신만의 상상으로 아빠의 모습을 그려나가게 되었고, 불안과 분노가 뒤섞인 채 함묵증을 앓게 되어버린 것이었다. 그의 기억이 왜곡되어 있는 것을 알게 된 프루스트는 폴과의 지속적인 만남을 통해 그의 뒤엉켜버린 복잡한 기억을 바로잡아 주려 노력하였다.

아주 어린 아기였던 폴, 그를 둥글게 감싸고 어른들이 한 마디씩 하는 장면이 보이는데, 그 속에서 그를 피아니스트로 키우고 싶어 하는 두 이모의 모습도 보게 된다. 자신들이 원하는 방향대로 커 나가길 바라는 어른들 사이에서 폴이 그토록 사랑하고 그리워하던 엄마의 모습이 나타나고, "이 아이가 한 남자로 자라는 데 필요한 건 사랑 한 스푼, 꿀 한 스푼, 햇빛 한 줄기와 모래 한 줌, 내 아들은 자기 뜻대로 살 거예요, 멋진 가족이라면 어느 장단에 춤출지 결정하지 않을 거예요"라는 노래를 불러준다. 그렇다. 폴의 엄마는 아이를 어른들의 뜻대로 조종하지 않고 그가 진정으로 원하는 삶을 살기를 바랐던 것이었다. 이른 아침 창문으로 들어오는 햇빛을 즐기고 싶었지만 커튼을 쳐버리며 피아노만 치도록 만든 이모들은 폴이 왜 함묵증에 걸린 것인지, 폴이 진짜로 원하는 것이 무엇인지를 전혀 알려고 하지도 않았던 것이다.

마담 프루스트를 만나 행복했던 기억들을 마주하며 폴은 조금씩 밝아지고 변화하기 시작한다. 그렇게 프루스트와의 계속되는 만남 과정에서 그가 늘 보기를 거부하고 고통스러워했던 아빠와 엄마의 함께 있는 모습을 결국은 마주하게 된다. 엄마는 어떤 사람이었을까? 엄마 아니타의 아버지는 그녀가 피아니스트가 되기를 바랐지만 그것은 그녀가 원하는 것이 아니었기 때문에 피아노를 그만두게 된다. 아빠 마르셀은 안정된 기반이 없는 노동자였고 이 때문에 이모들은 폴의 아버지를 싫어했던 것이었다. 하지만 이 과정에서 폴은 굉장한 사실을 알게 되는데, 어느 날, 아빠와 엄마는 레슬링 경기에 참가하게 되었고 경기 연습을 위해 서로가 뒤엉켜 있었던 것이 아기 폴에게는 마치 치고박고 싸우는 것처럼 보여졌던 것이다. 사실 아빠는 누구보다 엄마를 사랑했고, 엄마 또한 아낌없이 사랑을 표현하는 너무나 행복한 부부였다는 사실을 알게 된 폴은 기쁨의 눈물과 함께 처음으로 함박웃음을 지어 보인다.

자신의 왜곡된 기억의 진실을 하나둘씩 통합해 나가면서 서서히 기억의 족쇄에서 자유로워진 폴은 피아노 콩쿨 대회에서 우승을 차지하게 되지만 그 이후로 마담 프루스트를 만나지 못하게 된다. 그녀의 몸속에 또다시 암세포가 퍼지면서 병이 재발하게 되었고, 이제는 정말 얼마 남지 않았다는 것을 직감한 프루스트는 폴을 위해 과거를 만날 수 있는 차 한 잔과 마들렌을 준비해 준 채 떠난다. 마지막으로 그녀가 준비해 놓은 차 한 잔을 마신 폴은 행복하게 춤을 추고 있는 부모님의 모습을 보게 된다. 하지만 바로 그 순간 천장이 무너지며 거대한 무언가가 부모님을 그대로 덮쳐버렸고, 아무것도 할 수 없는 아기 폴은 흔들의자에 앉은 채 그 장면을 바라보며 애타게 울기만 한다. 그 시절 이모들은 여전히 피아노를 포기하지 못한 채 폴이 자라서 피아니스트로서의 삶을 살길 바랐고, 무리하게 무거운 피아노를 집에 들여 놓았던 것이다. 결국 하중을 이기지 못하고 천장이 무너지면서 피아노에 깔려 부모님이 돌아가시게 된 사실을 알게 된 폴은 왜 이모들이 그토록 아버지에 대해 말을 해주지 않았는지 알게 되었다.

부모님을 돌아가시게 만든 바로 그 피아노에 지금까지 인생을 모두 바쳤다는 사실에 엄청난 충격과 분노감에 휩싸인 폴은 피아노 뚜껑을 덮어 자신의 손가락을 다치게 만들고는 많은 눈물을 흘린다. 설상가상으로 마담 프루스트가 죽었다는 소식을 들은 폴은 망연자실하며 그녀의 망가진 우쿨렐레를 고쳐 들고 무덤을 찾아간다. 무덤 앞에 우쿨렐레를 내려놓자 빗방울이 줄에 떨어지면서 신기하게도 그녀가 평소 즐겨 치던 음악이 흐르고, 폴은 무언가 깨달은 듯한 표정을 지으며 우쿨렐레를 다시 자신의 옷 안에 품는다. 비로소 자신이 무엇을 하고 싶은지 발견하게 된 것이다. 이후 폴은 이모들을 용서하고 사랑하는 여인과 결혼하는 동시에 예쁜 아기를 낳게 되고, 우쿨렐레 선생님으로서 많은 사람들에게 악기를 가르치며 살아간다. 그리고 자신을 바라보며 무언가 말을 하려는 듯 옹알이하는 아기의 눈을 사랑스럽게 바라보며 처음으로 입을 뗀다. "아빠."

2. 교류분석으로 바라보기

1) 주요 개념

(1) 자아상태 분석(ego state analysis)

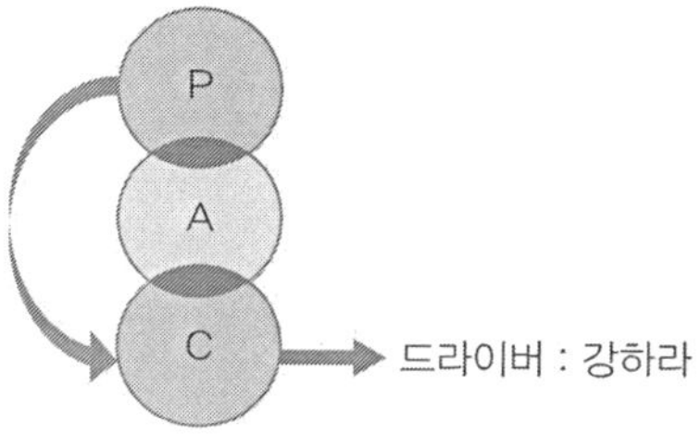

▎그림 8-1 ▎ 정신분열성 성격적응의 성격구조

정신분열성 성격적응은 A 자아상태가 P와 C의 침범으로 인해 양쪽에서 모두 오염이 된 '이중오염' 상태라고 볼 수 있다. 부모 자아상태는 어린이 자아상태를 비판하고, 어린이 자아상태는 이러한 비판을 피하기 위해 회피하게 되면서 A 자아상태가 거의 제 기능을 하지 못하는 상태가 되는 것이다(그림 8-1). 폴은 아버지의 기억을 모두 지워버리기 위해 사진 속 아버지 모습을 모두 오려 내버리고, 잊기 위해 애를 쓴다. 하지만 아버지로부터 도망가려 하면 할수록 매일 밤 아버지가 무서운 얼굴로 꿈속에 나타나 아버지에 대한 기억은 더욱더 강렬해진다. 이처럼 도망가려 하면 할수록 부모 자아상태의 비판 강도는 더욱 높아지고 어린이 자아상태의 회피는 증가하게 된다. 그 과정에서 어른 자아의 기능은 거의 상실하게 되고, 공허한 눈빛, 감정 표현의 부재, 경직된 신체상 등이 나타나며 부자연스러우면서도 부적응적인 행동과 함께 자신의 욕구나 감정 따위는 없는 사람처럼 살아가게 된다.

폴의 자아상태가 P와 C로부터 오염된 근거를 영화 속 장면에서 찾아볼 수 있다.

- 매일 밤 꿈속 자신에게 소리 지르는 아버지의 무서운 모습은 부모 자아가 계속해서 어른 자아를 오염시키는 형태로 나타난다. 부모님의 죽음에 대해

명확하게 알지 못하는 상황에서 꿈속에 보이는 아버지의 모습은 폴의 상상과 공상을 더욱더 부추기게 되고 아버지라는 존재 자체를 위협적인 메시지로 받아들이게 된다. 그럴 때마다 폴은 스스로를 고립시키고 자신만의 동굴 속으로 깊숙이 숨어버리는데, 이는 공격적인 부모 자아를 피해 어린이 자아가 회피하는 모습으로 해석할 수 있다.

- 프루스트가 준 차를 마신 후 과거를 탐색하던 중 현실로 돌아온 폴이 프루스트에게 안겨 아이처럼 울기 시작한다. 하지만 그런 자신의 모습에 놀란 듯 허둥지둥 그곳을 빠져나오는 모습은 욕구와 감정을 억압한 채 회피하며 살아온 어린이 자아가 자신도 모르게 튀어 나왔기 때문에 당황한 것으로 해석할 수 있다.
- 어른 자아는 현실검증 및 문제 해결을 해나가는 역할을 하며 P와 C 자아상태의 내용이 적절한지 평가를 한다. 미셸이 말을 걸어올 때 얼음이 되는 장면, 마지막 남은 슈게트를 어린아이가 먹어 버릴 때 화가 난 폴이 벌떡 일어나 자리를 박차고 나가는 장면, 두 이모들 사이에 끼어 아무것도 하지 못하는 장면 등은 폴의 어른 자아가 제 기능을 전혀 하지 못하고 있는 것으로 볼 수 있다.

(2) 각본분석(script analysis)

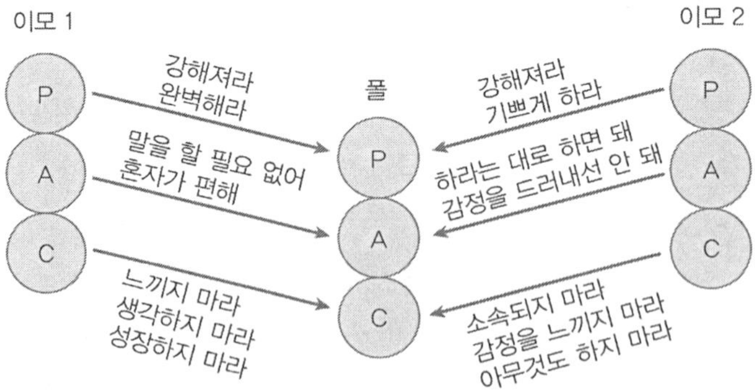

▌그림 8-2▐ 폴의 각본 분석

① 부모명령

이들은 일종의 금욕주의자와 같고, 자신의 욕구를 느낄 때마다 자신을 비판하게 된다. 또한 자신 안에 있는 어린이 자아상태를 무시하고 진정으로 긍정적인 존재가 되기 위해서는 첫 번째로 자신의 욕구를 버려야 한다고 믿는다. 폴은 어린 나이에 부모님을 여의고 두 명의 이모와 함께 살아가고 있다. 부모님의 죽음을 쉬쉬하는 이모들의 행동, 그리고 아주 약하게 남아 있는 아버지의 기억, 매일 반복되는 악몽 같은 꿈들로 인해 그의 기억 속 아버지는 폭력적이고 난폭하며 자신에게 늘 소리를 지르던 사람으로 기억되고 있다. 하지만 외로운 주인공 폴을 아들처럼 물심양면 지원해 주고 보살펴 주는 이모들이기에 폴은 그녀들의 말을 거스를 수가 없다. 힘들어도 힘들다고 말을 할 수 없고, 하고 싶지 않아도 하기 싫다는 말을 절대로 할 수가 없다. '이번 콩쿨에서는 꼭 우승을 해야 해', '어디를 가든 우리한테 꼭 말하고 가야 해', '넌 혼자 할 수 없잖니', '널 지켜줄 수 있는 사람은 세상에 우리 밖에 없단다' 등의 메시지를 받으면서 폴은 자연스럽게 '욕구를 가지지 마라', 즉 '강해져라'의 드라이버 메시지를 무비판적으로 받아들이게 된다. 그렇게 하루하루 익숙해져 가며 폴은 자신이 무엇을 원하는지, 어떤 사람인지조차 잊어가며 이모들과 주변인들에 의해 움직이고 생각하고 행동하게 된다. 기억하고 싶지 않은 과거, 세상에 혼자 남은 자신을 아들처럼 키워주는 이모들, 그들을 만족시켜 주기 위해서는 자신의 감정과 생각, 욕구를 차단/무시한 채 점점 더 고립되어 가는 삶을 택할 수밖에 없다.

② 프로그램

영화 속 이모들의 모습을 떠올려 보자. 나이가 꽤 많아 보이고 머리는 항상 깔끔하게 틀어 올리고 있으며 서로 꼭 같은 옷을 입고 다닌다. 심지어 파자마까지 똑같이 입고 있는 모습은 그 자체로 숨이 턱 막히는 느낌이 든다. 폴에게 무슨 말을 할 때면 왼쪽과 오른쪽 자신들의 포지션이 있는 것마냥 양쪽으로 둘러싼 후 빠져나갈 구멍 하나 주지 않으려는 듯 서서히 폴을 조인다. 마치 쌍둥이처럼 늘 같은 모습을 하고 다니는 이모들을 보자면 그녀들이 얼마나 변화를 싫어하고 고집이 센지가 느껴진다. 이모들이 그토록 피아니스트에 집착하는 이유가 무엇일까? 우리가 눈여겨보아야 할 지점이라 생각한다. 영화에 잠깐 나왔지만 폴의 엄마 아니타의 아버지 또한 아니타를 유명한 피아니스트로 만들고 싶어 했다. 피아노는 주로 중상류층들이 즐기는 우아하고 고상함을 지닌 분야이다. 아니타를 피아니스트로 만듦으로써 가족들이 얻게 되는 명예와 자랑스러움이 얼마나 컸을지 짐작해 볼 수 있다. 하지만 아니타는 아버지의 메시지에 따르지 않았고 자신이 사랑하는 남자를 만나 폴을 낳고 레슬링 선수로서의 자유분방한 삶을 선택한다. 반대로 이모들은 아버지의 메시지를 그대로 받아들이며 집안의 명예를 드높여 줄 유명한 피아니스트를 배출할 생각에 폴에게 과도한 집착을 하며 세상과 차단시킨다. 이러한 이모들의 모습을 보며 자란 '폴'은 '나는 열심히 피아노를 쳐야 해', '이모들이 하라는 대로 그대로 따라 하면 돼', '세상과 소통하지 않겠어'와 같이 A 자아에서 결정 내리고 행동한다.

③ 금지명령

- 느끼지 마라 : 폴은 햇빛을 좋아한다. 그래서 매일 공원에 산책하는 시간을 꼭 갖는 사람이다. 자신만의 시간을 가지며 자연과 깨끗한 공기, 그리고 빛을 받는 그 시간이 폴에게는 아주 중요하다. 이른 아침 밝은 빛을 느끼며 행복해하는 표정을 짓지만 이모들은 이내 커튼을 치고 피아노 뚜껑을 열어 그 빛을 차단해 버린다. 이모들에게 있어서 폴은 그녀들이 이루지 못한 꿈을 실현시켜 주는 존재, 즉 그녀들의 꿈이자 사람들에게 내보일 수 있는 자랑거리에 불과했다. 그로 인해 폴은 점점 더 감정과 욕구를 잃어가게 되고, 웃지도, 울지도, 슬퍼하지도, 화를 내지도 않는 아무것도 느끼지 못하는 무감정한 사람이 되어 버렸다.
- 친해지지 마라/소속되지 마라 : 이모들의 댄스 교습소에서 피아노를 치는 폴의 모습은 굉장히 안쓰럽다. 기계처럼 이모들이 원하는 곡을 쳐내야 하고, 잠시 쉬는 시간에도 혼자 슈게트를 먹으며 공허하게 밖을 바라본다. 그 누구도 친밀하게 그에게 다가오지 못하는 모습을 볼 수 있다. 간

식을 사러 나갈 때도, 공원을 나갈 때도 그 외 어느 곳을 가든지 칠판에 동선을 철저하게 적어야 하며, 누구를 만났는지 어디에 갔었는지를 이모들은 집요하게 알아내려고 한다. 1층 현관에서 폴과 마담 프루스트가 잠시 마주치고 가벼운 미소와 함께 눈인사를 나누자 이 모습을 본 이모들은 굉장히 방어적인 태도와 못마땅한 표정으로 프루스트의 뒷모습을 한참이나 지켜본다. 철저하게 폴을 고립시키고 오로지 피아노 치는 기계로 만들어 가는 이모들의 모습들이 분명하게 보이는 부분이다.

- 성장하지 마라 : 이모들의 하루 일과를 보면 모든 관심과 집중이 폴에게 초점화 되어 있는 것을 알 수 있다. 폴의 하루 일과를 짜 놓는 것은 물론, 옷 입는 것, 먹는 것까지 철저하게 관리하고 있는 것을 알 수 있다. 마담 프루스트가 피아노 조율사에게 "어른들이 가만히 놔두면 그 애는 영원히 두 살로 살게 될 거야"라는 말을 하는 장면과 이모들이 마담 프루스트에게 따지러 찾아가 "폴을 우리한테서 뺏어가려고? 그 앤 우리 거야, 우리가 엄마야!"라고 소리치는 장면을 보면 더욱 잘 이해할 수 있다. 이러한 환경에 지속적으로 노출되면 무력해지고, 스스로 무언가를 결정하고 선택하고 책임을 질 수 없는 상태가 되며 타인에게 의존적으로 살 수밖에 없다.
- 생각하지 마라 : 이 메시지는 아이의 자연스러운 호기심이나 생각을 지속적으로 무시했을 때 나타나는 것이다. 이모들은 오로지 폴이 피아노만을 생각하길 바라며, 피아니스트로서의 삶을 살기를 원한다. 폴의 생일 날 모두가 둘러 앉아 폴에게 선물을 주는 장면이 있다. 손님들은 피아노를 더 열심히 치라며 손가락을 훈련하는 기계를 선물하였고, 좋아하는 간식인 슈게트를 먹을 때 피아노에 흘리지 말라며 간식을 담을 수 있는 예쁜 접시를 선물한다. 마지막으로 이모들이 준비한 선물은 피아노 조립 세트인데 점점 표정이 어두워지던 폴은 이 선물을 보며 완전히 굳어버린 얼굴을 한다. 철저하게 이모들이 원하는 삶으로 프로그램화 되어 살아가는 폴은 이모들이 짜놓은 계획과 어긋난 행동을 할 때 불안함과 두려움, 죄책감 등 혼란스러움을 경험하는 모습이 보인다.

- 아무것도 하지 마라 : 이 메시지를 가장 잘 보여주는 장면은 폴과 이모들이 함께 버스를 타고 가는 장면이라고 생각한다. 양쪽에 이모들이 앉아 있고 경직된 자세로 그 틈에 끼어있는 폴의 모습은 말 그대로 "아무것도 하지 마라"의 메시지를 강하게 받고 있는 것으로 보인다. 이러한 메시지를 보내는 부모에 대해 '질식시키는 부모', '관리인 역할의 부모'라고도 하는데, 이들의 특징은 아이들이 부모로부터 독립하는 것을 원하지 않고 아이들이 세상을 향하여 나갈 수 있는 모든 잠재력을 제한시키며 부모가 모든 것을 이끌어 나가야 한다고 생각한다. "폴은 우리가 제일 잘 알아! 그 앤 우리 거야!"라는 말을 내뱉으며 인격체가 아닌 하나의 소유물로 생각하는 이모들의 모습은 폴이 얼마나 숨 막히는 환경에서 성장하였는지를 잘 보여주는 장면이다.

(3) 라켓시스템 분석(racket system analysis)

폴의 라켓시스템

각본신념/감정

• 신념
1. 자신
나는 아무것도 할 수 없다.
지지하는 신념 : 원하는 것은 이룰 수 없다.

2. 타인
이모들을 실망시키면 안 된다.
지지하는 신념 : 열심히 피아노를 쳐야 한다.

3. 삶의 본질 핵심
삶은 힘들고 외롭다. 혼란스럽다
지지하는 신념 : 아무도 나를 사랑해 주지 않는다
(아버지에 대한 원망감)
각본결정 시 억압된 감정 :
무감각, 혼돈, 두려움

라켓표현

1. 관찰 가능한 행동
매일 악몽을 꾼다.
매일 피아노를 친다.
사람들과 교류하지 않고 혼자 다닌다.
무감정하다.

2. 보고된 내적 경험
답답하고 한숨이 나온다.
무언가 하고 싶은 욕구가 없다.

3. 환상
피아노만 치다가 죽게 될 것이다.
영원히 사랑받지 못할 것이다.

강화하는 기억

1. 정서적 기억 :
아버지는 엄마를 매일 때렸다.
아버지는 나에게 소리를 질렀다.
이모들은 가엾은 나를 열심히 돌봐주었다.

2. 증거와 정당함 제시
이모들이 부모님의 죽음을 쉬쉬한다(아빠에 대해 부정적으로 말함).
피아노를 잘 치면 내 주변 사람들이 행복해한다.
아무도 나에게 다가오지 못한다.

▌그림 8-3▌ 폴의 라켓시스템 분석

(4) 게임분석(game analysis)

영화 속 주인공 폴은 함묵증 증상을 보이고 있으며 사람들과 대화 자체를 하지 않은 채 살아간다. 여기서 구분해야 할 것은 실어증과 함묵증인데, 실어증은 뇌 부위에 병이 발생해 언어기능이 저하되는 증상이지만 함묵증은 언어 중추기능이 살아 있음에도 심리적 요인에 의해 말을 하지 않는 정신적 언어장애를 뜻한다. 그렇기 때문에 앞서 이야기했듯 폴이 나타내고 있는 증상은 함묵증으로 보는 것이 맞다. 애착유형으로 살펴보자면 '폴'은 불안정 혼란 애착 유형 중 '공포형 회피애착'을 보이고 있다. 즉, 자기부정－타인부정의 인생태도를 가진 유형이며 '남들과 가까워지면 편하지가 않다', '타인을 완전히 신뢰하기가 어렵다', '누군가와 가까워지면 나는 상처받게 될 것이다' 등의 자기 메시지를 끊임없이 주입하고 있다.

이모들(애니와 안나)의 박해자, 구원자, 희생자 역할을 살펴보면 다음과 같다.

- **박해자 역할**(이모들 → 폴, 프루스트) : 단적으로 말해 이모들이 폴에게 하는 행동은 아동학대에 해당한다. 일거수일투족 모든 것을 간섭하려 하는 것은 정서적 학대이자 심리적 질식을 시키는 행동이다. 단 한 번도 폴의 꿈이나 미래에 대해 물어보지 않고 일방적으로 피아니스트를 만들려 하는 이모들의 모습은 폴의 숨통을 조이는 박해자의 역할로 볼 수 있다.
- **구원자 역할**(이모들 → 폴) : 자녀는 부모가 허용하는 만큼 성장하는 존재이다. 여기서 허용은 허락과는 다른 의미로 자녀의 자율성을 존중한다는 뜻이다. 스스로 할 수 있음에도 부모가 모든 것을 해주거나, 아이의 생각을 대신 대변하거나 부모의 생각을 끊임없이 제안하는 것은 자녀의 성장을 암묵적으로 방해하는 것이다. 영화 속 이모들은 폴을 돌보아 주는 것 이상으로 집착하는 기이한 행동들을 한다. '너 혼자서는 절대 스스로 살아 나갈 수 없어'라고 말하는 듯 폴이 할 수 있는 것들을 모두 대신 해주려는 모습은 구원자와 같다.
- **희생자 역할** : '우리'가 없으면 넌 절대 살아갈 수 없다는 메시지를 폴에게 주지만 반대로 폴이 없으면 이모들이 살아갈 수 없을 것만 같은 모순적이고

뒤틀린 관계가 영화 내내 흘러나오며 박해자이자 구원자, 그리고 희생자의 역할을 도맡아 가며 병리적인 모습을 보여준다. 최고의 피아니스트로 만들기 위해 사람들에게 식사를 대접하고 비용을 지불하며 정보를 캐내기 위해 애쓰는 이모들의 행동은 '널 위해 우리가 이렇게까지나 하고 있단다'를 보여주고 있다. 또한 폴의 기분을 지나치게 의식하고 살피며 그의 행동 하나하나에 노심초사 하는 모습을 보면 영락없이 희생자의 역할을 맡고 있는 듯 보인다.

폴의 희생자, 박해자 역할을 살펴보면,

- 희생자 역할(이모들 → 폴) : 영화 속 주인공이자 희생자의 역할을 맡은 것은 당연 폴일 것이다. 매일 밤 악몽을 꾸며 땀을 뻘뻘 흘린 채 깨어나고, 마음대로 아침 햇살 한 번 쬐지 못하는 '폴'은 자율성과 주체성이라고는 찾아볼 수가 없다. 이모들의 욕심 속에서 하루하루 쳇바퀴 돌 듯 살아가는 삶은 '폴'을 미래도, 희망도 없는 무력한 존재로 만들어버린다.
- 박해자 역할(폴 → 이모) : 영화의 전반적인 내용을 보자면 폴은 이모들의 강압적이고 통제적인 양육태도와 지나치게 과보호적인 모습으로 인해 삶의 의욕이 매우 저하된 모습을 보인다. 더욱이 부모님의 존재와 죽음에 대해 당연하게 궁금할 수밖에 없지만 이모들은 절대 그에게 일절 어떠한 이야기도 해주지 않는다. 그럼에도 불구하고 폴이 박해자의 위치에 있는 이유는 무엇일까? 앞에서도 언급했지만 이모들은 박해자와 구원자, 희생자의 포지션을 모두 차지하고 있다. 폴이 혹시나 위험한 상황에 놓이지 않을까 노심초사 걱정하는 부분도 있지만 그녀들이 원하는 '피아노'를 멀리하게 될까 봐 두려워하는 모습도 함께 비춰진다. 그런 이모들을 누구보다 잘 알고 있는 폴은 기분이 좋지 않거나 자기 뜻대로 되지 않으면 피아노를 치지 않으며 일탈적인 행동을 보이기도 한다. 그러한 행동들을 통해 이모들을 불안하게 만드는 모습은 폴 역시 희생자와 박해자의 역할이 반복적으로 전환되고 있음을 말해준다.

(5) 인생태도(life position)

창의적 몽상가 유형의 사람들은 자기부정–타인부정의 인생 태도를 가진다(그림 8–4). 자기부정의 경우 '나는 나의 진정한 욕구와 만날 수 없다', 타인부정의 경우 '그 누구도 내가 원하는 것을 줄 수 없다'의 태도를 가지고 있기 때문이다. I'm not OK, You're not OK의 인생태도를 가진 폴을 살펴보면, 공허한 눈빛과 기계적인 움직임이 안쓰럽기도 하고, 멍한 눈동자를 보고 있자면 알 수 없는 기괴함이 들기도 한다. 영화 속 주인공 폴은 주 양육자와의 관계에서 안정적인 애착관계를 형성하지 못한 것으로 보인다. 부모님은 폴이 두 살 때 사고로 모두 돌아가셨고, 두 이모들의 손에 맡겨져 30살이 넘도록 함께 지내 왔지만 이모들의 과보호와 강한 규칙, 강요 등으로 인해 주체적인 존재로 성장하지 못한 채 내면은 두 살의 나이라는 시간에 갇혀 살게 된다.

프루스트가 준 차를 마시며 우리는 폴과 함께 그의 과거를 천천히 따라 가볼 수 있는데 폴이 태어나는 순간부터 그를 둘러싼 어른들은 '무엇으로 만들어야 한다'는 메시지들을 계속 주고 있다. 누구보다 자신이 원하는 인생을 살길 바랐던 아름답고 따뜻했던 어머니, 그의 안식처이자 방어막이었던 어머니의 죽음으로 인해 폴은 결국 이모들의 '세계적인 피아니스트 만들기'라는 허영과 욕심 가득한 프로젝트의 희생양이 되어 버린다. 30살이 넘도록 말을 하지 않는 그를 걱정하는 이는 오직 프루스트 한 명뿐이다. 가장 가까이 함께 사는 이모들도, 주변지인 그 누구도 부모를 잃은 폴의 슬픔과 아픔을 돌보려 하지 않았고, 혹시나 피아니스트로 성공하는 데 장애물이 될까 봐 오히려 진실을 은폐하고 쉬쉬하며 그가 진정으로 원하는 욕구와 감정, 생각을 아무도 읽어주지 않는다.

I'm not OK, You're not OK, 패배자 각본을 형성할 확률이 가장 높은 인생태도이며 이러한 생활 자세를 가진 사람들의 삶은 그야말로 삶이 무용하고 절망으로 가득 찬 곳이라고 지각한다. 자기 스스로를 전혀 사랑할 줄도 돌볼 줄도 모르며 낮은 가치의 존재로 생각하고, 타인에 대해서도 누구도 자신을 도와줄 수 없는 존재들이라 인식한다. 세상이 그렇게 어른들의 뜻대로 돌아가게 되면서 폴은 아

무도 자신을 도와줄 수 없다는 것을, 누구도 그의 편이 아니라는 것을 본능적으로 알게 되고, 타인에 대한 기대와 신뢰가 사라지게 된다. 세계적인 피아니스트가 되면 가슴 아픈 과거는 묻어두고 폴 역시 행복해질 것이라는 어른들의 잘못된 믿음으로 인해 고립과 단절이라는 가슴 아픈 결과를 안은 채 살아가는 폴의 모습은 참으로 가엾다.

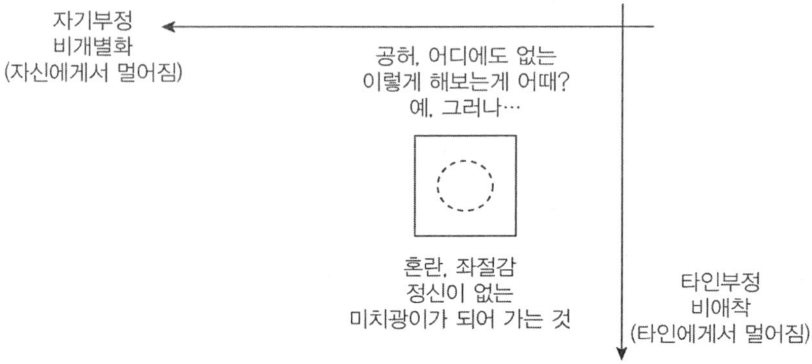

▌그림 8-4▐ 창의적 몽상가 유형의 인생태도

(6) 디스카운트(discount)

폴은 이모들이 하라고 하는 대로 행동을 따르거나, 그녀들이 세워놓은 계획에 맞춰 하루하루를 살아간다. 이미 너무나 익숙해져 버려 그것이 편하기 때문일까? 라고 생각할 수 있지만, 아침에 일어나 샤워를 할 때 밖에서 들려오는 이모들의 노랫소리에 크게 한숨을 쉬는 모습은 분명 이러한 삶에 회의감을 느끼고 있음을 알 수 있다. 그럼에도 불구하고 아무런 조치를 취하지 않고 변화의 의지가 없으며 이모들의 삶, 즉 이모들의 각본 속에 과잉적응하며 스스로를 디스카운트하고 있음을 알 수 있다.

이러한 유형은 타인과의 친밀한 관계형성에 관심이 없고 감정 표현이 부족하며 사회적인 적응에 현저한 어려움을 나타내는데, 이들은 유아기에 기본적인 신뢰관계와 타인과의 안정된 애착관계를 형성하지 못하였고 자신의 욕구를 버려야만 긍정(OK)적인 존재가 된다고 믿기 때문에 어떠한 문제에 당면했을 때 도움을 요청하는 경우가 드물며 '상관하지 마라', '나를 내버려 두라' 등의 짜증스러운 반응을 보임과 동시에 사람들과 거리를 두거나 회피하려는 행동을 하기도 한다. 너무나 그리운 '엄마', 그것을 잘 아는 프루스트는 '엄마'라는 미끼를 폴에게 던지고 미끼를 문 폴은 매주 그녀의 집을 방문하지만 계속해서 마주하는 것은 기억하고 싶지 않은 '아빠'의 모습들이다. 그럴 때마다 자신의 낡은 각본이 정당화되는 느낌을 받으며 고통의 시간을 경험하게 되고, 초조하고 불안해지며 때로는 멍해지는 모습들이 나타나기도 한다. 폴의 기억 속 부모님의 모습, 다시 말해 엄마를 괴롭히는 아빠 그리고 끊임없이 피아노를 치기 원하는 이모들 그 사이에서 폴은 점점 무력해지고 무감동, 무욕구와 같은 비정상적인 모습들이 나타난다.

(7) 시간의 구조화(time structuring)

폴이 주로 하는 시간의 구조화는 '폐쇄'이다. 흔히 시간의 구조화에서 폐쇄의 포지션에 있는 사람들을 보고 우리는 상처가 많은 사람, 바꾸어 말해 더이상 상처를 받고 싶지 않은 사람이라고 표현하기도 한다. 폐쇄는 타인과의 상호작용 및 상호교류가 전혀 되지 않는 상태를 뜻하며 타인이 바라볼 때 어느 자아상태에 놓여 있는지 가늠하기가 어렵고 외부에서 행동적으로 진단하기가 힘들다. 주인공 폴은 분열성 성격장애로 구분될 수 있는 증상들을 거의 다 가지고 있다.

이모들이 원하는 대로 그녀들의 댄스 학원에서 피아노를 치고 각종 모임에 참석하기는 하지만, 그는 타인과의 접촉을 어려워하며 대인기피증과 같은 모습을 보이고 가족들과 가까운 사람들하고의 친밀한 관계를 전혀 맺지 않는다. 혼자 공원 벤치에 앉아 사람들의 움직임을 관찰하고 뜨거운 태양을 바라보는 시간을 즐기는 것이 그가 하는 유일한 취미이다. 타인들과의 교류를 완전히 차단해 버린 채 자신만의 세계에 갇혀 살고 있는 인물로 어린 시절부터 스트로크 교환은 위험한 것이라고 인지했을 가능성이 높다. 자폐상태/폐쇄로 설명할 수 있다. 아버지의 폭력적인 행동과 자신에게 무서운 얼굴을 한 채 소리를 지르는 모습은 매일 밤 악몽으로 나타날 정도로 그에게 큰 영향을 미치고 있다. 아침마다 놀라며 꿈에서 깨는 모습, 긴장과 불안감으로 가득한 눈빛, 온몸이 젖을 정도로 식은 땀을 흘리는 폴을 보면 여전히 어린 시절의 공포에서 헤어 나오지 못하고 있다는 것을 알 수 있다.

하지만 불행하게도 사랑을 어떻게 주어야 하는지 전혀 모르는 이모들에게 양육되면서 어린 시절의 트라우마와 스트로크의 결핍이 상호작용하며 폴은 심리적 위협을 피하기 위해 점점 더 깊은 동굴 속으로 들어가게 되어버렸다. 폐쇄의 시간의 구조화를 하는 동안 받거나 줄 수 있는 유일한 스트로크는 자기 스트로크이며 폴은 자신이 좋아하는 간식 슈게트를 먹는 시간, 사람들이 행복해하는 모습을 한눈에 볼 수 있는 공원에서 자기만의 시간을 가지며 스트로크를 획득해 나간다.

(8) 재결정(redecisions)

영화 속 프루스트는 '네 엄마가 어디 있는지 알아'라고 적힌 쪽지를 폴에게 남긴다. 이것은 상담자가 내담자를 어린이 자아상태로 유인하는 단계와 같다고 볼 수 있다. 누군가 폴을 지금의 삶에서 꺼내어 주지 않는다면 영원히 두 살 어린아이로 살게 될 것을 프루스트는 누구보다 잘 알고 있었기에 막무가내라는 것을 알면서도 폴의 집 안에, 아니 어쩌면 폴의 인생 전체에 침입하게 되는 모험을 감수한다.

재결정 치료는 상담자의 '허가'에서 시작되는데 내담자가 자신의 인생을 바꿀 결정을 내려야 하는 기로에 서게 될 때 상담자는 부모 이상의 권위를 갖고 내담자에게 '허가'를 주어야 한다. 상담자는 내담자에게 '허가'를 해주었지만 내담자는 계속해서 갈등을 하게 될 것이다. 이미 익숙해져 버린 낡은 각본에서 벗어난다는 것은 매우 큰 용기가 필요하기 때문이다. 하지만 진정한 나로 살아가기 위해서는 그 틀을 깨야 하며 그 과정을 통해 성장해야만 한다. '성장하지 마라', '느끼지 마라', '생각하지 마라'와 같은 수많은 금지명령들을 받으며 자라온 폴은 어떻게 하면 어른이 될 수 있는지조차 알지 못한 채 하루하루 살아간다.

프루스트는 두 살에서 멈춰버린 폴을 '진짜 어른'이 될 수 있도록 도와주는 역할을 하고 있다. 영원히 아기로만 살기를 바라는 이모들과 다르게 폴과 미셸의 관계를 보던 프루스트는 "귀엽게 생겼는데~ 한 번 잘해보지 그래?"라며 말을 툭 던진다. 영화 장면에서 처음으로 폴을 '어른'으로 대해주는 인물인 것이다. 프루스트는 무심한 듯하면서도 두 살 아이가 아닌 33살의 어른이라는 것을 폴에게 계속해서 알려주려는 듯 '어른'으로서의 선택을 할 수 있는 존재라는 것을 끊임없이 '허가'해 주고 있다. 영화 말미 이모들에게 신체적 폭력을 당하면서도 마지막까지 폴에게 찻잎을 전달해 주는 프루스트의 모습은 앞서 언급하였듯 부모 이상의 권위를 가지고 폴에게 '허가'를 해주는 상담사의 모습이라고 해도 과언이 아니다.

공포스러운 아버지의 기억과 소유욕이 강한 이모들로 인해 P 자아가 A 자아를 오염시켜 버렸고, 그럴수록 무력해지고 겁에 질린 C 자아는 더욱더 깊은 동굴 속으로 도망치며 폴은 함묵증이라는 병을 안고 살아가게 된다. 이 영화의 가장 핵심이자, 우리 모두가 폴에게 해주고 싶었던 그 말, 바로 생전 엄마가 가장 좋아했던 영화 제목 '네 인생을 살아라'가 아닐까 싶다. 낡은 각본은 나의 의지와 상관없이 무력했던 어린 시절 그들에 의해 만들어진 가짜 각본이기도 하다. 낡은 각본은 수많은 금지명령과 부모명령, 그리고 메시지들을 통해 만들어졌고, 상담사는 낡은 각본을 강화시키는 메시지로부터 허가해 주며 건강한 각본을 다시 쓸 수 있도록 돕는 역할을 한다. 그러기 위해 가장 필요한 한 마디는 바로 "Vis ta vie(네 인생을 살아라)"이다.

2) 성격적응 유형 분석

(1) 드라이버에 의한 의사소통 방식

'강해져라(아무런 욕구도 느끼지 마라)'의 드라이버에 걸린 폴은 마음의 문을 굳게

닫은 채 누구에게 먼저 도움을 요청하거나 흐트러진 모습을 보이지 않으려 애를 쓴다. 주인공을 둘러 싼 모든 인물들은 폴의 비위를 맞추거나 폴을 아기 취급하며 피아노를 치는 것 외에는 아무것도 할 줄 모르는 사람처럼 대하곤 한다. 폴 역시 답답함을 느끼지만 이러한 상황에 익숙해지면서 변화를 위해 어떠한 노력도 할 의지가 없어 보인다. 하지만 우연한 기회에 마담 프루스트를 만나게 되면서 폴의 인생은 점차 변화되기 시작하는데 그 과정이 순조롭지만은 않다. 타인에 대한 경계심이 매우 심하고, 누군가 자신에게 접근해 오는 것 자체를 불안해하기 때문에 조금씩 바뀌어 가는 자신의 모습을 스스로 받아들이기 힘들어할 때도 있다.

영화 속 프루스트는 때로는 무모하고 거침없이 말을 내뱉는 독특한 캐릭터다. 먼저 도움을 주겠노라 손을 내밀어 놓고는 도움을 주는 대가로 적지 않은 돈을 당당하게 지불하라고 말하는가 하면 공원 중심에 있는 고목을 베어내려는 공무원을 상대로 1인 시위를 벌이기도 한다. 폴을 처음 만났을 때 차를 한 잔 대접하겠다며 내어주고는 "자 이건 벙어리가 마실 차"라고 말하는 모습은 상대를 배려하는 마음이라곤 찾아볼 수 없다. 하지만 누구보다 '엄마'를 만나고 싶었던 그의 욕구를 알아차린 프루스트는 그의 취약점을 자원으로 잘 활용하는 영리한 여자다. 여기서 우리가 살펴보아야 할 점은 바로 프루스트의 태도다. 영화 초반 그녀는 예의도 없고 어쩌면 무례해 보이기까지 한 모습의 캐릭터로 비춰지는데 사실 영화 등장인물 중 폴을 가장 안타까워하고 측은한 마음을 가지고 다가가는 사람이다. 하지만 정서적인 교류 자체가 어려운 폴이기에 그에게 처음부터 감정적 접촉을 시도하지 않는다.

프루스트와 처음 조우하게 된 폴은 매우 당황하는데, 그런 그에게 "차 한 잔 대접할게요. 손님이니 내 말을 들어요"라고 지시적, 명령적으로 그를 대하며 차를 내준다. 이후 프루스트와 만남의 횟수가 점차 늘어나는데 프루스트는 절대 폴에게 "오늘 기분은 어떠니?", "어떤 느낌이 들었니?"와 같은 감정적 질문을 하지 않는다. 엄마를 찾아주겠다면서 폴에게 "엄마는 네 기억 속에 있어, 기억은 물고기처럼 물속 깊숙이 숨어 있단다"라고 말하며 어린 아이를 가르치듯 차근차근 하나씩 설명을 해준다.

실제로 정신분열성 성격적응 유형의 내담자에게는 '지시하는 의사소통 방식'을 사용하는 것이 좋다. 말 그대로 상담사는 내담자에게 '교육' 또는 '지시'를 하게 되는데 처음부터 마지막까지 목소리 높이를 아래로 깔면서 단호한 목소리 톤을 사용할 필요가 있다. 영화 속 프루스트는 단호하면서도 지시적인 태도를 보이지만, 때때로 폴이 부담스럽지 않을 정도의 질문을 하기도 한다. 그녀는 폴에게 던진 질문에 대해 스스로 답을 하며 자기 개방을 통해 자신의 이야기를 틈틈이 들려주기도 한다. 때로는 유머를 사용하기도 하고 '다행히 우린 여러 인생을 살 수 있지'와 같은 말을 하며 폴이 원하는 인생을 선택할 수 있음을 알려주는 인생의 길라잡이 역할을 해주기도 한다. 하지만 여기서 중요한 것은 폴이 아무리 애잔하고 안타깝더라도 프루스트는 절대 감정에 휘말리지 않으며 항상 같은 목소리 톤과 말투로 그를 대한다. 인생태도에서도 보았듯 정신분열성 성격적응 유형은 타인의 접촉, 인간관계에 대한 경계가 매우 경직되어 있기 때문에 프루스트의 지시적인 의사소통은 폴에게 가장 적합한 소통유형이라 볼 수 있다.

(2) 과정각본

폴은 P 자아와 C 자아 이 두 자아만이 교류를 하고 있으며 A 자아의 에너지는 결핍되어 있는 상태이다. 이러한 상태는 방향감각을 잃고 혼미해지며 결국 정신증 증세가 나타나게 된다. 이들과 같은 각본을 '사고결여 각본'이라고 하는데 '왜' 이러한 각본이 만들어지게 되는지 그 과정을 살펴볼 필요가 있다. I'm not OK, You're not OK 인생태도의 사람들은 '존재하지 마라', '아무것도 하지 마라', '성공하지 마라' 등의 금지명령을 받으면서 A 자아의 기능이 결핍되고 순응하는 AC 자아가 지배적이게 된다. 이모들의 양육태도에 대해 '소유욕이 강한 부모'라고 지칭하기도 하는데, 앞서 말했듯 아이가 독자적으로 독립된 인생을 살지 못하도록 만드는 유형이라고 생각하면 이해하기 쉬울 것이다. 이러한 유형은 과도하게 아이의 삶에 관여하고 정신적으로 물리적으로 과한 투자를 하기도 하는데 '너는 내가 원하는 대로 해야만 한다', '나는 너의 모든 것을 알아야만 한다' 등의 비정상적인 메시지를 주입하기도 한다.

영화 속 이모들 또한 폴이 정상적으로 성장하지 못하도록 끊임없이 부정적인 메시지를 주고 있으며 이러한 메시지를 무비판적으로 받으며 성장한 폴은 표정이 없고 눈은 공허하며 자신의 욕구를 내세우지 못하는 사람으로 커버린다. 그 결과로 '결코 ~할 수 없다', '결코 원하는 것을 얻을 수 없다', '그것은 결코 이루어질 수 없다', '결코 변할 수 없다' 등 반복적으로 부정적인 결말에 이르게 된다. 문제를 해결하기 위하여 어떠한 적극적인 행동이나 요구를 하지 않으며 스트로크를 원하고 있지만 무표정한 얼굴로 절대 그 단서를 상대방에게 주지 않는다. 폴의 무력화된 모습을 볼 수 있으며 '내 인생은 결코 변할 수 없다', '결코 이모들에게서 벗어날 수 없다', '나는 결코 행복해질 수 없다' 등의 자기 메시지를 보내며 자신의 감정과 욕구 차단은 물론 타인과의 친밀한 교류도 하지 못하는 모습을 볼 수 있다.

(3) 성격적응 유형 간의 상호작용

정신분열성 성격적응 유형을 가진 사람들은 타인들과의 단절된 삶 속에서 오히려 더 큰 안전감을 느끼기 때문에 사회적 고립으로부터 벗어나기 위해 노력하기보다는 지금처럼 단절된 삶을 더 추구한다. 단순한 회피의 의미가 아니라 인간관계를 통해 얻을 수 있는 즐거움이나 의미를 찾지 못하기 때문에 사회적 활동에 참여를 하지 않으려 한다는 뜻이다. 그렇기 때문에 영화 속에 나오는 폴과 친밀한 관계를 맺고 감정적 접촉을 한다는 것은 매우 어려울 것이다. 실제 이와 비슷한 내담자가 상담실에 내방하였을 경우 매우 어려운 사례가 되지 않을까 생각한다. 이들은 자신의 감정을 표현하거나 원하는 것을 제안하는 것이 어려울 뿐만 아니라 신체적인 반응 또한 뻣뻣하고 긴장되어 있으며 부자연스럽기 때문에 원하는 것이 있다고 하여도 그것을 논리적으로 표현하는 데 한계가 있을 것이다. 웨어 이론에 따르면 정신분열성 성격적응 유형은 회피하는 수동성 행동을 보이는데 이들과 효과적인 관계를 맺고자 한다면 이들의 행동에 먼저 접근하는 것이 중요하다고 말한다.

마담 프루스트는 일단 폴이 자신의 정원에 발을 디디게 하기 위한 전략으로 '엄마'를 만나게 해준다는 제안을 한다. 어떠한 설득이나 감정적인 접근이 불가능하기 때문에 폴이 직접 '행동'으로 움직일 수 있는 방법을 우선적으로 선택한 것이다. 다시 말해 이들의 개방문은 '행동'이다. 이들은 모든 에너지를 내부로 가두어놓기 때문에 자신의 생각 또한 밖으로 꺼내어 놓는 것을 꺼린다. 마담 프루스트가 했던 방법처럼 '어떤 물건'을 가져오라고 지시하거나 요구하는 방법이 도움이 될 수 있으며 명확하게 그들이 해야 할 행동을 제시해 주면서 실행으로 옮길 수 있도록 돕는 것이 중요하다.

폴은 도무지 무슨 차를 자신에게 먹이는 것인지, 어떤 상황인지 잘 이해가 되지는 않지만 프루스트를 만나고 오면 이상하게 복잡했던 자신의 머릿속이 조금씩 정리가 되는 기분을 느끼게 된다. 때로는 알 수 없는 웃음이 새어 나오기도 하고, 때로는 걷잡을 수 없을 만큼 슬픈 감정이 올라오기도 하지만 그녀를 만나는 시간이 어느 순간부터 기다려지기 시작한다. 매주 같은 요일, 같은 시간 빠지지 않고 프루스트를 찾아가는 '행동'으로 변화의 의지를 보여주는 폴, 조금씩 마음을 열어가는 폴은 프루스트의 짓궂은 농담에도 활짝 미소를 보이고, 그런 모습을 보던 프루스트는 "네가 웃는 걸 보니까 참 기분이 좋다"라고 말하며 폴의 변화된 행동을 알아차리도록 해준다. 그러면서 그녀는 자신의 어린 시절 이야기를 꺼내어 놓는데 "우리 집은 사는 게 즐겁지 않았어. 내 남동생도 너처럼 웃는 법이 없었지. 아버지는 바람을 피웠고, 엄마는 술로 달랬어. 물론 서로 사랑할 때도 있었지만 남동생은 나보다 10살이나 어렸기 때문에 두 분의 나쁜 모습만 본 거지. 결국 웃는 방법을 못 배웠어"라며 씁쓸한 표정을 짓는다. 폴은 그런 그녀를 빤히 쳐다보며 귀 기울여 이야기를 듣는다. 바로 프루스트를 통해 타인에 대한 관심을 조금씩 보이기 시작한 것이다.

마담 프루스트는 폴을 측은하게 생각하지만 무조건적인 동정을 베풀지 않는다. 폴에게 있어서 가장 필요한 것이 무엇인지, 그가 원하는 것이 무엇인지를 정확하게 파악해 폴이 스스로 '생각'하고 선택할 수 있도록 돕는다. 마음을 열기 시작한 폴. 이제는 그의 머릿속 왜곡된 상상과 공상들에서 벗어나 객관적인 사건을 마주하고 사건을 새롭게 재인식할 수 있도록 돕고자 하는데, 이는 마담 프루스트의 전략이 웨어 이론을 그대로 반영하고 있음을 알 수 있다. 다시 한번 정리하자면, 프루스트는 폴의 개방문인 '행동'으로 접근하여 그가 스스로 그녀의 정원에 발을 들일 수 있도록 도왔으며, 그의 표적문인 '사고', 즉 왜곡된 기억과 공상들을 계속해서 바로잡아 주고자 하였다. 이 과정에서 그가 보이는 작은 행동 변화에 대해 프루스트는 놓치지 않고 스트로크를 줌으로써 현실과의 관계 맺기를 시작할 수 있도록 도왔다.

마지막으로 그의 함정문이자 가장 접촉이 어려웠던 '감정'이 폭발적으로 일어나는 순간이 있는데, 바로 콩쿨 대회에서 개구리들과의 합주를 하는 장면이다. 어린 시절 폴은 개구리가 나오는 TV 프로그램을 보고 있었는데, 쿵쿵 소리가 나서 얼굴을 돌리자 방에서 아빠가 엄마를 폭행하는 모습을 목격하게 된다. 그 순간 가장 좋아했던 귀여운 개구리 캐릭터들이 담배를 물고 있는 무서운 모습으로 변했고, 아기 폴에게 개구리는 추억이 아닌 두려운 기억으로 자리 잡게 되었다. 하지만 기억을 재구조화하는 과정에서 엄마 아빠가 싸우는 것이 아니라 레슬링 경기 준비를 하는 것이었고, 누구보다 서로를 사랑하고 있었음을 알게 되면서 그의 행동과 사고들이 점점 통합해 나가는 모습을 볼 수 있다.

너무나 좋아했던 캐릭터였지만 기억의 왜곡으로 두려움의 대상이 되었던 개구리들과 함께 합주를 하는 모습은 그가 낡은 각본으로부터 벗어나 자신만의 새로운 각본을 쓰게 되면서 완전히 자유로워진, 자율성을 회복함과 동시에 자신의 감정을 폭발적으로 발산하는 모습이라고 해석할 수 있다. 이와 같이, 정신분열성 성격적응 유형의 특징을 정리하면 다음과 같다(표 8-1).

〈표 8-1〉 정신분열성 성격적응 유형의 특징

성격구조 및 드라이버	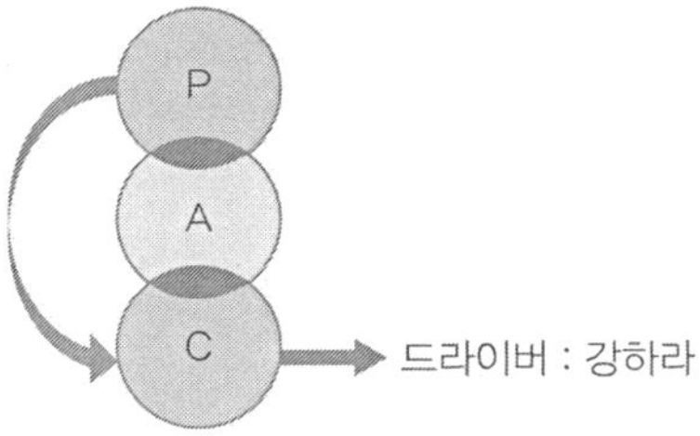
사정모형	타인과의 관계에서 '회피'함, 문제 해결 과정에서 '수동'적인 태도를 취함
어려움 또는 문제점	자신만의 공상에 사로잡힘
금지명령	성장하지 마라, 아무것도 하지 마라, 생각하지 마라, 소속되지 마라, 느끼지 마라
라 켓	무감각, 혼돈, 두려움
게 임	그것이 아니었다면...
인생태도	자기부정-타인부정
시간의 구조화	폐쇄, 활동, 친밀
웨어 이론	행동(B), 사고(T), 감정(F)
과정각본	결코(Never), 항상(Always)
선호하는 의사소통 방식	지시하는 의사소통

09 CHAPTER 정신분열성 성격적응과 편집성 성격적응

1. 영화 제목 : 잠

1) 영화정보

개봉일	2023. 9. 6.
제작국가 및 감독	대한민국, 유재선
출연배우(주인공)	정유미(수진 역), 이선균(현수 역)
등급 및 상영시간	15세 이상 관람가 / 94분
상담 주요 키워드	과잉반응, 임패스, 불안감, 분노

2) 영화 줄거리

영화 〈잠〉은 이선균과 정유미 주연의 공포 영화다. 영화는 수면 중 이상행동을 하는 남편 현수와 그의 아내 수진의 이야기를 다룬다. 수면 클리닉, 무당, 경찰 등 다양한 방법을 시도하지만, 현수의 수면 중 이상행동은 점점 더 위험해져 간다. 수진은 공포의 비밀을 풀기 위해 애쓰는데, 그 뒤에는 충격적인 진실이 숨어있다. 영화는 1, 2, 3장으로 구분되어 있다. 제1장은 한밤중 자고 있던 수진. 문득 깨어나 옆에 누워 있어야 할 남편 현수가 침대 끝자락에 앉아 있는 것을 발견했고 남편 현수는 "누가 들어왔어"라고 중얼거리고는 다시 쓰러져 잠드는 것을 본다. 출근을 하려는데 아랫집 여자 민정은 마카롱이 든 상자를 내밀며 새로 이사를 왔고 최근 일주일 내내 층간 소음으로 잠을 잘 수 없었다며 주의해 줄 것을 당부한다. 전날 밤, 현수는 잠결에 강하게 뺨을 긁고, 아침에 일어난 현수의 뺨은 피투성이가 되어 있는데 급한 대로 수진은 응급처치를 하고 병원에 가보라 하지만 현수는 출연하는 드라마 핑계를 대며 이 정도 상처는 쉽게 가릴 수 있다며 촬영장으로 나선다. 뺨에 난 상처로 현수는 배역을 잃게 되고 현수는 이제 배우를 그만두고 공인중개사 준비를 하는 게 어렵지 않을 것 같다며 말을 하는데 수진은 '둘이 힘을 합치면 못 할 게 없다'는 가훈을 강조하며 힘을 내자고 한다.

그러나 그날 밤, 현수가 몽유병 상태로 냉장고 문을 열고 날것으로 음식을 집어먹고 안방으로 들어가서 창문을 열고 밖으로 뛰어내리려고 한다. 수진이 만삭의 임신한 몸으로 사력을 다해 겨우 창밖으로 몸이 반쯤 나간 현수를 말리고 지쳐 방바닥에 누워있을 때 현수가 잠에서 깨서 무슨 일이 있었냐며 수진에게 물어본다. 수진은 친정엄마와 함께 집 안의 모든 창문에 철창을 설치하고, 친정엄마는 용한 무당에게 받아왔다며 부적을 건네주지만 수진은 거절하고 엄마를 돌려보낸다. 현수는 수진의 제안으로 치료를 위해 수면클리닉을 같이 방문해 검사를 받는다. 그리고 현수는 렘수면 행동장애 진단을 받는다. 약을 복용하고 주의사항들을 지켜나가면서 꾸준히 관리하면 완치가 가능하다는 의사의 말에 희망을 가진다. 부부는 여러 가지 방법으로 열심히 노력해 보지만 나아질 기미가 보이질 않고 현수는 키우던 반려견 후추를 죽여 냉동고 안에 시체를 집어넣는 대형 사고를 치게 된다.

제2장에서는 또다시 시간이 흘러 수진은 딸 하윤을 낳게 되었고, 남편의 수면장애에 대한 불안감은 사라지지 않았지만 부부가 힘을 합치면 해결될 것이라는 희망을 놓지 않았다. 수진의 '부부가 힘을 합치면 해결된다'라는 강박이 무서운데, 현수는 두 번이나 가정에서 떨어져 사는 방법을 시도했으나, 수진은 부부가 힘을 합쳐서 해결하는 걸 원한다. 현수는 수면장애가 도져 스스로 조사해 더 효과 좋은 약을 찾아냈으나, 의사는 그건 너무 독해서 최후의 수단이라고 그 약을 처방하는 것을 거부한다. 그러나 언제 아기가 반려견 후추처럼 죽을지 모르는

상황이라 어떻게든 현수의 수면장애를 치료해야 하기에 현수와 수진의 입장에서는 의사의 이런 말이 답답하게만 들린다.

점차 무당의 말을 신뢰하기 시작한 수진은 무당이 언급한 아래층 할아버지의 행방을 묻기 위해 아래층을 방문하게 되는데, 할아버지는 사실 새로 이사 온 민정의 아버지였고 민정의 아들을 통해 이사를 간 게 아닌 욕실에서 사망했다는 사실을 알게 된다. 평소 무속신앙을 믿지 않던 수진은 잠을 제대로 자지 못해 신경이 점차 쇠약해지게 되고, 아래층 할아버지 귀신이 현수에게 씌인 것이 맞는다는 확신을 점점 갖게 된다. 수진은 친정엄마가 가져다준 부적을 침대 밑에 붙이게 되고, 부적까지 맹신하게 된다. 수진이 밤새워 자신을 지켜봤다는 말에 현수는 수진에게 눈 좀 붙이라고 하고 수진은 잠에 드는데, 아기가 침대에 없고 아파트 쓰레기장에 딸이 버려져 있는 악몽을 꾸게 된다. 수진은 악몽에서 깨어 아기 침대에 아이가 없는 것을 보고 찾아 헤메다 거실로 나와 부엌에서 끓고 있던 사골을 발견하는데, 그 안에 아이가 있는 줄 착각하고 맨손으로 사골을 뒤집어엎고 뼛조각들을 마구 뒤진다. 하지만 현수가 화장실에서 아기를 씻기고 나오다 수진을 발견하고 사골뼈를 만져 데인 수진의 손을 치료하려고 냉동고를 열어 얼음을 꺼내려 하지만 수진은 현수를 사골 냄비로 내려쳐 기절시킨다. 수진은 기절한 현수를 속박시킨 뒤 이성을 잃은 채 칼로 현수를 협박하게 된다.

제3장은 시간이 꽤 흘러 수진은 정신병원에서 치료 중이고 현수는 수면 클리닉에서 강력한 약의 도움으로 완치 판정을 받는다. 현수는 곧 퇴원을 앞둔 수진을 병원으로 마중하러 가지만 수진은 이미 하루 전날에 퇴원했다는 사실을 알게 된다. 연락 두절이 된 수진을 찾기 위해 현수는 집으로 향한다. 아래층 집의 문이 열려 있고 그 집의 아들이 현수를 무표정으로 쳐다보고 있었으며, 자신의 집인 위층에서 쿵쾅 소리가 난다. 집안은 온통 벽과 모든 가구에 빈틈없이 부적이 붙어 있고, 그곳에 수진이 있었는데 수진은 그동안 정신병원에서 치료가 되기는커녕 오히려 악화되어 있었다. 시간이 흐르면 흐를수록 현수가 귀신에 씌였다는 무당의 말을 신뢰하며 미쳐가고 있었다. 귀신이 100일 안에 천도하지 못하면 구천을 떠돌게 되는데 할아버지가 돌아가신 날짜와 현수의 수면장애가 처음 일어

난 날짜가 같고 현수가 '누가 들어왔어'라고 한 건 할아버지 귀신이 자신의 몸에 들어왔다는 의미로 해석했으며, 현수가 대본 대사라고 반박하자 수진은 대본은 '누가 들어왔어요'로 다르지 않냐고 부정한다.

또한 귀접을 하게 되면 나타나는 증상으로 온몸을 긁는 것과 에너지를 채우기 위해 날 음식을 먹는 것이라는 점, 귀신이 100일 안에 천도하지 못하면 영원히 구천을 떠돌게 되는데 오늘이 귀신이 씌인 지 100일째 되는 날이라는 점 등의 근거를 대며 귀신을 퇴치해야 한다고 말한다. 그러나 의사로부터 완치 판정을 받은 현수는 수진의 말을 믿지 않는데, 수진은 현수가 자는 사이에 집안에서 굿을 했고 이미 귀신 퇴치를 위해 현수의 등에 알 수 없는 문양까지 새겨 놓아 50일 동안 귀접을 할 수 없었기 때문에 증상이 나타나지 않았다는 것을 설명한다. 굿은 했지만 할아버지 귀신이 천도를 거부하고 머물기를 원하기 때문에 100일인 오늘 제대로 내쫓아야 한다고 강요한다. 현수는 이를 거부하며 집을 나가려고 하지만 수진이 '둘이 함께라면 극복 못 할 문제는 없다'라는 가훈이 걸린 패를 집어 던지며 화를 낸다. 이에 현수는 집을 나가는 걸 포기하고 자신이 뭘 하면 되냐고 수진의 말에 맞춰 주려고 한다.

이제까지 현수에게 반말로 말하던 수진은 현수 앞에 앉아 "내 말 잘 들어요"라며 존대로 말하기 시작한다. 현수는 수진의 속삭이는 귓속말을 듣고 냉장고로 가 냉동칸을 열어보고 아래층 집 강아지가 죽어 있는 것을 발견한다. 현수의 행동을 할아버지 귀신의 짓으로 여겨 복수한 것에 놀란 현수가 화장실로 가 구토를 하는데, 욕조 안에 몸이 묶이고 입이 테이프로 붙어있는 채로 감금되어 있는 아래층 민정을 발견한다. 수진은 그동안 할아버지 귀신 때문에 고통을 받은 만큼 그의 가족도 똑같이 고통을 받아야 한다고 생각하며 민정을 끌고 와 드릴로 민정의 머리를 겨눈다. 이미 현수를 할아버지 귀신으로 대하는 수진이 "이래도 안 나가냐, 당신 딸을 죽이겠다"고 협박하고, 민정을 시켜 현수에게 "아빠, 이 사람들 괴롭히지 말고 제발 나가세요. 제가 민석이도 잘 키우고 제사도 꼬박꼬박 지낼게요"라는 말까지 하게 만든다.

수진이 실제로 민정의 관자놀이에 드릴로 상처를 내기 시작하자 현수는 마치 할아버지가 된 말투로 현수의 몸에서 나가겠다고 말하고 민정을 보며 "딸, 아빠 간다. 손자 잘 키워. 그리고 웬만하면 이사 가. 세상에 또라이들이 너무 많아"라고 말하고 집을 둘러보다 현수와 수진의 사진을 보고 혀를 끌끌 차며 "거 이런 놈이 뭐가 좋다고"라고 아랫집 할아버지의 말투로 말하고 그대로 바닥에 쓰러진다. 이때 현수의 몸은 똑바로 거실 창을 향해 서 있다가 쓰러진 모습이지만 수진의 눈에는 할아버지의 형상을 한 실루엣이 빛이 쏟아지는 창문을 열고 나가는 모습으로 보인다. 현수는 수진에게 아랫집 할아버지가 진짜로 자신의 몸에서 나갔다고 이야기를 하고 수진은 안심한 듯 현수와 포옹하고 쓰러진다. 수진과 현수는 곧바로 잠에 들고 코를 골면서 영화가 마무리된다.

2. 교류분석으로 바라보기

1) 주요 개념

(1) 자아상태 분석(ego state analysis)

생존적 적응으로 창의적 몽상가(정신분열성)이며 뛰어난 회의론자(편집성)인 사람의 독특한 특성은 '회피'한다는 것이다. 이들은 자신에 대한 많은 것이 드러나기 전에, 안전하다고 판단될 때까지 약간 물러서는 경향이 있다. 수진의 정신분열성 성격적응과 편집성 성격적응의 특성을 '자아상태'와 '오염' 그리고 '배제'의 개념을 사용하여 각각의 자아상태 구조를 분석하면 ❙그림 9-1❙, ❙그림 9-2❙와 같다.

① 정신분열성 성격적응 유형의 특성

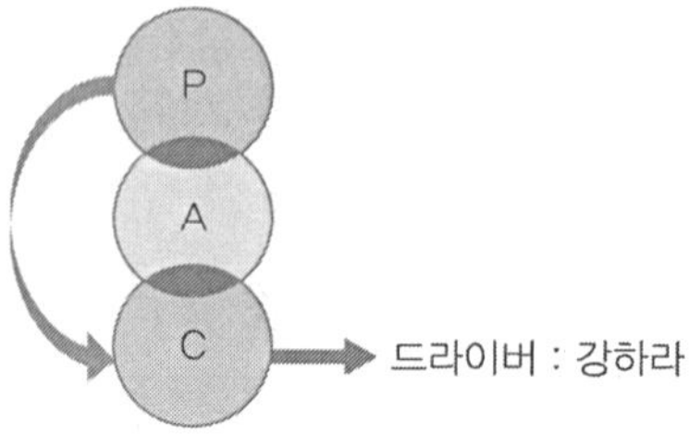

▶ 성격구조
- 어른자아는 부모자아와 어린이 자아에 의해 이중오염된 상태
- 부모 자아상태는 자기 자신에게 비판하는 경향
- 어린이 자아상태는 자신이 엉망이 되는 것을 느끼고 나쁜 감정에서 벗어나기 위해 회피
- 부모 자아상태의 비판은 휘어진 화살표로 표시했으며 회피하는 어린이 자아상태는 밖으로 향하는 화살표로 표시
- 자신이 느끼는 것을 무시하며 그저 엉망이 된 느낌을 가짐

▷ 수진 : "할아버지 귀신을 쫓아내지 못하면 우리는 평생 불행하게 된다."

▌그림 9-1▐ 정신분열성 성격적응 유형의 성격구조

영화 〈잠〉에서 수진은 어른자아가 부모자아와 어린이 자아에 의해 이중오염된 상태로 어린 시절 아버지가 집을 나갔고 집 나간 아버지 대신 무당의 말에 의지하며 혼자서 수진을 양육한 어머니의 압도적인 양육방식과 저항할 수 없는 순응하는 어린이로 자신의 욕구를 드러내지 않고 어머니를 지원해야 한다는 것을 배우며 자랐을 것이다. 그래서 자기 자신을 보호하기 위해 현실 속에서 해결하기보다는 환상이나 상상 속으로 회피해야 한다고 결단을 하고 더이상 울지 않는 착한 아기이고 부모의 칭찬을 받으려고 노력하였을 것이다. 그래서 수진의 많은 양의 에너지는 타인과 문제를 일으키지 말아야 한다는 쪽으로 흘렀을 것이다. 그래서 수진은 남편 현수의 몽유병으로 인해 생활의 패턴이 점점 깨지게 되면서 자신의 욕구에 적절히 반응하는 환경이 아니게 되는 현실에 직면하게 된다. 이는 수진의 이중오염을 보여주는 대표적인 행동으로 나타난다.

안정적인 환경에서 아기를 낳고 싶은 수진은 점점 무거워지는 만삭의 몸으로 시간에 쫓기게 되면서 불안하게 되고 점점 남편이 몽유병 치료를 소홀히 하는 것에 대해 신뢰가 깨져 어떻게 생존하느냐의 문제에 직면하게 된다. 더 이상 자신의 욕구에 적절한 반응을 하는 환경이 아닐 경우에 어려운 상황을 해결하기 위해 모든 것에 세심한 주의를 기울이는데, 어린 시절 부모로부터 어려운 상황에서 부모가 사용한 해결 방식을 배우고 신뢰하며 살아가게 된다. 오염된 어른 자아의 모습이 점점 나타나게 되는데, 영화 속에서 수진은 점점 남편 현수의 몽유병 치료를 어머니가 지금까지 해결하려는 방식, 아래층 할아버지와 딸 등의 예상 못 할 행동 때문에 항상 조심해야 한다고 생각한다. 수진이 믿는 것은 긍정(OK)이 되기 위해서 자신의 행동을 통제해야만 한다는 것이다. 그러므로 수진이 소유한 에너지의 많은 부분은 조심스러워야 한다는 것에 집중되게 된다. 그래서 수진은 자신과 아기를 보호하기 위해 남편 현수의 병을 치료하려고 최선을 다하지만 결국은 친정엄마가 확신하는 의학의 힘으로 치료가 되지 않으면 무당의 힘을 빌려서 귀신을 쫓아야 한다는 말을 따르게 된다. 영화 속 수진은 남편인 현수의 몽유병을 치료하기 위해 무당의 빙의 굿, 부적 등을 이용하여 극복하려고 한다.

② 편집성 성격적응 유형의 특성

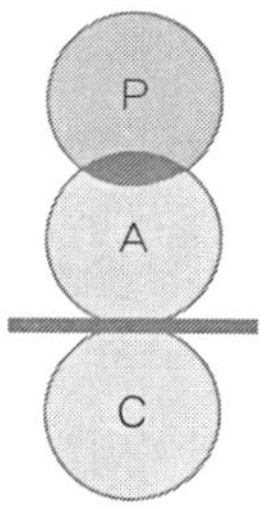

▶ 성격구조
- 어른자아는 부모자아에 의해 오염되어 있고, 어린이 자아는 배제
- 어려운 상황을 피하기 위해 모든 것에 세심한 주의를 기울이고 자신의 행동을 통제하는 데 에너지를 집중
- 부모자아가 올바른 행동에 대해 완고한 경향이 있어 그 누구도 잘못을 찾아내지 못하도록 한다.
- 어린이 같은 행동과 감정은 충동적이고 예측할 수 없는 것으로 여기기 때문에 어린이 자아를 배제
- 이들은 자신의 행동에 대한 비판을 수치스럽고, 매우 창피한 일로 받아들여 방어하게 된다.

▷ 수진 : "둘이 함께하면 해결 못 할 일이 없다."

▎그림 9-2▎ 편집성 성격적응 유형의 성격구조

편집성 성격적응 유형을 가진 사람들은 어려움에 처하면 자신의 관점을 진실이라고 믿고 객관적인 현실을 왜곡하고 왜곡된 내용을 행동으로 옮긴다. 수진은 무당이 말하는 대로 아래층 할아버지에 빙의된 현수를 구하기 위해 오염된 어른자아상태로 어려운 상황을 피하기 위해 의사의 치료 방법에 불신을 가지고 잘못된 방법을 선택하게 되는데, 오로지 남편 현수의 병을 치료한다는 잘못된 신념을 가지게 된다.

수진은 자신이 완벽하거나 강해지기 위해 자신의 욕구와 감정을 억압하고 남

편의 몽유병 치료도 함께 해결하기 위해 의학의 힘으로 치료하고자 하였으나, 증상이 나아지지 않자 자신의 탓으로 여기면서 자신의 어린이 자아의 분노와 두려움을 억압하고 있다. 또한 자신과 아기를 위험에 빠트리는 남편의 몽유병을 치료해야 한다는 생각과 맹목적인 내면에서 느끼는 상상을 확신하고 행동으로 옮기기 위해 남편을 설득하고 조절하고 있었다. 오염된 어른 자아로 수진은 현실적인 방법인 의학의 힘을 불신하게 되고, 아버지가 집을 나가 버린 것이 자신의 잘못이라는 죄책감으로 고통의 아픔을 잘 알고 있기 때문에 가정을 지키기 위해 본능적으로 자신의 어린이 자아를 배제하면서 자신을 보호하고 있다.

③ 정신분열성 성격적응과 편집성 성격적응의 조합

영화 〈잠〉의 주인공인 수진은 잘못된 부모명령을 오염된 어른 자아상태로 결정하고 남편 현수의 병을 치료하기 위해 정신분열성 성격적응 유형으로 극단적인 치료방법을 추구한다. 그러나 이 치료방법으로 남편 현수의 병이 완치되기 전에 오히려 수진이 정신과 치료를 받게 된다. 남편의 병을 치료하고 앞으로 태어날 아기를 보호하기 위해 편집성 성격적응의 특성을 상황에 따라 아주 잘 보여주고 있다. 자신의 가정이 위험에 처했다고 생각했을 때 생각을 행동으로 주저 없이 옮긴다. 수진은 자신을 양육하며 보호하려는 어머니를 보고 어머니의 말에 순응하며 살아야 한다는 것을 본능적으로 알았다. 수진의 어머니는 사위의 병이 이혼의 사유가 되며 어머니가 혼자서 수진을 키운 것처럼 수진도 손녀를 혼자 잘 키울 수 있다는 확신을 가지고 있다.

이 과정에서 수진은 고통에서 벗어나기 위해 동물적인 방어기제가 작동하여 치료해도 나아지지 않는 남편의 몽유병에 대해 같은 말만 반복하는 의사를 향해 약통을 집어던지는 행동을 하게 된다. 그리고 밤새 잠을 이루지 못하고 악몽을 꾼 후 꿈과 현실이 혼란스러운 상태에서 왜곡된 생각에 완전히 정신을 놓게 되는데, 아기의 이름을 부르며 부엌으로 가서 곰탕을 끓이던 솥을 부엌 바닥에 쏟고 맨손으로 뜨거운 국물과 뼈 사이를 손으로 가르며 자신의 딸을 찾는다. 그러는 사이에 목욕탕에서 남편 현수가 딸을 목욕시키고 나오다가 수진의 모습에 놀라 응급처치를 위해 냉동실 문을 열고 얼음을 담고 있는 사이 수진은 현수의 머리통을 곰탕을 끓였던 냄비로 가격해 기절시킨다. 현수가 눈을 떠보니 자신은 거실 바닥에 손과 발이 테이프로 묶인 채 있었고, 수진이 할아버지에게 말하듯 "우리 딸을 죽이려 하면 죽여버리겠다"고 칼로 위협하였다. 현수는 확실히 효과를 본 약을 의사에게 처방받았다고 하면서 나아질 것인데 나한테 왜 이러냐고 울먹이며 하소연을 하자 수진이 "오빠였어?"라며 왜곡된 상황에서 깨어난다. 결국 수진은 이 사건으로 정신병원에 입원해서 치료를 받게 된다.

수진의 행동은 어린이 자아가 어른 자아를 오염시킨 '망상'으로 볼 수 있다. 수진은 어린 시절부터 어머니만의 한부모가정에서 자라면서 자신의 생존전략으로 두려움의 고통스러운 감정을 죄책감이나 수치심, 불안 등의 방어감정으로 벗어나려고 했다. 또한 자기 스스로 안전한 환경을 만들기 위해 부모나 양육자들을 '기쁘게 하라'는 부모명령에 집착하면서 자신과 상황을 안전하게 만들려는 방어시스템이 만들어졌다. 아이들은 이 방어시스템이 작동할 때만 자신을 OK로 생각하고 존재할 만한 가치가 있다고 믿는다. 그래서 자신 내면의 욕구나 감정보다는 타인 지향적이고, 타인을 기쁘게 하는 데 에너지를 집중하면서 정신분열성 성격적응과 편집성 성격적응 조합유형의 특성이 나타난다(그림 9-3).

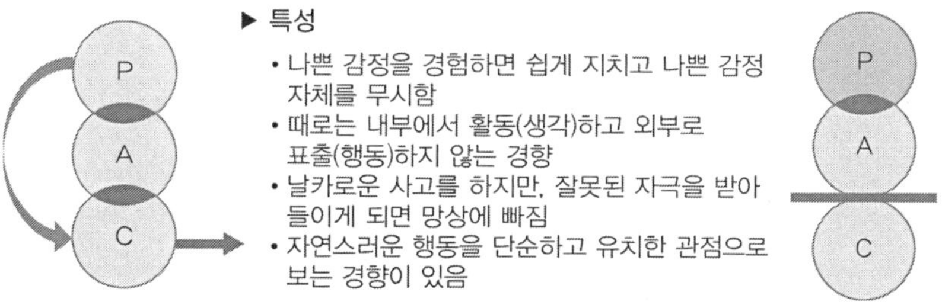

❙그림 9-3❙ 수진의 정신분열성 성격적응과 편집성 성격적응 조합의 성격구조

(2) 각본분석(script analysis)

인간은 타인과의 관계를 떠나서 혼자서는 살 수 없는 존재다. 태어나면서부터 숙명적으로 부모와 관련을 맺으며 성장하는 과정에서 주변 사람들과 관계를 형성하고 교류하면서 살아간다. 타인과 어떤 관계를 맺으면서 어떻게 살아가는가는 한 사람의 삶의 질을 결정하는 중요한 요소가 된다.

칼러(Kahler, 1974)는 특정 각본 행동이나 감정에 빠져들기 전에 일관성 있게 순간순간 드러나는 일련의 행동을 드라이버(driver)라고 정의하였다. 드라이버는 인생각본을 인식할 수 있는 단서를 제공해 주지만, 드라이버 행동들이 0.5초에서 1초 내의 짧은 시간 안에 독특한 말이나 어조, 자세, 얼굴표정 등의 모습으로 각본신호를 보여주기 때문에 파악하기가 쉽지 않다.

영화 〈잠〉은 열린 결말로 끝나서, 감독의 의도를 확실히 알 수는 없다. 하지만 영화의 포스터나 디테일한 연출에서 수진은 현수의 뒤에서 지키듯이 서 있는 모습이 반복되어 나타난다. 이는 정신분열성 · 편집성 성격적응의 조합형인 수진이 현수의 비밀을 알고, 그를 위해 희생하는 것을 상징할 수 있다. 수진의 각본을 분석하면 ▌그림 9-4▌와 같다.

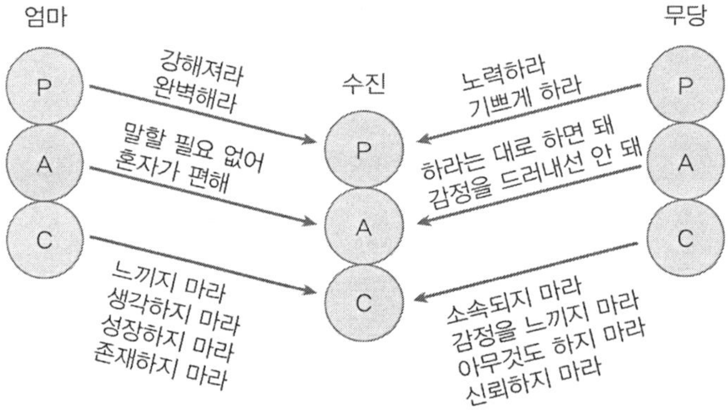

▌그림 9-4▌ 수진의 각본분석

① 부모명령

수진은 어머니로부터 '강하라', '완벽해라'는 드라이버 메시지를 받았다. 그래서 가까운 사람에게도 자신의 욕구와 감정을 잘 드러내지 않고 통제하고 있었다. 무당으로부터는 '노력하라', '기쁘게 하라'라는 드라이버 메시지를 받고 자신의 감정을 철저히 통제하면서 다른 사람의 기분이나 분위기를 맞추려고 하였다.

남편 현수의 몽유병으로 인해 발생하는 극도의 두려움이나 분노감정을 차단시키기 위해 어린이 자아를 배제하면서 무감정, 무감각으로 드라이버 행동을 하고 있다. 수진이 현수에게 "둘이 힘을 합치면 해결하지 못할 일이 없다"라고 하는 대사는 수진이 현실적으로 왜곡한 상태에서 문제를 최소화하고 스스로를 보호하기 위한 생존 전략으로 작용하는 부모명령에 기인하는 것이다.

② 프로그램

수진의 어머니는 아버지가 집을 나가고, 혼자의 힘으로 딸인 수진을 양육하면서 어려움에 처할 때마다 무당을 의지하며 살았다. 수진의 어머니는 남편이 없는 상황에서 열심히 살았지만 당당하게 현실적으로 적절히 대처하지 못하고 무당의 힘을 빌려 어려움을 비현실적인 방법으로 회피하였다.

이런 모습을 수진도 프로그램화하여 어머니의 방식으로 해결하려고 한다. 남편 현수의 몽유병이라는 위기 상황에서 현실적인 방법인 의학적으로 인내하며 치료하지 않고 비현실적으로 해결하려고 한다.

수진은 빙의된 남편 현수를 치료하기 위해서 빙의 굿을 해야 한다는 무당의 말을 그대로 따르는 행위를 한다. 또한 자신의 미해결된 감정을 분노로 폭발하면서 무력으로 해결하려고 하는 것도 수진의 각본형성에 영향을 주었다. 결국 남편 현수는 위기 상황에서 수진이 하자는 대로 하지만 수진도 어머니와 같이 홀로 딸을 키우며 살아야 하지 않을까 하는 미래가 그려진다.

③ 금지명령

수진은 아래층 할아버지로부터 지속적인 층간소음에 대한 항의를 받음으로 인해서 정신적으로 많이 시달렸다. 이러한 스트레스 환경 속에서 수진은 점점 무당이 한 말을 진실이라고 생각하고 의사의 처방을 불신하게 된다. 그리고 어렸을 적에 미성숙한 부모로부터 받은 '강하라'는 부모명령을 경험한다. 아이들은 이러한 부모명령에 굴복하여 '느끼지 마라', '생각하지 마라', '욕구를 가지지 말아라'고 초기결정을 내리기도 한다. 이 초기결정의 기저에는 자신 안에 있는 어린이 자아상태를 무시하고 진정으로 긍정(OK)적인 존재가 되기 위해서 생각하지 않아야 하고, 자신의 욕구를 버려야 한다고 믿는다. 수진은 비현실적인 방법을 선택하는데 의학의 힘으로 해결하기를 포기하고 무당의 힘으로 남편의 몽유병을 치료하려고 한다든지, 아래층 할아버지의 딸로부터의 아무런 정보도 없이 수진의 결혼생활에 대한 충고를 듣고 어이없어 하면서도 아무런 대꾸도 하지 않는 태도, 남편 현수가 가훈으로 걸어놓은 '부부가 함께하면 해결 못 할 일이 없다'는 신념을 갖는 등 '느끼지 마라', '생각하지 마라', '욕구를 가지지 말아라', 이 금지명령은 초기결정과 연관이 있다.

수진은 '강하라', '완벽해라'라는 부모명령으로 어린 시절에 감정상으로 거절당했기 때문에 사람들과 쉽게 친해지지 않으려 하고, 강해지기 위해 스스로 노력하고 있다. 수진은 회피하거나 진정한 친밀의 단계에 들어가고 싶어 한다. 이러한 수진은 부모가 채워줄 수 없었던 자신의 욕구를 채워줄 수 있는 배우자 현수를 만나 의존적인 관계를 만들어 낸다.

(3) 라켓시스템 분석(Racket system Analysis)

라켓시스템

각본 신념/감정

1, 2, 3에 대한 신념

1. 자신
나는 아무것도 할 수 없다.
- **지지하는 신념** : 원하는 것은 이룰 수 없다.

2. 타인
남편을 실망시키면 안 된다.
- **지지하는 신념** : 현수의 몽유병을 아이가 태어나기 전에 치료해야 한다.

3. 삶의 본질 핵심
삶은 힘들고 외롭다. 혼란스럽다.
- **지지하는 신념** : 아무도 나를 사랑해주지 않는다(아버지 부재에 대한 원망감).

각본결정 시 억압된 감정 :
분노, 두려움, 슬픔

라켓표현

1. 관찰 가능한 행동
매일 악몽을 꾼다.
매일 직장을 나간다.
아래층 사람들과 교류하지 않고 혼자서 해결하고자 한다.

2. 보고된 내적 경험
답답하고 한숨이 나온다.
무엇인가 하고 싶은 욕구가 없다.

3. 환상
남편은 아래층 할아버지에 빙의되었다.
빙의 굿과 부적이 할아버지 빙의에서 벗어나 남편을 지켜줄 것이다.

강화하는 기억

1. 정서적 기억
- 아버지는 엄마를 돌보지 않았다.
- 아버지는 나에게 아무런 말도 없이 집을 나갔다.
- 엄마는 가엾은 나를 열심히 돌봐 주었다.

2. 증거와 정당함 제시
- 아버지에 대한 소식을 숨긴다(아빠에 대해 부정적으로 말함).
- 혼자서 나를 키우는 엄마에게 잘하면 사람들이 나를 좋게 생각할 것이다.
- 아무도 나에게 다가오지 못한다.

| 그림 9-5 | 수진의 라켓시스템 분석

수진은 원하는 것은 이룰 수 없고 아무것도 할 수 없다는 자신에 대한 신념이 있다. 이 신념으로 남편에게 많은 것을 의지하며 살았고 앞으로 태어날 아기를 안전하게 키우고 싶었을 것이다. 하지만 남편의 병으로 삶은 힘들고 외롭고 혼란함으로 슬프고 불안하였을 것이다. 아무도 나를 사랑해 주지 않는 것 같고 아버지에 대한 마음속 깊이 억눌렀던 원망감과 화가 많이 올라오고 이런 감정으로 우울감을 느꼈을 것이다. 라켓표현으로 남편이 점점 빙의된 할아버지로 보이고 태어난 아기를 죽일 수 있다는 불안감으로 정신병원에 입원하게 된다. 병원에 입원해 있는 동안에도 남편 현수의 병을 어머니로부터 배운 방법으로 치료해야 한다는 신념을 포기하지 못한다.

(4) 게임분석(game analysis)

스티븐 카프만(Steven Karpman)은 심리 게임의 대표적인 이론인 '드라마 삼각형(drama triangle)'을 제시했다. 누구든 심리 게임을 시작하면 '희생자', '박해자', '구원자'라는 세 가지 각본 역할 중 하나를 맡게 된다는 것인데, 희생자는 인간관계에서 양보하고 희생하는 역할을, 박해자는 힘의 우위에 서서 상대방을 억압하거나 지시하는 역할을, 구원자는 박해자와 희생자를 화해시키거나 중재하는 역할을 한다.

수진은 남편 현수의 몽유병 치료를 위하여 희생자, 박해자, 구원자의 역할을 스스로 자처하며 심리게임을 한다. 수진의 정신 상태를 걱정하는 남편 현수는 그녀를 위해 귀신이 나간 것처럼 연기를 한다. 현수는 직업이 연기자라는 점을 이용해서 아내 수진을 속이고, 그녀를 안심시킨다. 현수는 병원 치료로 몽유병이 완치된 상태인데도 남편의 완치를 인정하지 않는 아내 수진을 위해 희생자 역할을 자처함으로써 수진의 구원자가 된다.

수진은 타인과의 관계에서 '나를 차주세요'라는 심리게임을 하고 있다. 수진은 만삭의 몸으로 직장생활, 남편의 몽유병 치료, 진전이 없는 남편의 병이 앞으로 태어날 아기에게 위협이 될까 하는 불안감이 '노여움'과 '분노', '비난하기'를 하면서 또다시 이 게임으로 돌아오는 것을 반복하고 있다.

수진은 현수와의 관계에서도 자신을 버릴지 모른다는 불안감이 수진의 라켓 감정을 유발시켜 '나를 차주세요' 게임을 진행하고 있다. 이 게임을 하면서 자신이 받은 금지명령으로 만들어진 패자각본을 무의식적으로 확인하고 있다.

(5) 인생태도(life position)

① 자기긍정-타인긍정

수진은 자기긍정-타인긍정 상태에서 아랫집 민정의 마카롱을 받았고 층간소음으로 잠을 잘 수 없었다고 한 것에 대해서는 자기긍정-타인부정의 태도를 갖게 된다. 하지만 남편 현수를 만나서 아침에 있었던 일을 이야기하면서 결국 마카롱을 먹는데 다시 자기긍정-타인긍정의 상태로 돌아간다.

② 자기긍정-타인부정

남편 현수의 몽유병으로 친정어머니가 수진의 집을 방문하게 되는데, 의학의 힘으로 해결하지 못하면 비현실적인 방법으로 해결해야 한다는 말에 부정적으로 반응한다. 남편 현수와 병원을 방문하고 의사의 지시에 따라 병을 치료하려고 노력한다. 하지만 병이 호전되지 않자 인터넷을 검색하면서 의사가 처방한 약보다 더 효과가 있다는 약을 처방해 달라고 의사에게 요구한다. 의사가 처방해 달라는 약은 좀 더 노력을 해보고 최후에 처방하겠다며 난색을 표하자, 수진은 약통을 의사에게 던지는 행동을 하게 된다.

③ 자기부정-타인긍정

수진은 점점 남편 현수의 병이 나아질 기미가 보이지 않자 친정어머니가 권하는 방법을 선택하게 된다. 병원치료에 대한 확신이 없어지면서 자기부정-타인긍정의 상태에서 비현실적인 방법으로 해결하려고 한다. 자신에 대한 확신과 신념이 없어지는 것은 인생태도에서 자기부정인 상태에 있다는 것이고 비현실적인 방법까지 생각하게 된다.

④ 자기부정-타인부정

수진은 불안감으로 밤을 꼬박 새우며 남편으로부터 아기를 지키려 하고 남편 현수가 아기를 해칠 것이라는 자기부정-타인부정의 병리적인 상태로 발전하게 된다. 악몽을 꾼 수진은 이성을 잃고 남편 현수를 칼로 협박한다. 현수는 자신이 요청한 더 강력한 수면장애 약을 처방받았다며 겨우 수진을 안심시키지만, 수진은 남편의 몽유병이 나아지지 않자 일상생활이 무너지면서 자신은 물론 남편인 현수도 믿지 못하는 상황에 직면하게 되고 자신도 치료를 위해 병원에 입원하게 된다.

(6) 디스카운트(discount)

디스카운트는 그 상황에 가장 적합한 정보를 인정하지 않거나 자신과 타인의 존재나 능력을 부정하거나 무시하는 무서운 습관적 성격이다. 이런 디스카운트는 내적인 준거 틀에 의해 행동하고, 현실의 어떤 측면들을 과장하거나 왜곡하는 것으로 나타난다. 디스카운트는 문제해결의 가능성을 차단하고, 그 형태와 수준이 클수록 개인의 병리수준도 커진다.

영화 〈잠〉에서 수면 중 이상행동을 하는 남편 현수를 대하는 아내 수진은 매일 밤이 끔찍하게 공포스럽다. 이 공포로 인해 수진은 불안감을 디스카운트 한다. 현수는 잠들면 마치 다른 사람처럼 변하고, 깨어나면 아무것도 기억하지 못한다. 수진은 남편 현수의 몽유병으로 인한 불안, 공포라는 문제에 대한 해결을 위해 폭력으로 디스카운트를 하고 있다. 수진이 의사에게 몽유병 치료약에 대한 불만을 거칠게 표현하고 효과가 더 좋은 약을 처방해 달라고 요구하지만 의사가 처방을 미루자, 분을 참지 못하고 약통을 의사의 얼굴에 던지는 폭력적인 행동을 한다. 수진이 민정의 관자놀이에 드릴로 상처를 내는 폭력적인 행동도 디스카운트를 잘 드러내고 있다.

수진은 매일 잠드는 순간 시작되는 끔찍한 공포 때문에 잠들지 못하고, 곧 태어날 아이까지 위험에 빠질지도 모른다는 불안감 때문에 잠들지 못한다. 수면

클리닉, 무당, 경찰 등 다양한 방법을 시도하지만, 현수의 수면 중 이상행동은 점점 더 위험해져 간다. 수진은 공포의 비밀을 풀기 위해 애쓰는데, 점점 더 현실을 왜곡하게 되고 문제 해결에 대한 자신의 능력과 남편 현수의 선택권과 능력을 디스카운트 함으로써 결국 자신도 병원에 입원하게 된다.

(7) 시간의 구조화(time structuring)

각 성격적응 유형의 흥미로운 또 다른 특성은 바로 시간을 구조화하는 방법이 다르다는 것이다. '폐쇄'에서 '친밀'로 이동함에 따라, 스트로크 밀도는 점점 상승한다. 이것은 타인으로부터 받게 되는 인정과 접촉의 정도가 높아지는 것을 의미한다. 더불어 심리적 위기감도 높아지게 되는데, 이는 거절에 대한 두려움을 포함하고 있기 때문이다.

영화 〈잠〉에서 수진의 시간의 구조화를 살펴보면 수진은 엄마를 통해 무당을 소개받았고, 무당이 남편에게 귀신이 씌였다며 귀신을 쫓아내려면 이름을 알아내야 한다고 수진에게 이름을 알아내라고 한다. 이 일을 계기로 수진은 아래층으로 이사온 민정과의 잡담을 통해 아래층 할아버지가 이사를 간 게 아니고 죽었으며 새로 이사 온 민정은 할아버지의 딸임을 알게 되고, 그래서 수진은 점점 아래층 할아버지 귀신이 남편에게 빙의되었다고 확신하게 된다. 할아버지의 이름을 알아낸 수진은 현수가 잠든 사이 빙의 굿판을 벌이는 활동의 시간을 가진다.

수진은 현수의 몽유병에 대해 처음 의심되는 행동을 할 때와 현수의 병이 치료되지 않고 아기가 태어나면서 어떻게 해야 할지 혼자 생각하고 상상하며 문제 해결을 위해 고민하는 폐쇄의 시간을 보낸다. 혼자서 상상하고 꿈까지 꾸면서 결국은 현실과 꿈을 구분하지 못하고 현수를 칼로 협박한다. 현수를 칼로 협박한 일로 정신병원에 입원하게 되면서 혼자만의 시간으로 더 많은 폐쇄의 시간을 보내게 된다.

수진은 현수가 아래층 할아버지 혼이 빙의되었다는 무당의 말을 믿고 빙의 굿판을 벌이고, 정신병원에 입원해서 폐쇄의 시간을 보내면서 현수에게 빙의된 할

아버지 혼이 나가지 않았다고 확신하고 빙의된 현수를 구하고자 열심히 다음 계획을 준비한다. 수진은 계획을 통해 활동의 시간을 가지는데, 현수에게 친절하게 병의 발병부터 치료까지 자세히 설명하고 설득을 하지만 현수가 수진의 말을 듣지 않자 일방적으로 자신이 준비한 귀신을 쫓는 방법을 현수에게 강요한다. 결국 현수는 수진이 준비한 활동을 다 마친 후 수진과 함께 깊은 잠에 빠져들면서 영화는 끝이 난다.

(8) 재결정(redecisions)

영화 〈잠〉에서 수진과 현수는 가정을 지키기 위해 재결정을 하게 되는데, 현수는 집을 나가는 걸 포기하고 수진이 하자는 대로 그녀의 모든 행동을 받아준다. 결국 현수는 아랫집 할아버지의 말투로 빙의된 할아버지처럼 말하고 직접 현수의 몸에서 나가겠다고 선언하며 그대로 바닥에 쓰러진다. 이때 현수의 몸은 똑바로 거실 창을 향해 서 있다가 쓰러진 모습이지만 수진의 눈에는 할아버지의 형상을 한 실루엣이 빛이 쏟아지는 창문을 열고 나가는 모습으로 보인다. 그러곤 현수는 수진을 향해 아랫집 할아버지가 진짜로 자신의 몸에서 나갔다고 이야기를 하고 수진은 그제서야 안심한 듯 서로 포옹을 하고 쓰러진다. 그리고 수진은 곧바로 잠에 든다.

수진의 어린 시절은 엄마와 둘이서 보냈다. 수진은 모든 결정적인 상황에서 심리적으로 오염되어 있는 어른 자아를 정화하고 어린이 자아상태가 편안하게 나타날 수 있도록 부모 자아상태를 재조정해야 한다. 재결정 작업은 수진의 두려운 감정(아래층 할아버지 귀신에 빙의된 남편 현수가 아기를 해칠 것)과 지지받는 경험(무당을 통하여 빙의 굿을 해서 남편 현수를 구원하는 것) 사이를 공전한다. 그리고 과도한 통제를 막기 위해 보호망이 필요하다. 수진의 도피구인 '미쳐버릴 거야, 나도 죽일, 아기도 죽을'의 폐쇄가 필요하고 수진의 보호망을 비극적 결말에 대한 각본에서 빠져나올 수 있도록 활성화시켜 준다.

수진은 '홀로 서는 것'을 배울 필요가 있고 자신의 영역에 대해 주장할 수 있어야 하며, 다른 사람에게도 의미가 있을 수 있는 자신의 욕구를 현실화시킬 필요가 있다. 수진은 경험한 것과 원하는 것을 비교해 볼 필요가 있으며 원하는 것을 요구하는 연습이 필요하다. 또한 다른 사람과 마찬가지로, 스스로 자신을 지지할 필요가 있으며, 다른 사람이 자신의 욕구를 조절할 수는 있지만 그것에 의해서 압도되지 않는다는 경험을 해볼 필요가 있다.

2) 성격적응 유형 분석

(1) 드라이버에 의한 의사소통 방식

정신분열성 성격적응 유형의 드라이버는 '강하라'이고, 선호하는 의사소통 방식은 '지시하는' 의사소통 방식이다. 편집성 성격적응 유형의 드라이버는 '완벽해라', '강하라'이고, 선호하는 의사소통 방식은 '요구하는', '지시하는' 의사소통 방식이다. 정신분열성 성격적응과 편집성 성격적응의 조합형인 수진의 주요 드라이버는 '완벽해라', '강하라'이고, 선호하는 의사소통 방식은 '요구하는', '지시하는' 의사소통 방식일 것이다. '완벽해라'는 드라이버에 있을 때는 '요구하는' 의사소통 방식으로 현수와 병원을 함께가고, 무당으로부터 남편 현수에게 빙의된 귀신을 쫓는 방법에 대해서도 '요구하는' 의사소통 방식을 취하고 있다. '강하라'는 드라이버에 있을 때는 '지시하는' 의사소통 방식으로 민정의 머리에 드릴을 대며 "이래도 안 나가냐, 당신 딸을 죽이겠다"고 협박하며 할아버지(민정의 아버지) 귀신이 남편 현수로부터 떨어져 나가라고 '지시하는' 의사소통 방식을 취하고 있다(그림 9-6).

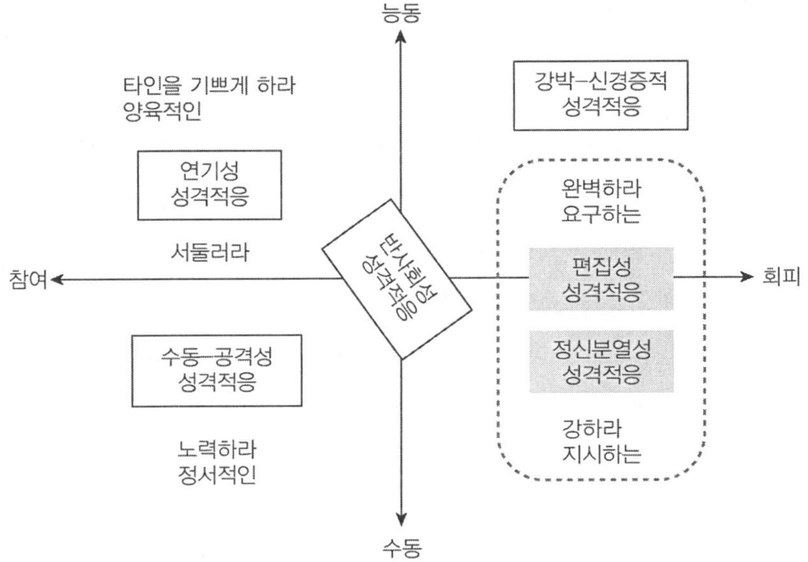

▌그림 9-6▐ 수진의 성격적응 유형에 따른 드라이버와 의사소통 방식

아래층 민정으로부터 층간소음에 대해 주의해 달라는 말에도 의심을 하지 않았던 수진이 식구처럼 키우던 애완견 후추의 죽음으로 현수에게 병원치료를 요구하고 지시하는 의사소통 방식을 사용한다. 현수가 출연하던 드라마에서 하차하는 일로 인해 의기소침해 있는 상황에서도 '강하라'라는 드라이버에 의해 함께 극복할 것을 현수에게 요구하며 지시하는 의사소통 방식을 선택한다.

수진은 '강하라', '완벽하라'는 드라이버에 의해 모든 에너지를 현수의 몽유병 치료에 소진하게 된다. 수진은 현수의 몽유병으로부터 딸을 지키기 위해 밤새 뜬눈으로 지새우는 날이 반복되고 결국 '지금-여기'에서 문제를 해결하는 데 사용해야 할 에너지가 부족하게 된다. 현수가 아기를 쓰레기장에 버리는 악몽을 꾸고 꿈과 현실을 구분하지 못한 채 현수로부터 딸을 지키기 위해 지시하는 의사소통 방식으로 칼로 현수를 협박하고 윽박지르는 행동을 서슴지 않게 되어 병원에 입원하여 치료를 받게 된다. 수진은 병원에 입원해 있으면서도 오로지 현수에게 빙의된 할아버지 귀신 퇴치를 위한 생각에 집착한 나머지 병원 퇴원 하루 전에 몰래 집으로 와서 현수를 설득하기 위한 모든 준비를 하고 기다린다.

(2) 과정각본

성인은 일반적으로 더이상 자신의 인생 이야기에 대해서 의식 없이 살아가거나, 스스로 인생을 선택하며 살아간다. 그러나 특별하게도 스트레스 상황에 직면했을 때 이들은 무의식적으로 행동하게 된다. 어떤 인식의 과정 없이 자신의 인생에서 성공적이었던 시절을 떠올리게 되고, 그 결과로 자신이 유아로서 결단했던 최초의 장면으로 이동하게 된다.

정신분열성 성격적응 유형의 과정각본은 결코(Never), 항상(Always)이고, 편집성 성격적응 유형의 과정각본은 까지(Until), 결코(Never)이다. 정신분열성 성격적응과 편집성 성격적응의 조합형인 수진은 결코(Never), 항상(Always), 까지(Until) 과정 각본을 가지고 있다고 볼 수 있다. 수진은 남편 현수에게 빙의된 할아버지 귀신을 쫓아내기까지(Until)는 결코(Never) 평화롭게 잠을 잘 수 없고, 우리 가족이 안전할 수 없다고 생각하고 있다. 남편 현수가 몽유병이 있다고 생각했을 때는 현실적이고 타당한 방법으로 과학적인 의학의 도움을 받기 위해 병원을 찾았지만, 자신의 기대와는 다른 결과가 나타나자 친정 엄마가 늘 그랬듯이 힘든 일이 생기거나 위험에 처하면 항상(Always) 무당을 찾아가 도움을 요청하면 문제를 해결할 수 있을 거라는 생각과 믿음을 가지고 있는 것으로 보인다.

수진은 현수가 몽유병이 발병하기 전까지는 행복한 결혼생활을 하였다. 하지만 현수의 병이 호전되지 않게 되면서부터 결코(Never), 항상(Always), 까지(Until)의 과정각본의 패턴을 보여준다. 어린 시절 아버지가 집을 나갔을 때도 엄마에게 항상 늘 착한 딸로 행동해야만 했고, 가정형편상 가장 원하는 것을 갖지 못하는 상황이 발생했으며, 항상 공부를 끝마칠 때까지는 친구들과 즐길 수가 없었다.

현수의 병으로 결혼생활이 위기에 처하게 되자 수진은 점점 스트레스 상황에 직면하면서 무의식적으로 결코(Never), 항상(Always), 까지(Until)의 세 가지 과정각본에 의해 계획하고 구성된 삶을 살게 된다. 그래서 수진은 딸이 태어났을 때 현수로부터 딸을 보호하기 위해 미리 계획하고 실천한다. 계획을 위해 매우 열심히 준비하고 있으며 점점 모든 시간을 현수의 몽유병 치료에 투자한다. '함께 하면 해결하지 못할 일이 없다'는 가훈은 수진의 과정각본의 패턴의 시작과 끝임을 영화 속에서 확인할 수 있다.

수진은 현대의학의 힘으로 현수의 병이 호전되지 않자 자신의 과정각본대로 항상(Always) 무당을 찾아가 도움을 요청하고, 남편 현수에게 빙의된 할아버지 귀신을 쫓아내기까지(Until)는 결코(Never) 평화롭게 잠을 잘 수 없고, 우리 가족이 안전할 수 없다는 확신을 가지는 부정적인 각본을 가지고 행동한다. 다른 각본과 마찬가지로 과정각본 패턴은 부정적일 뿐만 아니라 긍정적으로 사용될 수 있다. 만약 수진이 처음으로 층간 소음에 대해 말하는 민정의 말을 긍정적으로 해석하고 현수의 병을 조기에 발견하게 되고, 끝까지 현수를 믿고 현대의학의 힘으로 현수를 치료하는 방법을 선택했다면 수진은 현수가 몽유병이 발병하기 전처럼 잘 정돈된 행복한 삶을 계속 유지할 수 있었을지도 모른다. 수진의 과정각본은 〈표 9-1〉과 같다.

〈표 9-1〉 수진의 과정각본

과정각본	내 용	드라이버
Until (까지)	• 할아버지 귀신을 쫓아낼 때까지는 안전할 수가 없어요. • 할아버지 귀신을 완벽하게 쫓아내야 해.	완벽하라
Never (결코)	• 나는 결코 평화롭게 잠을 잘 수 없을 거예요. • 내가 우리 딸을 지키려면 잠을 자면 안 돼요.	강하라
Always (항상)	• 어려울 때마다 항상 무당을 찾아가 도움을 요청하고 해결해야만 할 것 같아요. • 현대의학의 힘으로 해결 안 되는 병은 무당의 힘을 빌려 해결해야 한다.	노력하라

(3) 성격적응 유형 간의 상호작용

정신분열성과 편집성을 띤 내담자들에 대한 주요 상담 목표는 다른 사람을 신뢰하는 것이고, 자신의 감정과 욕구에 대해 긍정(OK)적으로 경험하며, 자기의 생각을 타인과 나누는 것이다. 그리고 문제 해결을 위한 행동을 통해서 서로 가까워지는 것이다. 이렇게 함으로써, 이들은 점차 자유롭게 타인과 상호작용을 시작하며, 자신의 진정한 욕구와 만나게 된다.

상담자인 당신에게 줄 수 있는 조언으로는 처음에는 천천히 시작하고, 신뢰 관계를 설정하기 위해서 일관적이고 믿음직스러운 자세를 잃지 말아야 한다는 것이다. 이들과의 상담 작업은 다소 까다로운 면이 있다. '행동'이 정신분열성 성격적응에는 개방문이지만 편집성 성격적응에는 함정문이며, '감정'이 편집성 성격적응에는 표적문이지만 정신분열성 성격적응에는 함정문이기 때문이다. 그러므로 순간순간에 맞게 개입할 수 있도록 조심스러운 관찰이 매번 필요하다. 상담 초기에는 이들이 개방하기 위해서 안정된 상태가 될 때까지 '사고' 차원으로 접근하는 것이 좋다. 그다음에는 내담자의 성격적응 유형 '전환'에 따라 '사고'나 '감정'으로 옮겨 갈 수 있다(그림 9-7).

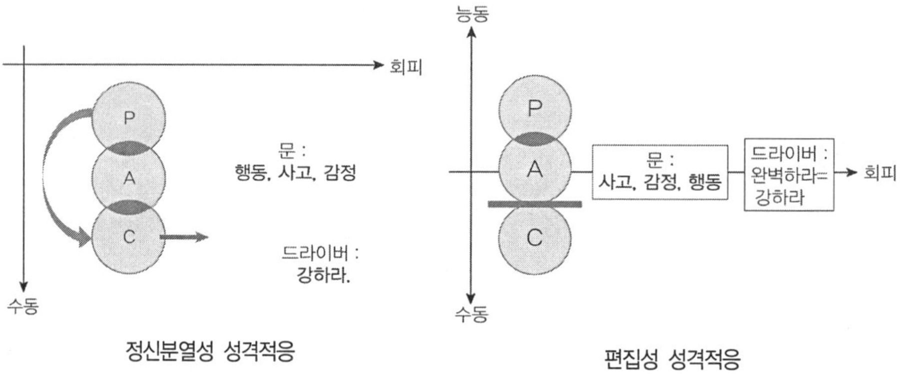

▍그림 9-7▍ 정신분열성 성격적응과 편집성 성격적응의 드라이버, 접촉문

정신분열성 성격적응 유형의 여성은 자신이 타인을 기쁘게 해준다면 그 사람으로부터 사랑과 인정을 받을 것이라고 믿고, 편집성 성격적응 유형의 여성은 본능적으로 '의심'을 하게 된다. 정신분열성 성격적응과 편집성 성격적응의 조합형인 수진은 빙의된 남편 현수를 낫게 하고 아이를 지키기 위해 자신이 할 수 있는 최선을 다한다. 그러나 현수가 강력한 약의 도움으로 완치되었다고 안심하라고 하지만 현수의 말을 믿지 않고 의심하며 할아버지 귀신을 퇴치하기 위해 폭력적인 방법으로 문제를 해결하려고 한다. 그리고 현수에게서 할아버지 귀신이 나갔다고 자신이 보고 믿는 대로 되었다고 생각될 때 편안함을 느끼고 잠에 든다.

정신분열성 성격적응 유형의 효과적인 변화를 위해서는 명확한 기대치를 제시해('지시하는' 의사소통 방식) 줌으로써 이들의 '회피하는 수동성(행동-개방문)'에 접근하고, 자신의 욕망과 욕구를 '사고(표적문)'해 보도록 질문하고, 자신이 원하는 것을 얻기 위해서 어떤 행동이 필요한지를 생각해 보게 한다. 그렇게 함으로써 '나쁜 감정(함정문)'을 멈추게 할 수 있을 것이다.

편집성 성격적응 유형의 효과적인 변화를 위해서는 '요구하는' 의사소통 방식으로 '사고(개방문)'를 통해 접촉하고, 이 의사소통 방식을 유지하면서 타인이 진실한지 아닌지를 함께 검토해 볼 수 있도록 유도하는 것이 중요하다. 진실한 '감정(표적문)'을 발견해 감에 따라 의심하는 '행동(함정문)'을 멈추게 될 것이다.

영화 〈잠〉에서 수진은 남편 현수의 몽유병을 치료하는 과정에서 정신분열성 성격적응과 편집성 성격적응 유형의 조합형으로 나타나는데 수진을 치료하기 위해서는 그동안 많이 포기해 왔던 수진의 근본적인 문제가 무엇인지 알 수 있도록 중립적인 개입이 필요하다. 이때 이 과정을 통해 수진의 초기의 유기 우울을 다루고, 이 과정에서 두 가지 성격적응 모두 상담의 목표는 어린 시절에 포기해야만 했던 실제 자아를 회복시키는 것이다.

10 CHAPTER

반사회성 성격적응과 수동-공격성 성격적응

1. 영화 제목 : 베테랑

1) 영화정보

개봉일	2015. 8. 5.
제작국가 및 감독	대한민국, 류승완
출연배우(주인공)	황정민(서도철 역), 유아인(조태오 역), 유해진(최 상무 역)
등급 및 상영시간	15세 이상 관람가 / 124분
상담 주요 키워드	반사회성 성격, 수동–공격성 성격, 분노조절장애

2) 영화 줄거리

2015년 8월에 개봉한 영화 〈베테랑〉은 1,300만 명이 넘는 관객을 동원했고, 청룡영화상과 한국영화평론가협회상에서 감독상을 수상했다(정병기, 2016).

'악'의 중심에 있는 조태오 캐릭터는 온갖 범죄 행위들을 통해 규정된다. 마약사건, 폭행, 폭행교사, 살인미수, 살인교사, 공무집행방해 등 굵직한 범죄만 꼽아도 여럿이다. 단순히 자신의 이익과 쾌락을 위해 범법행위를 반복하고 양심의 가책도 느끼지 않는 그의 광기에 많은 관객이 경악했다. 그는 걸리적거리는 하청업체 직원에게 폭행을 사주한 뒤 어린 아들이 보도록 고개를 잡고 있거나, 경호직원과 이종격투기 시합을 하다가 불리해지니 상대의 발목을 부러뜨려 버리거나, 일이 뜻대로 되지 않는다고 키우던 개를 골프채로 내리치고, 경찰을 피하기 위해서 주변의 것들은 다 박아 밀면서 도로를 질주한다(반론보도닷컴뉴스, 2015).

영화는 서도철 형사와 평소 알고 지내던 화물차 운전사 배철웅 기사에 대한 내용으로 출발한다. 부당해고를 당한 배 기사는 아들 배현진과 함께 밀린 임금의 지급을 요구하는 1인 시위를 벌이게 되었고 이 광경을 목격한 조태오는 자신의 사무실로 배 기사 부자를 부르게 된다. 조태오는 경위를 물어보면서 밀린 임금을 주려고 액수를 물어보던 중 체불임금 액수가 자신의 입장에서는 푼돈밖에 안 되는 420만 원에 불과하다는 사실에 "어이없다"는 말을 내뱉으면서 몹시 심기가 거슬린다. 조태오는 심기를 불편하게 한 배 기사와 전 소장에게 각각 권투 글러브를 던져주면서 배 기사의 아들 앞에서 결투를 강요한다. 이렇게 시작된 결투에 배 기사는 사실상 일방적인 폭행으로 만신창이가 되었고, 조태오는 그런 배 기사에게 맷값이라고 조롱하면서 수표를 던진다.

배 기사 폭행과 이미 두 건의 살인교사 혐의로 조태오가 사면초가에 놓이게 되자, 조 회장은 식사 자리에 최 상무를 초대한 뒤 아들 대신 감옥살이를 하면 자녀들은 모두 영국으로 유학을 보내주고 계열사 사장을 시켜준다는 조건을 제안하고, 결국 최 상무는 본인이 범인이라고 거짓 자수를 하게 된다. 외사촌형인 최 상무는 죽은 자신의 아버지가 조 회장에 했던 것처럼 고종사촌 조태오의 온갖 못된 짓들을 뒤처리해 가며 머슴처럼 살고 있다. 싫든 좋든 조태오와는 운명 공동체로 묶여서 ○○그룹의 내에서 함께 생존본능을 발휘하면서 ○○물산을 경영해 나가고 있다(정한석, 2020).

서도철은 마약중독자인 조태오가 한국을 뜨기 전에 한번 신나게 마약파티를 할 것이라는 제보를 받게 되고 마약파티 현장을 급습해서 조태오를 체포할 계획을 세운다. 재벌 3세 조태오는 계획대로 해외도피 전 마약파티를 시작하였고, 이때 조태오의 연인인 다혜가 자신이 조태오의 아이를 임신했다며 마약파티 현장에 찾아오자 조태오는 아이를 낳지 못하는 자신의 아이를 임신했다고 속인 다혜에게 분노하면서 폭행을 하고, 죽이려고 한다. 서도철은 추격전 끝에 마침내 조태오를 잡게 된다.

영화 〈베테랑〉은 안하무인인 재벌 3세 조태오와 그를 잡으려는 베테랑 형사 서도철이 대립하는 내용을 담고 있다. 조태오는 돈으로는 해결 못 할 일이 없고 세상에 무서울 것이 없으며, 마약, 폭력 등의 범죄들을 아무런 거리낌 없이 일삼고, 뒤처리는 떠넘겨버리는 것이 일상인 캐릭터로 등장을 한다. 또한 조태오는 반성하기는커녕 길어야 1시간이면 수갑을 풀 수 있다며 비웃기까지 한다.

이 영화는 작품성이나 흥행성이나 모두 성공한 작품으로 평가받는다. 그러나 시나리오 자체가 신선하거나 특별한 구조로 구성되어 있지는 않다. 〈베테랑〉에서 조태오의 모델이 된 인물은 ◯◯그룹 회장의 사촌 ◯◯◯ 대표라고 밝혔다(스마트인컴, 2020). 이렇듯 사회지도층들의 민낯을 그대로 고발한 내용으로 실제 모델을 기반으로 영화가 구성되었다는 점에서 시사점을 준다. 영화 〈베테랑〉의 주요 인물 특징은 〈표 10-1〉과 같다.

〈표 10-1〉 영화 〈베테랑〉의 주요 인물 특징

인물	특징
조태오	▸ ㅇㅇ그룹 조회장의 막내아들이자 재벌 3세로 평소에는 망나니 같은 행실문제로 부친에게도 신뢰받지 못하는 인물이며, 둘째 부인의 자식이라는 차별과 천대를 받고 있다. 조태오는 살아온 환경과 가정교육에 의해 자신의 잘못을 인지하지 못하는 것으로 묘사되고 있으며, 주변 사람들을 제멋대로 부리고 기분이 나쁘면 자신이 기르던 개, 사람을 죽이기도 한다. ▸ 자신의 이익이나 쾌락을 위해 수단과 방법을 가리지 않으며, 타인에게 상처를 입히거나 학대를 하고도 무관심하거나 죄책감이 없다. ▸ 폭력, 범죄, 마약복용 등을 일삼고 가족부양의 소홀, 성적 문란, 문화시설에 대한 파괴행동을 나타내며 주변 사람과 사회에 커다란 피해를 입힌다. [영화 속 최고 명대사] 지금 내 기분이 그래. 어이가 없네? 문제 삼지 않으면 문제가 안 되는데 문제를 삼으면 문제가 된다고 그랬어요. 나한테 이러고도 뒷감당할 수 있겠어요? 해보겠다 이거지? 감당할 수 있는 일을 해.
서도철	▸ ㅇㅇ지방경찰청 광역수사대 강력2팀 형사이고, 평소에는 단순하고 무식하지만 인간미가 있고 불의를 보면 참지 못하는 전형적인 형사이다. [영화 속 최고 명대사] 조태오 씨, 우리 죄는 짓고 살지 맙시다. 우리가 돈이 없지, 가오가 없어?
최대웅	▸ ㅇㅇ그룹의 상무이자 조태오의 심복이고 조태오의 외사촌으로 이복형제들과 경쟁하는 조태오를 보좌하는 동시에 조태오를 대신하여 회장의 분풀이를 받아내며, 보좌하는 역할, 조태오가 잘못을 하면 대신 처벌을 받는다. ▸ 약자에게 강하고, 강자에게 약한 캐릭터 ▸ 조태오를 대신하여 감옥에 가거나 매를 맞기도 한다.

2. 교류분석으로 바라보기

1) 주요 개념

(1) 자아상태 분석(ego state analysis)

① 자아상태의 기능분석

개인의 자아상태가 어떤 특징을 지니는가는 어릴 때 부모와 어떤 상호작용을 하고 부모의 어떤 행동의 영향을 받았느냐에 따라 달라진다. 영화 〈베테랑〉의 조태오는 관찰 가능한 행동패턴을 가지고 있다. 여기서는 외적 · 사회적 행동(외부)에 대한 관찰을 우선 살펴보겠다. 조태오는 자아상태에서 살펴볼 때 아버지의 스트로크를 원하는 과정에 많은 노력을 시도하지만 결국에는 술, 마약을 의지하게 되면서 자신의 성격적 특성을 나타내게 되며 ▌그림 10-1▐ 과 같은 양상을 보인다.

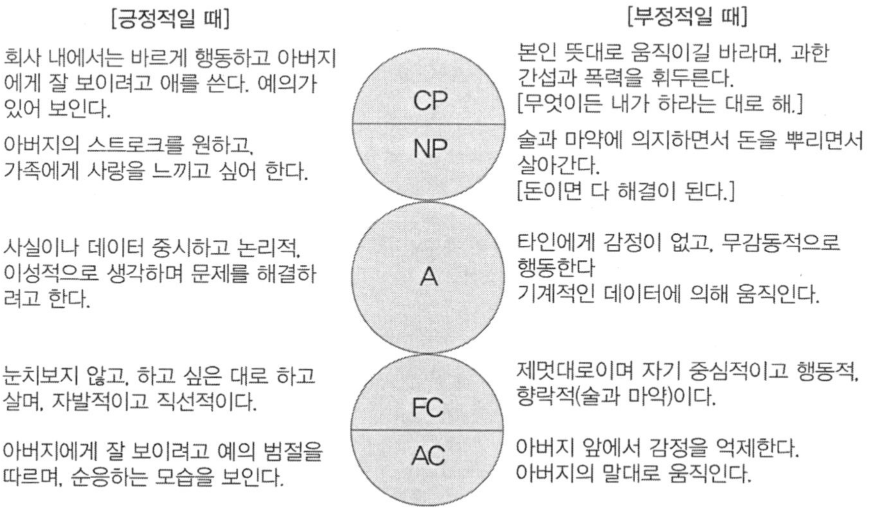

▌그림 10-1▐ 조태오의 자아상태 기능분석

② 이차 구조분석

이차구조분석은 어린 시절의 기억과 생존전략을 구분해놓은 것(Joines & Stewart, 2012)으로, 자아상태가 무엇을 담고 있는가를 알려주는데 그것은 많은 메시지로 이루어져 있다. 조태오는 어릴 때 부모로부터 환영받지 못한 탄생에 대한 메시지를 받았고, 그것을 받을 때마다 그 메시지에 대해 생각을 하고, 그 메시지와 연관된 상상(fantasies)을 하게 된다. 그러므로 아버지에게 인정받기 위한 노력을 부단히 하려 한다. 그러면서 아버지에 대한 감정을 느끼고 어떻게 반응할 것인지를 결정한다. 또한 부모는 왜 그 메시지가 중요한지 이유를 설명하기도 하고 외현적으로 전달되는 감정뿐 아니라 암묵적 감정 또한 전달한다.

- P2 속의 P3의 이해

  부모나 부모대리인에게 받는 메시지로 수세대를 통해 전달된 메시지들을 말한다. 임금체불을 항의하는 기사를 때리고 돈을 주는 행동, 둘째 부인의 자식에 대한 냉철함과 인정하지 않음, 자식의 잘못을 다른 사람이 대신해서 처벌을 받아도 되는 장면 등이 포함된다.

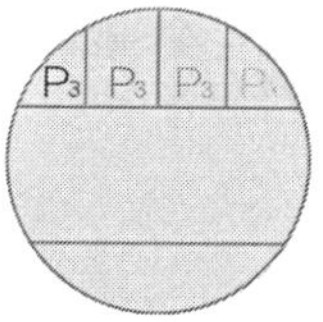

- P_3 : 권력과 돈에 대해서 마음대로 휘두를 수 있는 것이 우리 집안의 특권이야.
- P_3 : 나보다 못한(가난한) 사람들은 함부로 해도 돼.
- P_3 : 내가 잘못한 행동은 다른 사람이 대신 벌을 받으면 돼.
- P_3 : 둘째 부인의 자식은 인정받을 수 없어.

❙그림 10-2❙ P2 속의 P3의 이해

- P2 속의 C3의 이해

  비밀스럽거나 숨은 의미들, 어렸을 때 부모가 한 것과 같이 느끼고 반응한 부분이 P2 속의 C3 안에 숨어 있다. 자기 뜻대로 안 되자 담뱃불로 지지거나 이종격투기 하면서 반칙으로 발목을 부러뜨리는 행위, 경찰에 구속이 되어도 30분이면 풀려난다고 말하는 장면, 자신이 키우는 강아지를 때려 죽이는 장면, 여자친구에게 마약을 먹이고 다른 남자와 성행위를 시키는 장면 등이 포함된다.

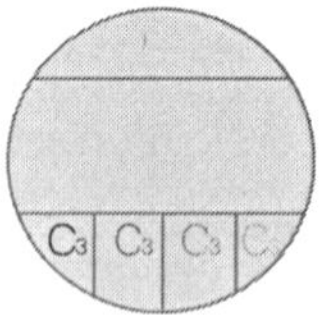

- C3 : 사람이나 동물을 학대해도 해결해 줄 수 있어.
- C3 : 다름 사람에게 강제로 성행위를 해도 괜찮아
- C3 : 마약과 알코올 중독자여도 자기합리화를 하면 돼.
- C3 : 내가 잘못한 것은 돈으로 해결하면 돼.

| 그림 10-3 | P2 속의 C3의 이해

- P2 속의 A3의 이해

부모나 양육자로부터 들은 현실에 대한 말들의 모음이다. 대부분은 객관적인 사실들이다. 어떤 것은 세상에 대한 환상이나 오해인 것도 있다. 조태오의 아버지는 아들이 폭력에 노출이 되면 아버지도 폭력으로 자식을 지키며, ○○그룹의 회장이 아버지라는 의미는 최대의 권력가를 의미한다. 병원 엘리베이터에서 조태오는 미소를 지으며 환자에게 타라고 허락한다. 모든 구조는 복종적이고 이것은 현실에서 이루어지는 조태오의 일상생활이다.

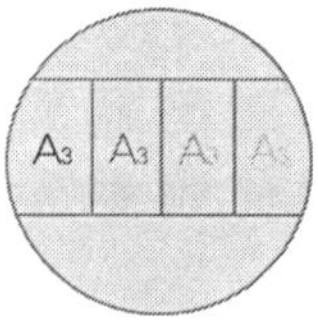

- A3 : 조태오의 어머니는 콤플렉스로 나오지만 영화에 등장하지 않는다.
- A3 : ㅇㅇ그룹의 회장이 아버지이고, 권력을 행사한다.
- A3 : 복종적인 구조가 현실에서 이루어지는 조태오의 일상생활이다.
- A3 : 나의 허가를 받아야만 엘리베이터를 함께 탈 수 있다.

| 그림 10-4 | P2 속의 A3의 이해

(2) 각본분석(script analysis)

① 드라이버

조태오는 '완벽하게 하라(Be perfect)', '기쁘게 하라(Please others)'라는 드라이버를 가지고 있다. 조태오는 아버지 조 회장에게 꼼짝 못하고 두 번째 부인의 자식이라는 것에 대한 콤플렉스가 있다. 그러므로 조태오는 아버지에게 잘보이기 위한 완벽하게 하라, 기쁘게 하라 명령에 따를 수밖에 없다. 완벽해야만 아버지로부터 인정을 받게 된다는 신념을 가지고 있다. 조태오는 완벽하게 하라는 드라이버의 단점을 재연하고 있다. 아버지로부터 비판을 받으면 의욕이 상실되고,

이것으로부터 벗어나기 위해 부정적 스트로크를 얻으려 하며, 이런 상황은 또 다른 문제를 발생시키고 문제발생 시에 타인(아버지, 최 상무)에게 넘겨버리는 특성을 보인다. 조태오는 자신은 매우 무가치하다고 생각하며 불만족을 느낀다. 이때 조태오는 반사회적, 수동-공격적인 성향을 나타내며, 사회적인 망나니가 되어 사회적 일탈을 보이며 자신의 솔직한 내면을 표현하지 못한다.

조태오는 또한 '강해져라(Be strong)'의 드라이브를 가지고 있다. 아버지의 P에서 받은 명령을 조태오는 강해져라의 단점으로 외롭고, 냉랭하며, 타인에게 약점을 보이려고 하지 않는다. 그러므로 조태오는 주기적으로 격투기 훈련을 받고 있고, 타인에게 절대 굽히거나 사과하지 않고, 자존심이 강하여 상대를 때려눕혀야만 직성이 풀린다. 그리고 결국엔 조태오는 돈을 주면 다 해결된다는 잘못된 믿음을 가지고 있다.

② 부모명령 · 금지명령

〈표 10-2〉 부모명령 · 금지명령

부모의 언행	부모명령/금지명령	아동의 초기결정
개망나니 같은 자식 너를 신뢰하지 않아.	생각하지 마라. 감정을 느끼지 마라.	나는 인정받을 수가 없어. 나는 무슨 짓을 해도 소용없어.
둘째 부인의 자식이야. 태어나지 말아야 했어.	존재하지 마라. 아버지 마음에 들게 하라.	나는 필요가 없는 존재야. 나는 아버지에게 잘 보여야만 OK야.

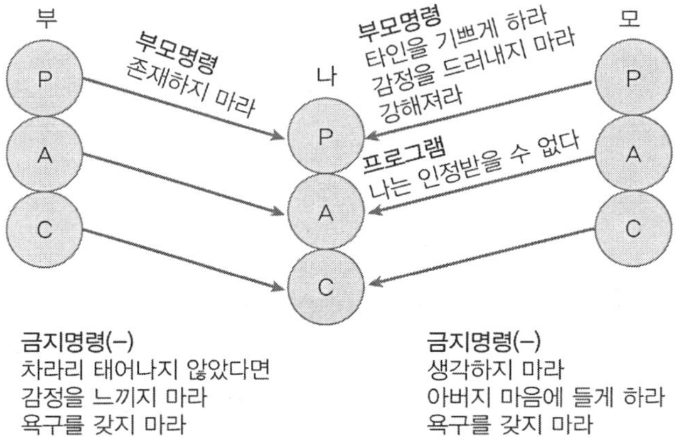

▌그림 10-5▐ 조태오의 각본분석

조태오는 두 번째 부인의 자녀로 태어나면서 환영받지 못하고 태어났다. 조태오는 아버지로부터는 사랑받지 못한 자녀였다. 조태오는 어머니에게 어떻게든 강하게 성장하고 완벽한 모습을 보여서 아버지에게 인정받도록 부모명령을 받았을 것이다. 어린 시절 조태오는 자신의 출생 신분에 대한 콤플렉스가 있었으며, 스스로가 살아남기 위해 인정받으려고 살아왔을 것이다. 조태오는 분노스탬프를 쌓아놓았지만, 마음속의 모든 것을 나타내서는 안 되는 입장에 놓여 수동-공격적인 성향을 갖게 되었을 것으로 추측이 가능하다. 조태오는 금지명령을 어길 때마다 신체적으로 긴장하거나 불편을 느꼈을 것이다. 내면적 심리는 자신의 이득(Stroke)을 위해 알코올, 마약, 성(sex), 싸움 등의 행위를 일삼았을 것이다.

(3) 라켓시스템 분석(racket system analysis)

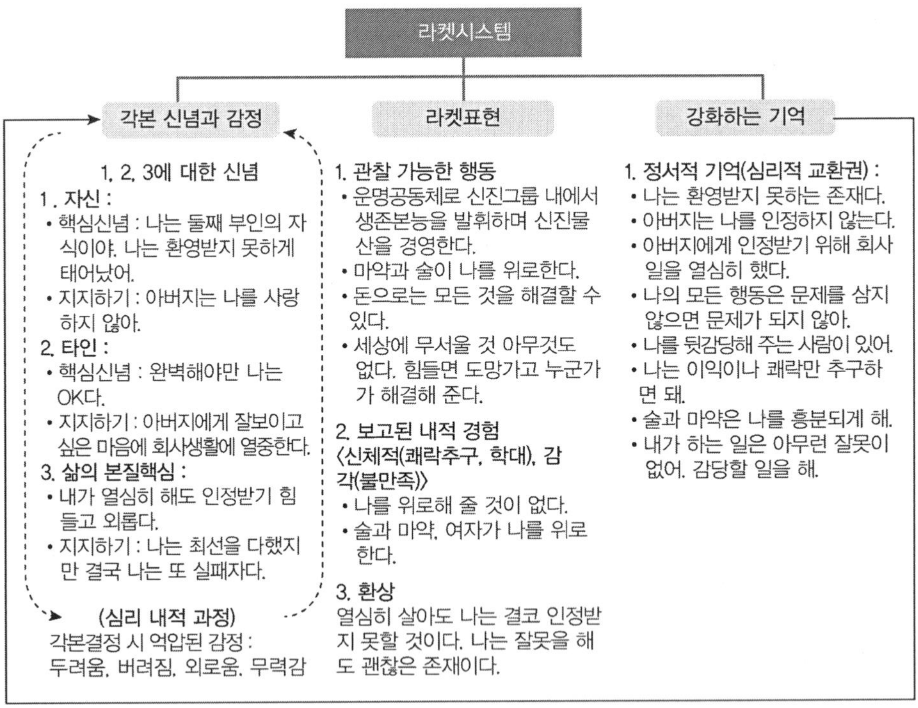

▌그림 10-6▐ 조태오의 라켓시스템 분석

(4) 게임분석(game analysis)

조태오는 마약게임, 섹스게임, 폭력게임을 하고 있다.

'나를 차주세요(Kick Me)' 게임은 '역시 나는 할 수 없다(Not OK)'라는 것을 확인하게 된다. '너 때문에 이렇게 되었어(See What You Made Me Do)'는 게임을 통해서 잘못에 대한 지적을 받거나 스트로크를 얻지 못할 때 결국에 타인을 나무라는 것에 분노의 스탬프(Red Stamp)를 모으게 된다. 이것은 어린 시절 아버지와의 관계에서 긍정적인 스트로크를 얻지 못해 나타났으며, 결국에 술과 마약으로 자신을 망치고 상대방에게 화를 내며 닥치는 대로 폭언과 살인미수 등의 행동으로 Pay-off로 결말을 맞는다(그림 10-7).

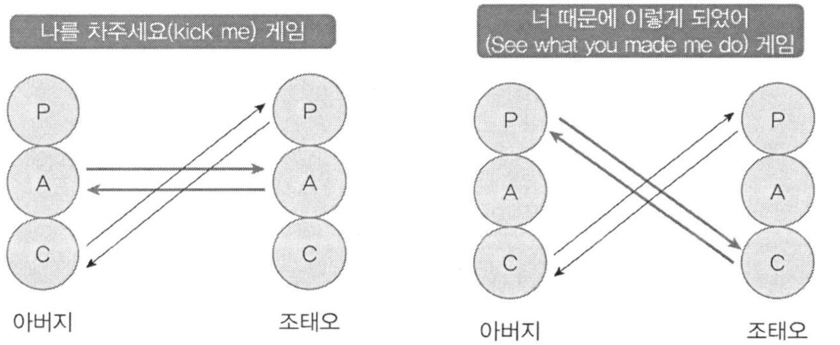

[게임이 펼쳐지는 상황]
- 사회적인 도덕적 규범을 준수하지 않고 그것을 반복하기 때문에 부정적인 감정을 자극하는 아이

[예시] 폭력, 범죄, 마약복용 등 일삼고 가족부양의 소홀, 성적 문란, 문화시설에 대한 파괴행동을 나타내며, 아버지에게 결국은 인정받지 못한다.

[게임이 펼쳐지는 상황]
- 자기의 실수는 생각하지 않고 상대에게 필사적으로 대드는 태도

[예시] 문제삼지 않으면 문제가 안 되는데 문제를 삼으면 문제가 된다고 그랬어요. 나한테 이러고도 뒷감당할 수 있겠어요?

| 그림 10-7 | 조태오의 게임분석

조태오 가족의 드라마 삼각형을 살펴보면 주로 조태오 아버지는 박해자 역할을 하면서 조태오의 탄생부터 아들로서의 행동을 못마땅하게 여기고 아들을 인정하지 않는다. 조태오는 아버지의 사랑을 받고자 끊임없이 요구하지만 결국, 사회적으로 해서는 안 되는 행동을 하면서 감옥에 갈 수밖에 없는 행동을 하게 된다. 조태오의 아버지는 조태오의 사촌형에게 자신의 아들 대신 감옥을 가도록

부탁하게 된다. 결국 조태오 가족은 전형적이고 일상적인 드라마 삼각형을 구성하고 있다. 그러나 조태오가 최종적으로는 구속됨으로 해서 박해자였던 조태오의 아버지는 구원자 역할을 자처하기도 하고, 사촌형 최 상무는 감옥을 대신 가줌으로써 희생자가 되기도 한다(그림 10-8).

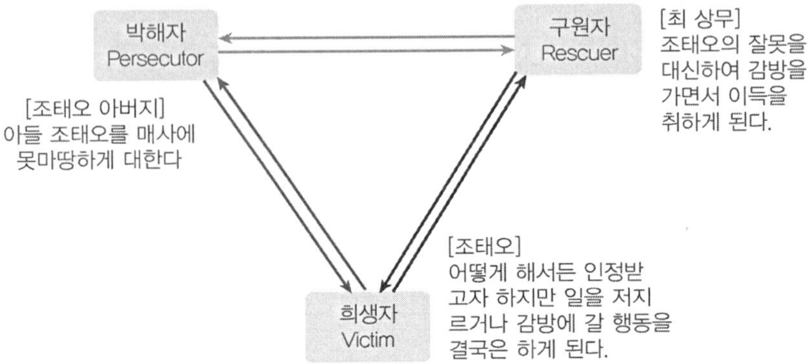

❙그림 10-8❙ 조태오 가족의 드라마 삼각형

(5) 인생태도(life position)

반사회성 성격적응 유형의 인생태도는 '자기긍정-타인부정'이고, 수동-공격성 성격적응 유형의 인생태도는 '자기부정-타인부정'이다. 조태오는 집안에서 원치 않는 아이로 둘째 부인의 아들로 태어나 아버지의 사랑을 받지 못했으며, 영화에서 친어머니의 등장이 없는 것으로 볼 때 조태오는 부모님의 충분한 양육과 사랑을 받지 못했을 것으로 추정된다. 조태오는 원치 않는 둘째 부인의 자녀로 태어나 어떻게 하든 수단과 방법을 가리지 않고 성과를 보여서 이복형제 사이에서도 살아남아야 한다는 강박적 사고를 가지고 있으며, ○○그룹의 재산에도 관심이 많은 강한 욕구를 드러낸다.

조태오의 인생태도를 살펴보면 자신이 하는 행동은 옳다고 생각하거나, 수동-공격성 성격적응 유형의 인생태도에서는 자신의 일을 책임지지 못하고 의존적이 되면서 자신의 무능함(I'm not OK)을 경험한다. 예를 들면, 조태오는 어떤 일이 잘못되면 타인의 탓(You're not OK)으로 돌리는 행동을 보이는 인생태도로 독선적, 배타적, 경멸, 분노, 지배의 태도를 보인다. 대표적인 예로 조태오는 자신의 마음에 들지 않을 경우에는 키우던 개를 때려 죽이는 장면을 연출하고, 자신의 애인을 다른 사람과 성관계를 하도록 요구하며, 밀린 임금을 받기 위해 찾아온 노동자에게도 결투를 하도록 지시하고 그의 아들이 보도록 하는 등 독선과 배타의 공간에서 살아가고 있다. 특히 마약이나 살인교사 등도 서슴지 않는다.

이런 조태오의 뒤에서 조태오의 심복 노릇을 하고 있는 최대웅 상무의 인생태도를 살펴보면, 최 상무는 조태오의 잘못된 행동이 있을 때마다 회장의 분풀이 대상으로 매를 대신 맞거나 조태오의 죄를 대신하여 감옥을 가거나 처벌을 받는 전형적인 I'm not OK, you're OK의 인생태도로 강자에게는 더없이 나약한 태도를 보인다.

이에 반하여 서도철은 광역수사대 강력2팀의 형사로서 평소에는 단순하고 무식하지만, 인간미가 있고 불의를 보면 못 참는 전형적인 형사로서 〈베테랑〉 속에서 권선징악을 이끌어 주는 주요한 인생태도를 보임으로써 우리가 살아가는 일상을 평화롭고 안정적으로 이끌어 주는 행동을 보여준다(그림 10-9).

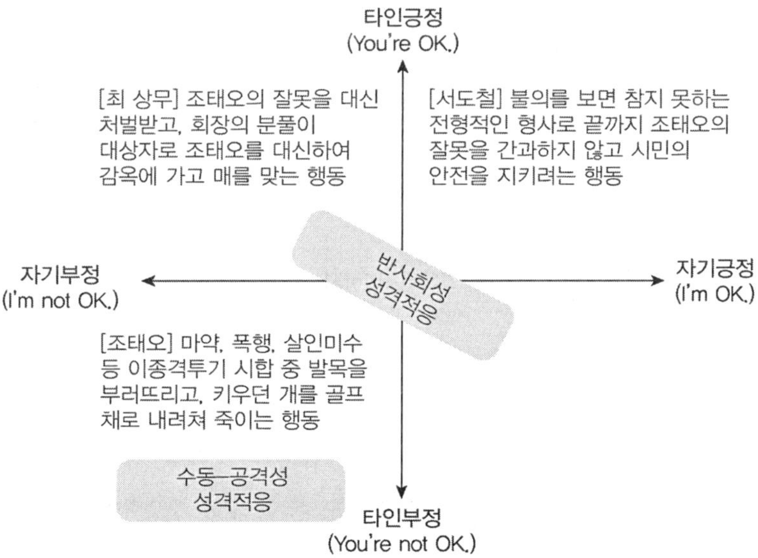

❙그림 10-9❙ 조태오 · 최 상무 · 서도철의 인생태도

(6) 디스카운트(discount)

조태오의 대표적인 수동적인 행동에는 무력화(incapacitation)와 폭력(violence)이다. 정신적 문제로 알코올 문제와 마약, 폭력의 문제로 나타나고 있다. 폭력 역시 수동적 행동으로 문제를 직접 해결하기보다는 문제를 회피하면서 어린이 자아상태에서 타인이 문제를 해결해 주도록 의존하면서 문제를 해결할 자신의 능력을 디스카운트 한다(박용민, 2015).

아버지의 불호령에 조태오는 동요(agitation)를 보인다. 조태오는 주위의 여건에서 불편한 상황이 있을 때 문제해결을 위한 합리적인 시도를 하지 않고 아버지 앞에서 전전긍긍하며 초조해하는 데 에너지를 쏟는다. 이렇듯이 조태오는 문제상황을 벗어날 수 있는 선택권을 디스카운트 하였다. 또한 조태오는 최 상무와의 공생관계를 통해서 자신의 자아상태 중 P와 A를 사용하지 않고 있다(그림 10-10).

- (조태오) 마약, 폭력, 알코올, 섹스 등의 범죄를 도덕적인 죄책감 없이 일상에서 저지른다.
- (아버지) 폭행과 살인교사가 있는 혐의로 조태오가 사면초가에 놓이게 되자 최 상무에게 대신 감옥을 갈 것을 권유한다.
- (최 상무) 조태오의 못된 짓들을 뒤처리 해주면서 머슴처럼 살고 있다.

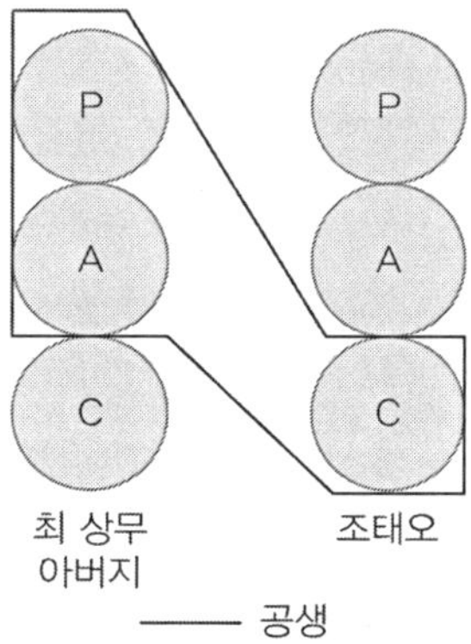

그림 10-10 조태오 · 아버지 · 최 상무의 공생관계

(7) 시간의 구조화(time structuring)

조태오의 반사회성 성격적응은 타인을 위협하고 이익을 취득하기 위해서 타인을 조종하는 시간의 구조화를 가질 것이다. 또한 수동-공격성 성격적응은 투덜대고 불평하고 싸움을 하게 될 것이다. 조태오가 주로 사용하는 시간의 구조화는 '잡담'과 '게임'이다. 조태오는 지루함을 싫어하며 유희를 즐기는데 주로 잡

담이 이루어지는 장소가 술집이고, 마약을 하고, 다른 사람에게 주로 속임수를 쓰는 행동으로 항상 본인이 우위가 되어야만 한다. 또한 주로 술집과 폭력, 마약으로 '경찰과 도둑' 게임으로 전환된다.

① 폐쇄(withdrawal)

조태오는 유아기에 부모나 주위 사람들로부터 최소한의 스트로크를 얻지 못하여 현실을 무시하게 된다. 조태오는 인간관계의 갈등이 유발되었을 때, 알코올과 약물남용으로 소극적인 문제해결 방식을 택하였다.

② 의식(rituals)

의식은 CP의 명령에 AC가 순응하는 방식(Stewart & Joines, 2012)으로 대인간의 교류 없이 회사생활에는 누구와도 특별히 친하지 않으면서 회사에서 합의한 방식대로 생활을 한다. 조태오는 회사에서 진행되고 있는 모든 환영의식, 회사의 기념행사에 참여한다.

③ 잡담(pastime)

조태오는 죄의식이나, 절망, 친밀을 피하기 위하여 여자, 술, 체육관에서 정기적인 훈련 등으로 친밀한 관계를 맺지 않아도 되는 방식의 스트로크를 교환하였다. 시간을 같이 보내고 싶은 사람, 관계를 유지하고 싶은 사람인지를 파악하면서 여자들과의 즐거운 시간을 보낸다.

④ 활동(activities)

조태오는 회사생활에 대해서 최선을 다하려고 한다. 아버지에게 잘보이기 위해서 직장에서 열심히 근무하면서 원하는 스트로크를 얻고자 한다.

⑤ 게임(game)

조태오의 게임은 주로 마약게임, 섹스게임, 싸움투기게임 등을 통하여 '나를 차주세요(Kick Me)'로 결국에는 '역시 나는 할 수 없다(Not OK)'라는 것을 확인하게 되면서 결국 조태오는 '너 때문에 이렇게 되었어(See What You Made Me Do)' 게임으로 전환한다. 결국엔 '경찰과 도둑' 게임으로 결말(pay-off)을 맞게 된다.

⑥ 친밀(intimacy)

친밀한 교류는 이해타산, 비판, 비난을 하지 않고 인간적 참만남을 하며 TA가 목표로 하는 이상적인 시간의 구조화 양상을 갖는 것이나, 조태오는 친밀감 형성에 익숙한 환경을 제공받지 못했다.

(8) 재결정(redecisions)

어린이 자아상태로부터 새로운 결정을 촉진시키는 작업으로 조태오는 과거의 상황을 정서적으로 새로운 결정을 하게 해야 한다. 초기결정이 태어난 것에 환영받지 못한 상태로 부모가 자신이 태어나지 않았으면 하고 바랐다 하더라도 자신이 충분히 살 가치가 있으며 자기 파괴적인 행위를 멈추고 삶을 가장 완벽하게 살겠다는 새로운 결심을 하도록 격려받아야 한다.

조태오의 반사회성 성격장애는 법적인 문제를 발생시키는 특성이 있으므로 잘못을 할 경우, 지적을 받는 직면과 함께 세심하게 충동을 통제할 수 있는 구조 및 감독을 할 수 있는 환경을 제공하여 알코올 중독과 약물중독 등에서 먼저 벗어나야 한다.

또한 수동-공격성 성격적응의 치료목표는 말 그대로 상대방에 대한 욕설, 폭언, 폭력 등 공격성 패턴을 이해하여 어떻게 화를 내야 하는지, 자신의 감정을 어떻게 표현해야 하는지 등 어릴 때의 인정받지 못한 부분을 회복받아야 한다.

부모의 불화와 지나친 기대 등에 대해서 시작된 결과이므로 부모와의 화해가 가장 필요하다. 그러나 자신의 인생태도에 책임감을 가지고 자신을 진정으로 사랑하고 타인을 존중하는 방법을 훈련받아야 한다.

조태오는 작은 일상에서 즉각적으로 충동에서 스스로 멈추고 자신의 감정을 진솔하게 이야기할 수 있는 훈련이 더욱 필요하다. 특히 우울증이나 대인관계, 분노조절과 애정결핍에 대한 치료를 통해 충분히 가치 있는 재양육을 받아야 한다. 재결정의 과정은 끝이라기보다 또 다른 새로운 시작이다.

2) 성격적응 유형 분석

(1) 드라이버와 웨어 이론에 의한 의사소통 방식

조태오의 주요 드라이버에서 반사회성 성격적응은 기쁘게 하라(Please others), 강해져라(Be strong)의 드라이버, 수동-공격성 성격적응은 노력하라(Be try), 강해져라(Be strong)가 대표적 의사소통과 연관성이 있다. 또한 웨어 이론에 의한 의사소통 방식에서 반사회성 성격적응 유형과 수동-공격성 성격적응 유형의 개방문(Open Door)은 행동(Behavior)이고 표적문(Target Door)은 감정(Feeling)이며, 함정문(Trap Door)은 사고(Thinking)이다(표 10-3).

〈표 10-3〉 조태오의 성격적응 유형에 따른 의사소통 방식

성격적응	주요 드라이버	의사소통방식	웨어 이론		
			개방문	표적문	함정문
반사회성 성격적응	강해져라 기쁘게 하라	정서적인 양육적인 지시하는	행동(B)	감정(F)	사고(T)
수동-공격성 성격적응	노력하라 강해져라	정서적인	행동(B)	감정(F)	사고(T)

〈베테랑〉에서 조태오의 첫 번째 '정서적인' 의사소통 방식에 대해 살펴보자. 정서적인 의사소통 방식은 '자신의 그대로의 감정을 직접적으로 표현'하는 것을 말하는데, 조태오는 라켓감정을 의사소통으로 사용하기 때문에 진실한 감정을 표현하는 것이 서툴다. 예를 들면, 조태오는 "지금 내 기분이 그래, 어이가 없네?" 혹은 "문제 삼지 않으면 문제가 안 되는데 문제를 삼으면 문제가 된다고 그랬어요" 등 자신의 슬픈 감정, 아픈 감정, 기쁜 감정 등을 개방적으로 표현하지 못하고 모든 진솔한 감정이 라켓감정으로 숨어있다.

조태오의 반사회성·수동-공격성 성격적응은 충분한 사랑으로 양육되지 못한 가정에서 원치 않은 탄생으로 존재에 대한 불안한 환경 속에서 눈치를 보는 '어린이 자아'의 억압된 감정으로 인정받지 못하는 것에 대한 두려움에서 시작되

었을 것으로 예측할 수가 있다.

조태오의 '양육적인' 의사소통 방식은 부모로부터 받았던 양육방식을 그대로 사용하게 될 것이다. 조태오는 두 번째 부인의 아들로 태어나 아버지의 관심을 제대로 받지 못하고, 의붓형제들과의 경쟁과 따가운 시선의 부정적인 가정환경 속에서 '타인을 기쁘게 하라'는 드라이버를 통해서 오직 아버지의 사랑을 받기 위해 노력을 수없이 시도했다. 그러나 조태오는 폭력, 범죄, 마약 등에 빠져들고 성적 문란 등의 사회적으로 용납받을 수 없는 행동으로 심리게임에 빠지게 된다.

조태오의 개방문은 돈으로 해결 못 할 일은 없고 세상에 무서울 것이 없다는 신념을 갖고 있으며, 마약, 폭력 등의 범죄행위에 죄책감이 없고, 나를 대신해서 뒤처리를 해주는 사람이 있어, 나는 세상을 비웃으면서 살아도 된다는 접촉 행동이 있다. 이렇듯 조태오는 정서적인 방식으로 타인보다 영리한 행동을 하고자 하는 특성을 지니고 있다. 조태오의 표적문은 분노감, 좌절감, 혼란에 대한 진정한 욕구가 무엇인지 탐색하고 획득하지 못한 아픈 감정을 위로해 주고 모든 감정을 허용해 주는 것이 필요하며, 변화목표를 뚜렷이 두는 것이 필요하고 극단적인 도피구로 '미치광이가 되어 가는 것'을 막는 것을 최종목표로 설정하는 것이 좋겠다. 또한 함정문은 반항하는 어린이 자아상태에 스트로크를 주고 아버지의 사랑을 갈구하지 않아도 잘 살 수 있다는 것을 경험하게 하여 어린 시절에 획득하지 못한 '애착', '유대감'을 솔직하게 직면한다면 자율성 회복이 가능할 것으로 보인다.

또한 조태오의 '지시하는' 의사소통은 자신의 의견을 '교육'하거나 '지시'하게 된다. 자신만의 특별한 행동으로 타인의 행동, 사고 또는 감정을 표현하게 되는데 이는 'P'의 비판적인 부모 자아상태에서 이루어지는 행동이다. 조태오는 타인의 말을 경청할 필요가 없는 독단적인 태도를 보이며, "나한테 이러고도 뒷감당을 할 수 있겠어요?", "해보겠다 이거지?", "감당할 수 있는 일을 해" 등등 목소리를 아래로 깔고 단호한 목소리 톤을 사용하는 전형적인 '지시'의 의사소통을 하고 있다.

반사회성 성격적응 유형의 특성은 사회와의 갈등, 좌절을 견디기 힘들어하며 흥분과 드라마를 추구한다(우수희, 2004). 이기적이며, 냉담하고, 무책임한 행동표현을 한다. 수동-공격성 성격적응 유형의 특성은 공격적인 성격과 분개하는, 방해하는, 고집 센 행동표현이 있다(Ware, 1983).

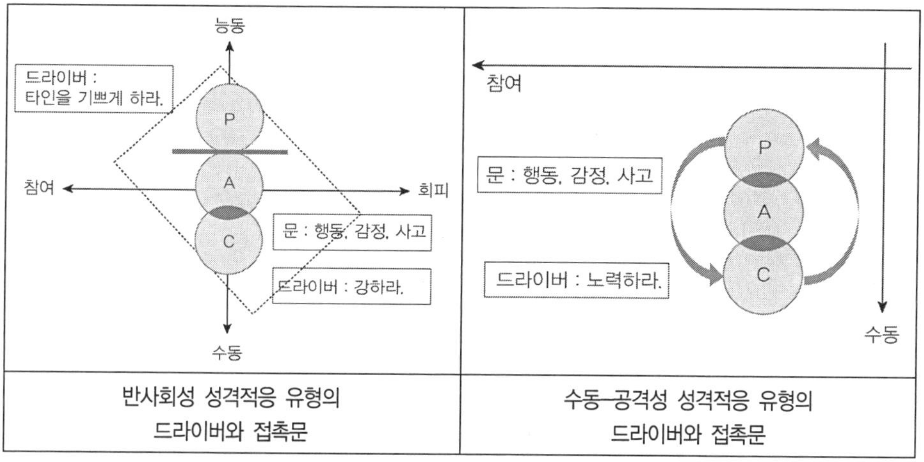

| 그림 10-11 | 반사회성 성격적응 유형과 수동-공격성 성격적응 유형의 드라이버와 접촉문

(2) 과정각본

수동-공격성 성격적응 유형은 주요 드라이버가 '노력하라'이며 이는 항상(always)각본, 거의(almost)각본을 가지고 있다. 반사회성 성격적응 유형은 '강해져라', '타인을 기쁘게 하라'가 주요 드라이버로 결코(never)각본, 거의(almost)각본, 항상(always) 과정각본을 보여준다(오수희 외, 2012). 조태오의 과정각본과 예시는 다음과 같다(표 10-4).

〈표 10-4〉 조태오의 과정각본

과정각본	내용 및 예시
결코(never)각본 탄탈루스	자신이 원하는 것을 절대로 얻을 수 없다는 각본 '이것을 위해 그 무엇도 원해서는 안 된다.' [예시] 조태오는 아버지에게 잘 보이려고 회사 일에 열심이지만 아버지는 아들을 신뢰하지 않는다. 조태오는 형제들에게 회사를 뺏길까 봐 두려워하지만 능력을 발휘하지 못하고 결국엔 신뢰를 저버리게 된다.
거의(almost)각본 시지푸스	성공을 눈앞에 두고 실패를 되풀이하는 각본 [예시] ㅇㅇ물산의 기획조정실장(이사)의 직함을 가진 사실적인 대표나 마찬가지이지만 평소의 개망나니 행실로 결국엔 부친에게 신뢰받지 못하고 이복형제의 경멸 어린 시선을 받으며, 자신의 만족을 성취하지 못한다.
항상(always)각본 아라크네	부모를 화나게 하고 그 벌에서 항상 풀려나지 못하는 각본 [예시] 조태오는 아버지에게 찍혔고, 이복형제와 달리 조태오는 전과자(마약, 폭행, 살인교사)이며, 성격파탄자로 결국은 부모를 실망시켰고, 아버지는 조태오를 쫓아낼 수도 있다.

(3) 성격적응 유형 간의 상호작용

조태오의 성격적응 유형을 살펴보면 수동-공격성 성격적응으로 항문기(2~3세)에 발달하며, 부모의 과도한 통제에 의해 발달된다. 수동-공격성은 자신의 권위가 손상받는다는 느낌이 들 때 잘 나타난다. 힘이 없는 사람이 자신을 지배하려는 권위에 대항하는 것이다(김 명, 2009).

반사회성 성격장애는 반복적인 범법행위로 체포되는 등 법률적 사회규범을 따르지 않는 특징을 가지고 있는데, 영화 속의 조태오는 다른 사람을 구타하고, 싸움을 시키고, 자신의 여자를 폭행하고, 자신의 이익이나 쾌락을 위해 마약을 하는 등 이러한 성격장애적인 요소를 갖고 있다. 또한 매우 충동적이고 공격적이어서 신체적인 싸움이나 타인을 공격하는 일을 반복하면서 시종일관 무책임하다.

수동-공격적인 임상양상들 중 조태오와 관련 있는 임상증상으로는 일이 지체된 것에 대한 핑계만 찾으려 하고, 잘못을 의존하는 사람에게 돌리면서도 의존관계를 벗어나지 않으려 한다(김만기, 2015). 영화 속에서는 모든 자신의 책임을 조태오 자신이 해결하지 않고, 사촌 형이 따라다니면서 문제를 해결해 주는 장면이 있다.

수동적이고 자기 파괴적인 행동은 누가 보아도 남을 응징하고 조종하려는 것으로 보인다. 자기 의사를 주장하는 일이 거의 없고, 필요한 것이나 소망을 직접 말하지 못한다. 이런 특성 때문에 서자 출신인 자신의 콤플렉스를 스스로 벗어나기가 힘든 상황이다. 또한 자신의 삶의 만족감보다는 분노에 더 집착하기 때문에 삶에서 즐거움을 찾는 것에 대해서 관심이 없고 자신감이 없고 미래에 대해 비관적이다.

대부분의 사람들은 자신이 가지고 있는 성격적응 유형이 비슷한 사람과 잘 어울리는 경향이 있는데 수동-공격성 성격적응 유형과 반사회성 성격적응 유형의 개방문은 '행동'이고 표적문은 '감정'이며, 함정문은 '사고'이다.

〈베테랑〉의 조태오는 두 가지 양상을 모두 가지고 있어 자신의 감정을 잘 다루는 것을 시작으로 자신의 문제를 풀 수 있을 것이다. 조태오는 심리게임을 지속적으로 할 확률이 높아서 타인에게 믿음직스러운 모습을 보여주지 못할 가능성이 있다. 친밀한 관계를 맺는 것에 익숙하지 않아 어려움이 있고, '노력하라'가 내재되어 있어, 자연스러운 어린이 자아상태를 통해 충분한 라포 형성이 필요하다. 또한 양육적인 부모 자아상태로 접근하여 조태오의 존재 자체로 OK의 긍정을 주고 수용되는 경험을 충분하게 주어야 한다.

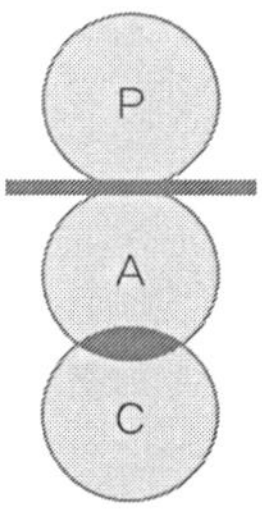 [예시] 조태오는 자신이 저지른 문제를 해결하지 못하고 사촌형에게 의존하여 문제를 해결한다. 이런 상황에서 조태오는 자신의 P를 사용하지 못하고, 오염된 A는 작동이 어렵고 의존적이 된다.	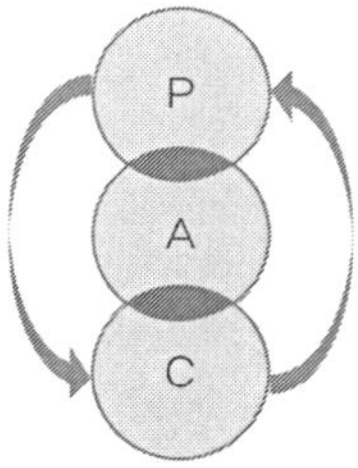 [예시] 조태오는 마약, 폭력, 자신이 사랑하는 개를 분노에 의해서 때려 죽이는 행위, 자식 앞에서 폭력을 부추기는 행동 등 A 자아가 작동하지 않는 P와 C에 의해 오염된 자아 상태를 보인다.
반사회성 성격적응 유형	수동-공격성 성격적응 유형

▌그림 10-12▐ 조태오의 성격적응 유형에 따른 성격구조와 예시

CHAPTER 11 편집성 성격적응과 연기성 성격적응

1. 영화 제목 : 도희야

1) 영화정보

개봉일	2014. 5. 22.
제작국가 및 감독	대한민국, 정주리
출연배우(주인공)	배두나(영남 역), 김새론(도희 역), 송새벽(용하 역)
등급 및 상영시간	청소년 관람불가 / 119분
상담 주요 키워드	연기성 성격적응-편집성 성격적응의 조합, 가정폭력

2) 영화 줄거리

시골 파출소장으로 좌천된 영남은 알코올 중독으로 심각하게 고생하며, 생수병에 소주를 담아 마시는 정도에 이른다. 우연히 용하에게 폭행당하는 도희를 발견하고 파출소로 데려가지만 용하의 영향력 때문에 사건은 은폐된다. 영남은 도희를 집으로 초대해 짜장면을 대접하며 위로하고, 도희가 혼자 남겨진 상황을 알게 된다. 어느 날, 도희는 자신의 할머니가 사망했다고 영남에게 알린다. 영남은 처음에는 도희의 이야기를 의심하지만, 정황상 도희의 말을 믿게 된다. 학대받는 도희를 목격한 후, 영남은 도희를 임시 보호하기로 결정하고 같이 생활하기 시작한다. 둘은 점점 가까워지며 화목한 시간을 보내지만, 영남은 때때로 도희에게 긴장한 모습을 보인다.

어느 날, 영남의 옛 친구 은정이 파출소를 방문해 두 사람 사이에는 약간의 긴장감이 흐른다. 은정은 영남과의 관계를 다시 시작하고자 제안하지만, 영남은 자신이 레즈비언임이 알려진 후 받은 징계로 인해 조심스럽게 대응한다. 영남은 호주로 함께 가자는 은정의 제안을 거절한 후, 두 사람 사이에는 우연한 키스가 발생하지만, 이 장면을 용하가 목격한다. 은정은 결국 혼자 떠나고, 영남은 도희가 자해하는 모습을 발견하고 충격을 받는다. 영남은 도희를 진정시켜 재우며 상황에 대처한다.

영남은 용하가 불법체류자들을 착취하는 것을 알게 되고, 결국 용하를 체포한다. 그러나 용하는 혼자 당할 수 없다며 영남을 아동 성추행범으로 고발한다. 영남은 사실이 아니라고 진술하지만 도희는 영남에게 불리한 거짓 진술을 하여 영남은 유치장에 구금된다. 도희는 용하와 함께 집으로 돌아가서, 용하에게 술상을 차려주고 술에 취해 깊이 잠든 용하 옆에 알몸으로 눕는다. 이후 용하에게 성폭행 당하는 것처럼 조작하고 경찰에 신고해서 용하가 구속된다. 이 사건 이후, 도희는 경찰서에서 자신이 용하에게 반복적으로 성폭행 당했다고 밝히며, 이전에 영남이 자신을 성추행했다는 주장은 용하가 시킨 거짓말이라고 말한다. 이런 상황 속에서 영남은 무죄로 풀려나지만, 불미스러운 사건에 연루된 탓에 전근을 하게 된다.

영남은 떠나기 전 도희와 만나 사건의 진상을 듣고자 하지만, 모든 것을 명확히 듣지는 못한다. 그러나 영남은 도희의 할머니 사망 사건에 도희가 연루되었으며, 용하에게 성폭행 당했다는 주장이 거짓임을 알게 된다. 도희를 떠나려는 영남은 권 의경의 말을 듣고 도희가 '어린 괴물 같다'는 말에 공감하게 된다. 그러나 영남은 도희에게 "나랑 같이 갈래?"라고 물으며, 모든 것을 알고 있음에도 불구하고 그녀를 버릴 수 없다고 결심한다. 이 결정은 도희를 진정한 괴물로 만들지 않기 위한 것이다. 도희는 이에 눈물을 흘리며, 영화는 영남이 운전하는 어두운 빗길과 조수석에서 잠든 도희의 모습으로 마무리된다.

2. 교류분석으로 바라보기

1) 주요 개념

(1) 자아상태 분석(ego state analysis)

성격적응 유형은 아동기에 생존하기 위해서, 그리고 원가족의 기대를 충족하기 위해 서로 다른 적응을 한다. 아동기 적응에 대한 심리적 결단은 성인이 된 사람의 성격적응 유형에 지대한 영향을 미친다. 자아상태 모델이란 감정과 사고, 그리고 행동이 일관되고, 통일성 있게 구성된 하나의 시스템이다. 번(Berne)의 자아상태 모델로 성격적응 유형을 분석하고자 한다. 성격적응 유형의 부적응적이고 병리적인 측면은 자아상태 오염과 배제와 관련이 깊다. 자아상태 오염(Contamination)은 하나의 자아상태가 다른 자아상태의 경계 속에 침입하는 것을 의미한다. 어린 시절의 경험과 결단 그리고 부모의 편견과 생활방식에 의해 일어난다. 자아상태 배제(Exclusion)는 오염의 정도가 높아질 때, 사람은 하나 또는 그 이상의 자아를 차단하는 것을 의미한다. 인간은 생존을 위해 약간의 배제가 있다. 도희의 연기성 성격적응 유형과 편집성 성격적응 유형 조합의 특성을 '자아상태'와 '오염', '배제'의 개념을 적용하여 자아상태 구조를 분석하면 다음과 같다.

① 연기성 성격적응의 특성

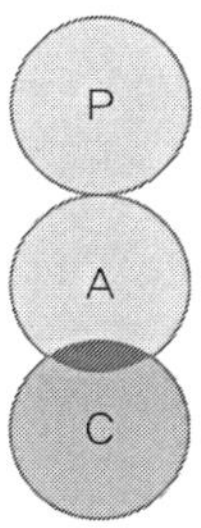

- ▶ 성격구조 : 어른 자아가 어린이 자아에 오염된 것
- ▶ 주된 가치는 반대되는 성(sex)을 가진 부모가 행복을 느끼도록 하고, 즐거움을 유지시켜 주는 것
- ▶ 정서적으로 타인 지향적이고, 타인을 즐겁게 하는 데 에너지의 대부분을 집중
- ▶ 어린아이처럼 사고 능력을 디스카운트
- ▶ 행동에 비판을 받았을 때, 타인을 즐겁게 하지 못했다고 느끼기 때문에 자신들을 Not-Ok로 봄
- ▷ 〈도희〉 "내가 잘 할게요. 뭐든 잘 할게요", "화나면 날 때리면 되잖아요."

▍그림 11-1▍ 연기성 성격적응 유형의 성격구조

연기성 성격적응 유형의 사람들을 구조모델로 표현할 때, 어른 자아가 어린이 자아에 오염된 것으로 표현된다(그림 11-1). 이들은 어린 시기에 정서적으로 타인 지향적인 것을 배운다. 그래서 자신의 에너지의 대부분을 타인을 기쁘게 하는 것에 집중한다. 배웠던 방법대로 감정을 통해서 주변을 통제하려고 한다. 도희는 현재 자신의 유일한 구원자인 영남이 서울에서 내려온 전 애인과 만나는 장면을 보면서 어린이 자아의 버려짐에 대한 공포와 두려움이 엄습하였다. 다시 버려질 것 같은 유기의 두려움과 공포에서 벗어나기 위해 술을 먹고 탁자와 벽에 머리를 박고, 허벅지에 칼로 상처를 내는 등 자해 행위를 하였다. 이러한 자해 행위를 하면서 도희는 영남에게 "맞아야지! 잘못했으니까!", "소장님은 날 안 때리니까! 화나면 날 때리면 되잖아요"라고 말한다.

도희의 행동은 어린이 자아가 어른 자아를 오염시킨 '망상'으로 볼 수 있다. 도희는 어린 시절부터 부모의 갈등과 가정폭력을 경험하면서 자신의 생존전략으로 두려움의 고통스러운 감정을 죄책감이나 수치심, 불안 등의 방어감정으로 벗어나려고 했다. 또한 자기 스스로 안전한 환경을 만들기 위해 부모나 양육자들을 '기쁘게 해라'는 부모명령에 집착하면서 자신과 상황을 안전하게 만들려는 방어시스템이 만들어졌다. 아이들은 이 방어시스템이 작동할 때만 자신을 OK로 생각하고 존재할 만한 가치가 있다고 믿는다. 그래서 자신 내면의 욕구나 감정보다는 타인 지향적이고, 타인을 기쁘게 하는 데 에너지를 집중하면서 연기성 성격적응 유형의 특성이 나타난다.

② 편집성 성격적응 유형의 특성

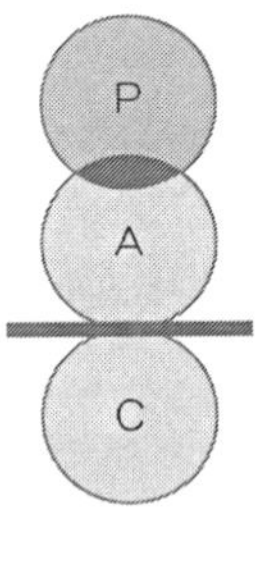

- ▶ 성격구조 : 부모 자아와 어른 자아는 서로 오염되어 있고, 어린이 자아는 배제
- ▶ 어려운 상황을 피하기 위해 모든 것에 세심한 주의를 기울이고 자신의 행동을 통제하는 데 에너지를 집중
- ▶ 부모 자아가 올바른 행동에 대해 완고한 경향이 있어 그 누구도 잘못을 찾아내지 못하도록 함
- ▶ 어린이 같은 행동과 감정은 충동적이고 예측할 수 없는 것으로 여기기 때문에 어린이 자아를 배제
- ▶ 이들은 자신의 행동에 대한 비판을 수치스럽고, 매우 창피한 일로 받아들여 방어함
- ▷ 〈도희〉 : "술 안 먹으면 안 때려요."

▎그림 11-2▎ 편집성 성격적응 유형의 성격구조

편집성 성격적응은 양육자와의 신뢰가 깨져버리거나, 더이상 자신의 욕구가 충족되지 않을 경우에 자신의 생존적인 적응을 하는 과정에서 나타나는 유형이다. 이 유형의 부모나 주변 사람들이 예상하지 못한 행동을 하기 때문에 스스로를 보호하고 주변을 통제해야 한다고 믿는다. 그래서 위험한 상황을 피하기 위해 모든 것에 세심한 주의를 기울이고 자신이 OK가 되기 위해서는 주변을 통제해야 한다고 믿는다.

자아상태 구조모델로 편집성 성격적응 유형을 분석하면, 어른 자아는 부모 자아에 오염되어 있고, 어린이 자아가 배제되어 있는 것으로 표현할 수 있다(그림 11-2). 이들의 부모 자아는 올바른 행동에 대한 기대가 아주 완고한 경향이 있다. 또한 이들은 어린이 같은 충동적이고 예측할 수 없는 행동과 감정을 통제하기 위해 어린이 자아를 배제시키려고 한다.

도희는 자신이 완벽하거나 강해지기 위해 자신의 욕구와 감정을 억압하고 계부의 폭력도 자신의 탓으로 합리화시키면서 자신의 어린이 자아의 분노와 두려움을 억압하고 있다. 또한 자신을 위험에 빠트리는 계부와 할머니를 완벽하게 조작하여 위험에서 벗어나고 있다. 도희는 영남의 옷을 입거나, 헤어스타일을 따라 하거나 하면서 내면에서 느끼는 안전감과 다가가고 싶은 마음을 조절하고 있었다. 도희는 사랑을 받지 못하는 것보다, 사랑하는 사람에게 버림을 받았던 고통의 아픔을 잘 알고 있기 때문에 본능적으로 자신의 어린이 자아를 차단하면서 자신을 보호하고 있다.

③ 연기성 성격적응과 편집성 성격적응의 조합

도희는 연기성 성격적응과 편집성 성격적응의 특성을 상황에 따라 아주 잘 보여주고 있다. 자신이 위험에 처했다고 생각했을 때 극단적인 행동도 주저 없이 한다. 도희는 계부와 함께 자신을 학대하던 할머니는 계부보다는 상대적으로 제압하기 용이하다는 것을 본능적으로 알았다. 영화에서 할머니가 자신을 공격할 때 살인이라는 극단적인 방법으로 위험을 제거하는 것을 암시하고 있다. 힘과 권력으로 상대할 수 없었던 계부를 제거하기 위해 계부를 취하게 만든 후 성폭행을 조작한다. 이를 통해 도희는 자신과 자신의 구원자인 영남을 지켜낸다. 이 과정에서 도희는 고통에서 벗어나기 위해 동물적인 방어기제가 작동하여 계부와 할머니에게 극단적인 행동을 했다. 타인이 자신에게 가하는 고통을 무감각, 무감정으로 차단한다. 위험에서 벗어날 때도 무감각, 무감정으로 타인의 고통은 전혀 고려하지 않는다. 도희는 어린 시절부터 학대와 유기를 경험하고 위험한 애착대상자로부터 양육되었다. 이런 환경에서 성장한 아동들은 애착 트라우마를 경험한다.

애착 트라우마와 강도 높은 우울증으로 인해 마음의 문을 닫은 경우에는 본능적으로 행동하거나 논리적, 기계적인 성격이 되어버릴 수 있다. 이 경우 감정의 고통을 회피하는 경우이며 주변 사람들이 보기에 무감각, 무감정인 것처럼 느껴진다. 애착 트라우마를 경험한 아이들은 자신의 욕구와 감정보다는 타인을 기쁘게 하기 위해 자신의 모든 에너지를 집중한다. 또 양육자와 타인에 대한 애착을 차단시키면서 자신을 지켜내고 있다. 이러한 특성들은 연기성 성격적응과 편집성 성격적응 유형의 조합에서 잘 보여주고 있다(그림 11-3).

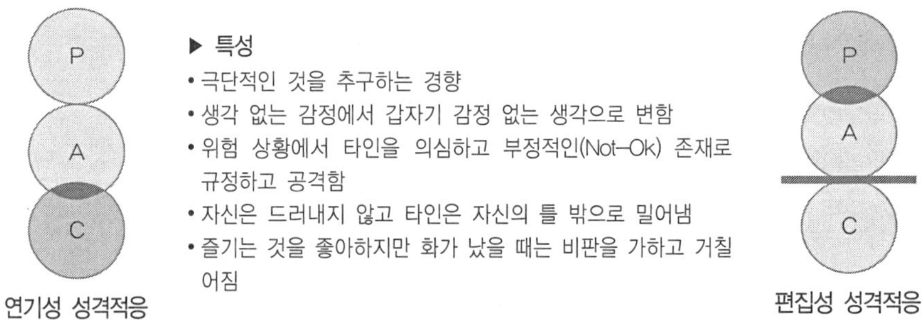

▌그림 11-3▐ 연기성 성격적응과 편집성 성격적응 조합의 성격구조

(2) 각본분석(script analysis)

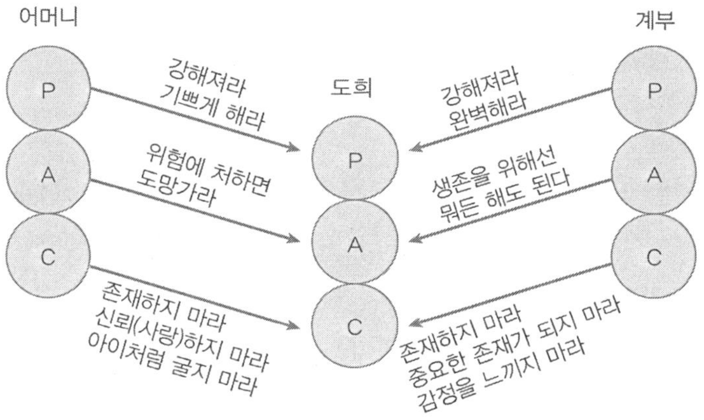

▌그림 11-4▐ 도희의 각본분석

① 부모명령

각본모형에서 부모의 자아상태 P에서 자녀의 자아상태 P로 전달되는 것을 부모명령(counter injunction)이라고 한다. 아이들은 부모의 파괴적인 금지명령에서 벗어나기 위해서 부모의 사회적인 메시지인 부모명령을 따른다. 부모명령은 무엇을 하고, 무엇을 하지 말아야 하는지에 대한 명령과 사람들과 세상에 관한 규정의 합으로 이루어진다. 대부분의 부모명령은 자녀가 건강하게 성장하고, 안정되게 사회에 적응할 수 있게 하는 교육적이고 훈육적인 긍정적인 메시지이다. 그러나 부모명령 중에는 부모 자신의 잘못된 가치관이나 편견 등의 각본 메시지가 자녀에게 전달되어 부정적인 각본 구성의 일부로 사용하도록 결정한다. 이러한 부모명령 각본 메시지를 '드라이버 메시지(driver messages)' 또는 '드라이버(driver : 몰이꾼)'라고 부른다. 도희는 어머니로부터 '기쁘게 해라', '강해져라'라는 드라이버 메시지를 받았다. 그래서 가까운 사람에게도 자신의 욕구와 감정을 잘 드러내지 않고 통제하면서, 다른 사람의 기분이나 분위기를 맞추려고 했다. 계부로부터는 '강해져라', '완벽해라'라는 드라이버 메시지를 받고 자신의 감정을 철저히 통제하고 있었다. 가정폭력으로 인해 발생하는 강렬한 두려움이나 분노 감정을 차단시키기 위해 어린이 자아를 배제하면서 무감정, 무감각으로 드라이버 행동을 하고 있다. 도희가 영남에게 "아빠는 술 안 먹으면 안 때려요"라고 하는 대사는 아동이 상처를 최소화하고 자신을 보호하기 위한 생존 전략으로 작동하는 드라이버에 기인하는 것이다.

② 프로그램

각본 모형의 프로그램(program)은 부모의 어른 자아 A에서 자녀의 어른 자아 A로 전달되는 각본 메시지이다. 프로그램은 일이나 문제를 어떻게 해야 하는가에 대한 구체적인 메시지들로 구성되어 있다. 아이들은 부모로부터 세상을 살아가는 기술이나 방법을 배우고 습득한다. 그러나 사회 상규에 어긋나는 부모의 잘못된 생활방식이나 습관, 위법 · 불법적인 행위, 미해결된 문제가 자녀에게 부정적인 프로그램 각본 메시지로 전달되어 자녀의 인생각본 형성에 부정적인 영향을 미친다.

도희의 어머니는 전남편과 이혼하고 현재의 계부와 재혼했는데, 계부의 술주정과 폭력을 견디다 못해 혼자 도망쳤다. 도희의 어머니는 가정폭력의 위험한 상황에서 적절히 대처하지 못하고 회피하였다. 이런 모습을 도희도 프로그램화하여 위기상황에서 도망가거나 얼어붙는 모습을 보였다. 도희는 계부로부터 자신의 이익을 위해서 타인을 속이고, 협박하고 폭력을 행사하는 등 위법 · 불법적인 행위를 프로그램화하였다. 또한 자신의 미해결된 감정으로 분노를 폭발하면서 폭력을 사용하는 것도 도희의 각본형성에 영향을 주었다.

③ 금지명령

금지명령은 부모의 어린이 자아 C에서 아이의 어린이 자아 C로 전달되는 파괴적이고 부정적인 메시지들이다. 금지명령의 메시지는 한 개인의 신경계와 뇌에도 영향을 미치고, 핵심 감정 형성에 주요한 요인이 된다. 이처럼 금지명령의 각본 메시지는 초기결정에 가장 큰 영향을 미치고, 이후의 한 인간의 인지, 정서, 행동, 대인관계, 신체에도 영향을 미친다.

도희는 어머니로부터 유기와 계부와 계부의 어머니로부터 지속적인 신체적 폭력과 정서적인 폭력 속에서 자랐다. 이러한 환경 속에서 자란 아이들은 '존재하지 마라'는 금지명령을 경험한다. 아이들은 이러한 금지명령에 굴복하여 '나는 누구에게도 사랑받을 수 없다', '나는 사라져야 해', '나는 존재할 가치가 없어', '나는 쓸모가 없다'고 초기결정을 내리기도 한다. 그래서 계부와 계부의 어머니, 학교 친구들의 폭력에 저항하지 못하고 굴복하면서 살았다. 이 초기결정의 기저에는 생존에 대한 두려움, 자신에 대한 수치심과 증오심이 있다. 도희의 자해, 할머니의 죽음에 방조 또는 직접적인 관여, 아버지를 성폭행범으로 조작하는 등 극단적인 행동은 이 금지명령의 초기결정과 연관이 있다.

또 다른 아이들은 이 금지명령에서 벗어나기 위해 어떤 희생을 치르더라도 자신의 존재 가치를 증명하기 위한 더 약한 금지명령을 따르거나 드라이버 행동을 하는 복합결정을 한다. 도희는 어머니와 계부의 파괴적인 금지명령으로 인해 '연기성 성격적응'과 '편집성 성격적응'의 특성을 보이고 있다. 그래서 자신은 존재할 가치가 없는 존재라고 결정하고 계부나 계부의 어머니, 친구들로부터 학대를 받아도 저항을 하지 못하고 굴복하고 있었다. 또한 자신의 고통스러운 감정을 차단시키면서까지 존재를 부정하는 고통에서 벗어나고자 하였다. 다른 한편으로는 영남의 무조건적인 인정자극에도 아이처럼 즐기지 못하고, 의심하는 행동을 보이며 불안해하면서 게임을 지속적으로 하였다.

(3) 라켓시스템 분석(racket system analysis)

라켓시스템

각본 신념과 감정

1, 2, 3에 대한 신념

1 . 자신 : 핵심 신념
- 나는 사랑스럽지 않다.
- 나는 아무도 믿을 수 없다.
- 나는 인정받기 위해선 무엇이든 해야 한다.

2. 타인 : 핵심 신념
- 다른 사람은 나를 위험에 빠트린다.
- 다른 사람을 기쁘게 해야 인정받는다.

3. 삶의 본질핵심 :
- 삶은 고통스럽다. 세상은 안전하지 않다

라켓감정 : 분노, 불안, 우울, 무력감

(심리내적 과정)
각본결정 시 억압된 감정 : 두려움, 슬픔
억제된 욕구 : 누군가에게 의지하고, 인정받고 싶다.

라켓표현

1. 관찰 가능한 행동
- 아버지의 폭력에 저항하지 못한다.
- 친구들의 폭력에 저항하지 못한다.
- 가족이나 친구들에게 자신의 주장이나 감정을 표현하지 않는다.
- 죄책감이나 수치심이 심해지면 자해나 자살시도를 한다.

2. 보고된 내적 경험
〈신체적 고통(통증), 감각(불편함)〉
- 신체가 경직되거나 무감각함을 느낀다.

3. 환상
- 모두가 나를 버리고 떠날 것이다.
- 나 혼자 괴물이 될 것이다.

강화하는 기억

1. 정서적 기억(증거와 정당함을 제시) :
- 부모님의 이혼으로 친아버지와 이별했다.
- 어머니가 나를 버리고 몰래 도망갔다.
- 계부와 계부 어머니의 지속적인 폭력에 시달렸다.
- 친구들에게 왕따와 학교폭력을 당했다.
- 동네 사람들이 아무도 도와주지 않고 계부편을 든다.
- 내 욕구나 감정을 제대로 표현한 적이 없다.
- 혼자서 춤추고 논다.
- 영남에게 버림받을 것 같다고 생각하고 자해한다.

| 그림 11-5 | 도희의 라켓시스템 분석

(4) 게임분석(game analysis)과 인생태도

① "나를 차주세요(Kick Me Please)" 게임

도희는 타인과의 관계에서 '자기부정-타인긍정'의 인생태도의 위치에서 '나를 차주세요'라는 심리게임을 하고 있다. 이로 인해 계부와 친구들로부터의 지속적인 폭력에도 자기를 방어하지 못하고 이에 굴복하고 있다. 또한 계부와 계부의 어머니에 대한 '노여움'과 '분노', '비난하기'를 하면서 또다시 이 게임으로 돌아오는 것을 반복하고 있다. 자신을 보살펴 주려고 하는 영남과의 관계에서도 자신을 버릴지 모른다는 불안으로 자해행위를 하면서 영남의 라켓감정을 유발

시켜 '나를 차주세요' 게임을 진행하고 있다. 이 게임을 하면서 자신이 받은 금지 명령으로 만들어진 패자각본을 무의식적으로 확인하고 있다.

② 라포(Rapport) 게임

연기성 성격적응 유형의 사람들은 '자기부정－타인긍정'의 인생태도를 가지고 '라포 게임'을 주로 한다. 이 게임을 통해서 다른 사람들의 관심을 받고 자신이 중요한 존재라는 것을 느낀다. 이 게임은 반대의 성을 가지고 있는 사람들에게 매력적으로 보이게 하여, 관심을 받을 때 자주 사용된다. 여자이지만 동성연애자인 영남에게 여자 아이 도희의 '라포 게임'은 두 사람의 관계를 연결하는 게임으로 유의미하게 나타났다.

도희는 동성애자인 영남과 함께 목욕을 하면서 성적인 관심을 자극시켰다. 또한 춤과 노래와 아이다운 발랄함으로 영남을 기쁘게 해주면서 자신이 중요한 존재라고 느끼고 있었다. 다른 한편으로는 가정폭력의 희생자에서 벗어나지 못하고 우울한 모습은 영남의 현재 상황과 연결되었고, 두 사람의 관계가 진전되는 계기가 되었다.

③ 흠잡기('두고 보자!'; Now, I've Got You, SOB) 게임

흠잡기 게임은 '자기긍정－타인부정'의 인생태도를 바탕으로 희생자에서 박해자로 전환되는 게임의 전형이다. 라포 게임을 하는 사람들은 성적으로 타인을 유혹하는 신호를 보낸 뒤, 상대방이 걸려들면 퇴짜를 놓는다. 때로는 성적인 접촉을 해올 때까지 기다렸다가 '성폭행범'으로 만들어서 법적인 처벌을 받게 하는 게임을 한다.

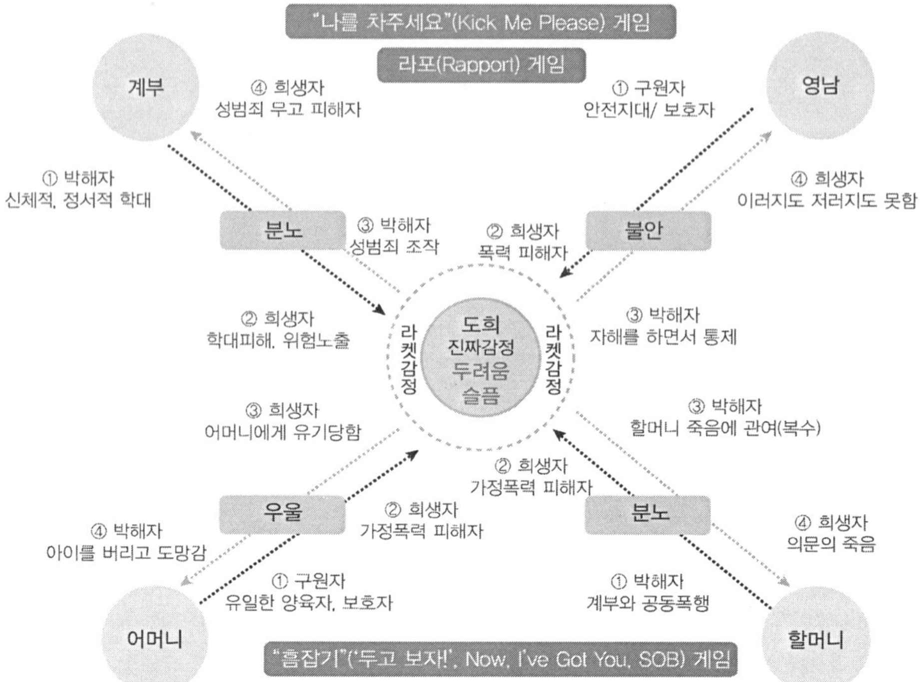

▌그림 11-6▐ 게임분석

도희는 자신의 보호자인 영남에게 누명을 씌운 계부에게 술상을 차리고 술을 따르면서 유혹한다. 그리고 계부가 술에 취해 잠든 틈을 이용해 계부를 아동 성폭행범으로 조작한다. 이 게임을 통해 도희는 계부에게 폭력을 당하는 희생자에서 박해자로 게임을 전환하면서 분노의 라켓감정을 해소하였다. 또한 이 게임을 통해 무고로 처벌받을 위기에 있었던 영남을 구하면서 구원자로 중요한 존재가 되었고, 깊은 관심을 받게 되었다.

(5) 디스카운트(discount)

도희는 양육자의 파괴적이고 처벌적인 금지명령으로 '두려움'과 '슬픔'의 고통을 방어하기 위해 '나는 소중하지 않다', '아무도 믿어서는 안 된다', '다른 사람은 자신을 위험에 빠트린다'는 핵심각본신념을 가지게 되었고, 자신과 타인을 디스카운트하면서 자신의 준거틀을 유지 · 강화하고 있었다.

도희는 네 가지 수동적 행동으로 자신과 타인, 그리고 직면한 문제를 디스카운트하고 있었다. 첫째, 도희는 계부와 계부의 어머니, 그리고 친구들의 폭력에 아무런 조치도 하지 않고 굴복하면서 자신을 지킬 수 있는 보호능력을 디스카운트 하였다. 이로 인해 폭력은 지속되었고 도희의 각본시스템은 유지 · 강화되고 있었다. 둘째, 자신의 구원자인 영남의 환심을 사기 위해 '기쁘게 하라'는 드라이버를 작동시키면서 과잉적응하고 있었다. 셋째, 자신의 유일한 보호자였던 어머니로부터 유기당한 경험으로 인해 영남에게도 버림받을 것 같은 불안감으로 초조해하고 있다. 넷째, 도희의 어른 자아상태는 오염되어 있어서 문제를 해결할 능력을 상실하고 어린이 자아상태에서 다른 사람이 해결해 주기를 의존하고 있다. 이로 인해 계부의 폭력에 아무런 조치를 취하지 못하고 무력화된 상태이다. 또한 영남이 떠날 것 같은 불안감으로 자해를 하면서 폭력적인 방법으로 상대를 통제하려고 하고 있었다.

(6) 시간의 구조화(time structuring)

시간의 구조화는 대인간 교류에서 하루의 시간을 어떻게 프로그램화하여 사용하는가를 의미한다. 시간의 구조화는 사람들이 개인적 인정의 질과 친밀에 대한 사람들 사이의 위험 수준과 연결하여 시간을 보내는 방법이다. 시간의 구조화는 스트로크의 강도의 증가에 따라 폐쇄, 의식, 잡담, 활동, 게임, 친밀의 여섯 가지로 구분했다.

도희는 하루의 시간을 폐쇄, 의식, 게임으로 구조화해서 보내고 있었다. 도희는 타인으로부터 고통을 받지 않기 위해 하루 시간 대부분을 심리적 · 물리적 폐쇄 상태에 있으면서 자신의 각본과 인생태도를 유지 · 강화하고 있었다. 집과 학교에서 자기부정 · 타인긍정의 인생태도로 '나를 차주세요' 게임을 하고, 자기긍정 · 타인부정의 인생태도로 자신에게 고통을 주는 사람들에게 앙심을 품고 이면교류를 하면서 '흠잡기' 게임을 하고 있다.

도희가 친밀한 시간구조를 할 수 있는 유일한 사람은 영남이다. 영남은 도희에게 무조건적 긍정적 인정자극과 주도적 · 지지적 보살핌으로 돌봐주고 있었다. 두 사람과의 시간의 구조화는 자기긍정 · 타인긍정의 인생태도로 긍정적 스트로크를 교환할 수 있는 심리적 · 물리적 시간의 구조화를 하였다. 그러나 영남을 사랑하는 다른 사람이 나타나자 도희는 자해를 하면서 '나를 차주세요' 게임을 하면서 각본으로 회귀하였다.

(7) 재결정(redecisions)

도희는 연기성 성격적응과 편집성 성격적응 유형이 조합된 성격 특성을 잘 보이고 있다. 이들의 주요 치료 목표는 '사고'와 '감정'을 통합하는 것이다. 도희는 심리내적인 갈등으로 사고하는 자아와 감정의 자아가 심한 충돌(임패스, Impasse) 상태에 있다. 재결정 치료를 통해 '사고'와 '감정'의 극단적인 갈등을 통합하도록 한다. 또한 규칙과 한계를 배워서 자신의 과잉행동을 조절하고 타인과 자신을 기망하지 않도록 하는 것이 필요하다. 특히 도희는 양육자에게 '존재하지 마라'는 금지명령을 지속적으로 받고 있었다. 관계 경험을 통해 자기 인식을 바꿀 수 있도록 재결정해 주는 것이 필요하다.

연기성 성격적응의 도희에게 '자신을 기쁘게 하라'는 허가를 주면서 자율성을 가질 수 있도록 재결정하는 것이 필요하다. 재결정을 통해 자기 안에 있는 힘을 이용하여 타인에게 의존하지 않고 '스스로 독립적으로 살 수 있다는 것'을 배울 수 있다. 또한 도희의 '사고'기능에 대해서 격려와 인정을 받을 필요가 있다. 이를 통해 자신이 유능하고 사랑받는다는 느낌을 갖도록 해주는 것이 재결정 치료의 핵심이다.

편집성 성격적응 유형의 재결정 치료는 상담자나 상담 과정에 대한 신뢰관계를 맺는 데 제법 오랜 시간이 필요하기 때문에 천천히 가는 것이 필요하다. 재결정 치료를 통해 도희의 오염되어 있는 어른 자아를 정화하고 어린이 자아상태가 편안하게 나타날 수 있도록 부모 자아를 재조정하는 것이 필요하다.

2) 성격적응 유형 분석

(1) 드라이버에 의한 의사소통 방식

도희는 연기성 성격적응과 편집성 성격적응의 복합적인 성격 특성을 가진 인물이다. 도희의 연기성 성격적응 유형은 '타인을 기쁘게 해라'는 드라이버를 사용하면서 다른 사람과 교류를 한다. 반면 편집성 성격적응 유형은 '완벽해라', '강해져라' 드라이버를 자주 사용하고 있다. 교류분석에서 성격적응 유형은 개인이 어린 시절 경험을 바탕으로 형성한 생활 패턴과 대인 관계에서의 반응 방식을 설명한다. 여섯 가지 성격적응 유형은 '드라이버'와 다섯 가지 주요 의사소통 유형을 통해 개인의 내면적 동기와 대인관계를 분석한다.

교류분석 성격적응 이론에서는 다섯 가지 주요 의사소통 방식을 구분하여, 인간 상호작용과 성격 발달을 분석한다. 이 다섯 가지 의사소통 방식은 정서적인 방식, 양육적인 방식, 요구하는 방식, 지시하는 방식, 차단하는 방식이다. 각 방식은 개인이 어떻게 자신의 필요와 감정을 표현하며, 타인과 어떻게 상호작용하는지에 대한 통찰을 제공한다(그림 11-7).

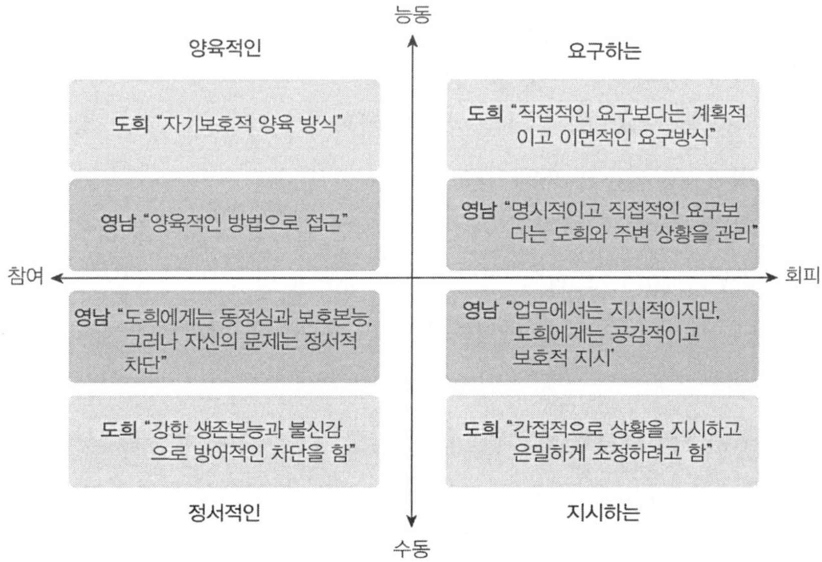

▌그림 11-7▐ 도희와 영남의 성격적응 유형에 따른 의사소통 방식

┃그림 11-7┃은 도희와 영남이 각자의 어려운 상황과 내적 갈등을 다루는 데 있어서 어떻게 다른 의사소통 방식을 사용하는지를 보여주고 있다. 도희는 더 계산적이고 자기보호적인 방식을, 영남은 더 양육적이고 보호적인 방식을 주로 사용하고 있다.

연기성 성격적응의 특성을 가지고 도희는 '타인을 기쁘게 해라'는 드라이버를 사용하는 상황에서는 주로 '양육적인 의사소통 방식'을 사용했다. 도희는 전통적인 양육적인 방식보다는 자기보호적 양육 방식이 나타나고 있다. 계부인 용하에게 술상을 차려주는 행동은 양육적인 방식을 사용하지만, 실제로는 자신을 보호하기 위해 상황을 조종하기 위한 계산된 행동이다. 도희는 학대와 상실로 인해 깊은 내적 상처를 안고 있었다. 그래서 '정서적 의사소통 방식'은 강한 생존 본능과 깊은 불신감으로 소통하고 있었다. 영남에게 자신의 할머니 사망 소식을 전하는 장면에서는 그녀의 취약함과 불안정한 정서 상태가 드러났었다.

도희는 직접적으로 '요구하는 의사소통 방식'보다는 이면적이고 계산된 방식으로 소통하고 있었다. 영남에게도 직접적인 요구보다는 영남의 보호본능을 유발하거나 자신의 취약함을 보이며 덜 직접적으로 요구하여 보호를 받고 있다. 계부인 용하를 처벌받게 하는 것 등은 도희의 요구가 반영된 행동으로 볼 수 있다. 도희의 '지시하는 의사소통 방식'을 보면 간접적으로 상황을 지시하고 조종하고 있다. 경찰을 속이고, 용하를 함정에 빠뜨리는 행동은 도희가 상황을 통제하려는 은밀한 지시의 한 형태이다.

또한 도희는 감정을 차단하고, 자신의 진정한 감정을 드러내지 않음으로써 상황을 관리하려고 했다. 도희의 '차단하는 의사소통 방식'은 자신을 보호하기 위한 방어적인 차단 메커니즘을 반영하고 있다. 도희는 영남과의 관계에서는 주로 '양육적인 의사소통'으로 교류하면서 '친밀'한 관계를 유지하려고 하였다. 반면 계부와 계부의 어머니와의 관계에서는 편집성 성격적응의 특성을 보이면서, '완벽해라', '강해져라'는 드라이버 행동을 했다. 자신을 위험에 빠트리는 계부와 계부의 어머니의 행동, 사고 및 감정을 끊임없이 의심하면서 탐색하면서 '요구하는 의사소통 방식'을 은밀한 목적을 가지고 간접적으로 사용하였다. 또한 폭력적인 환경에서도 수동-공격적으로 표현하면서 '지시하는 의사소통 방식'을 취하고 있었다. 그래서 가족이나 대인관계에서 강한 불신과 두려움으로 '차단하는 의사소통 방식'을 하면서 자기방어를 하면서 자신을 보살피고자 했다.

영남은 도희와의 관계에서는 '양육적인 의사소통 방식'과 '정서적인 의사소통 방식'을 주로 사용했다. 영남은 도희에 대한 동정심과 보호 본능을 통해 '정서적인 의사소통 방식'으로 만나고 있다. 도희를 집으로 데려와 짜장면을 대접하는 장면은 이를 잘 보여주는 장면이다. 영남이 가정폭력과 학교폭력을 당하고 있는 도희를 보호하고자 도와주는 모습이나, 마지막 장면에서 도희를 끝까지 보호하고자 내렸던 영남의 결정은 '양육적인 의사소통 방식'의 면모를 드러내는 행동으로 보인다. 그러나 영남이 레즈비언으로서 겪는 사회적 압박감을 내면화하며, 이러한 문제를 다루는 데 있어서 감정을 차단하고 알코올 중독과 관련된 문제가 나타나고 있는 것은 '차단된 의사소통 방식'의 경향을 보여주고 있다.

(2) 과정각본

연기성 성격적응 유형의 사람들은 '그 후(After)' 과정각본의 패턴을 보여준다. '그 후' 과정각본은 잠깐이라도 편안하게 보내면 곧 재난이 있을 것으로 예측하며 살아간다. 가정폭력은 아동의 불안과 과민성을 증가시킬 수 있다. 도희는 "그 후에는 무엇이 올지"에 대한 불확실성을 가지고 행동하고 있다. 도희의 계획은 용하를 처벌하는 것에 초점을 맞추지만, 자신의 미래나 영남과의 관계에 대해서는 명확한 계획이 없었다. 도희는 일상적인 위협과 공포에 노출되어 있고, 주변 환경에 대한 과도한 경계와 불안으로 '그 후' 과정각본의 패턴을 지속적으로 보여주고 있다.

편집성 성격적응을 하는 사람은 '~까지(Until)'와 '결코(Never)~' 과정각본의 조합의 패턴을 보인다. "자신을 안전하게 해줄 완벽한 사람을 찾기까지 누구와도 친밀해질 수 없다. 그러나 그런 사람은 결코 존재하지 않는다"는 신념을 가지고 자신의 각본을 완성해 간다. 도희에게 '까지 각본'은 어떤 한계까지만 성공하거나 행복을 느낄 수 있다는 것을 반영하고 있다. 도희는 영남과의 관계에서도 자신이 온전히 수용받지 못할 것이라는 "결코 행복해지지 않을 것"이라는 각본을 반영할 수 있다. 도희는 지속적인 학대와 상실을 경험하며, 이러한 패턴이 반복되는 것을 보여주고 있다. 특히 영남의 친구가 나타나자 복잡한 감정을 경험하고 자해까지 하게 되었다. 도희는 영남에게 인정받고, 버려짐의 고통에서 벗어나기 위해 자해를 하는 등 집착적인 행동을 보였다. 이는 다른 사람이 계속해서 지지와 관심을 제공해야만 안전하다고 느끼려는 반응일 수 있다. 그러나 이런 행동은 타인과의 관계에서 자신을 고립시킨다. 그리고 "자신을 돌봐줄 친밀한 사람은 결코 없다"는 각본을 유지 · 강화시키는 장치가 된다.

(3) 성격적응 유형 간의 상호작용

교류분석 성격적응이론은 영화 속 도희와 영남의 복잡한 성격구조와 행동 양식을 이해하는데 적절한 접근으로 보인다. 이 분석은 도희와 영남의 내적 갈등과 외부 환경에 대한 반응을 설명하는 데 유용한 틀을 제공하고 있을 뿐만 아니라, 영화 속 인물들의 복잡한 내면세계와 상호작용을 더 깊이 이해할 수 있도록 도와준다.

도희는 연기성 성격적응과 편집성 성격적응의 조합으로 분석된다. 연기성 성격적응은 타인의 기대에 부응하기 위해 자신의 감정이나 욕구를 억제하고, 외부의 역할이나 이미지를 강조하는 경향이 있다. 도희가 연기성 성격적응 유형에 해당한다고 볼 수 있는 근거는 다음과 같다. 첫째, 도희는 주변 환경과 상황에 따라 자신의 행동을 조절하며, 특히 용하와의 관계에서 자신을 보호하기 위해 순응하는 모습을 보이고 있다. 또한 자신의 감정을 내면화하고, 주변 사람들이 기대하는 바에 따라 다양한 역할을 수행하고 있다. 이는 생존 전략의 일환으로 볼 수 있으며, 연기성 성격적응의 특징을 반영하고 있다고 보인다.

도희는 타인에 대한 불신과 적대감을 특징으로 하는 편집성 성격적응의 특성도 함께 가지고 있다. 편집성 성격적응을 특성으로 가지고 있는 개인은 자신을 방어하기 위해 과도하게 경계하고, 타인의 의도를 의심한다. 도희가 이 유형에 해당한다고 볼 수 있는 근거는 다음과 같다. 도희는 타인, 특히 용하에 대한 깊은 불신을 가지고 있으며, 이는 도희가 용하와의 상호작용에서 보이는 방어적이고 계산적인 행동에서 드러나고 있다. 이러한 행동은 학대와 배신의 경험에서 비롯된 편집성 성격적응을 반영하고 있다. 도희는 자신을 둘러싼 적대적인 환경에 대응하기 위해 끊임없이 경계하며, 복수를 하는 행동에서도 나타나고 있다.

영남의 성격과 행동 양식은 주로 연기성 성격적응과 강박-신경증적 성격적응에 가장 잘 부합하는 것으로 보인다. 영남은 자신이 레즈비언이라는 사실과 알코올 중독 문제를 숨기며, 사회적 기대와 역할에 맞추어 생활하고 있다. 이러한 행동은 연기성 성격적응의 전형적인 행동양식으로 사회적 승인을 얻기 위해 자신의 진정한 정체성과 감정을 억제하는 것이다. 또한 영남은 알코올 중독 문제에서는 강박적인 행동 양식을 가지고 있다. 그녀는 스트레스와 감정을 관리하기 위해 술에 의존하며, 이는 강박-신경증적 성격적응에서 볼 수 있는 통제와 안정을 추구하는 행동으로 보인다. 이러한 분석은 영남이 직면한 내적 갈등과 외부 환경에 대한 그녀의 반응을 이해하는 데 도움이 된다.

도희는 연기성 성격적응과 편집성 성격적응 유형이 조합된 특성을 보이는 반면 영남은 연기성 성격적응과 강박-신경증적 성격적응 유형의 특성을 보이고 있다. 강박-신경증적 특성의 사람들은 타인과의 관계에서 회피하는 경향이 있다. 혼자 있는 시간을 즐기는 편이다. 일과 관련된 사람들과의 관계를 맺고, 능동적으로 문제를 해결한다. 그러나 나머지 시간은 대부분 폐쇄의 시간의 구조화를 하고 있다. 영남은 도희의 가정폭력을 지나치지 않고 적극적으로 개입했다. 이 과정에서 영남은 행복감을 느꼈다. 또한 도희의 연기성 성격적응의 특성인 '기쁘게 해라'는 드라이버 행동으로 친밀한 시간을 가지면서 두 사람이 더 깊은 연결감을 가지게 되었다. 이러한 연결감은 영남이 도희에 대해 연민과 책임감을 가지는 계기가 되었다. 이로 인해 영화 마지막에서 도희를 '괴물'로 만들지 않게 하기 위해 자신이 끝까지 책임을 지면서 이 사회에 대한 책무를 다하려고 했다. 이 마지막 장면은 도희와 영남의 성격적응 유형 간의 상호작용을 잘 보여주고 있다.

부록

TA 용어정리

OK단어(OK word) : 부모의 승인에 의하여 보상받는 언어이다.

OK목장(OK corral) : 네 가지 인생태도를 사분할도 위에 나타낸 다이어그램이다.

가능 각본(can script) : 긍정적 언어로 선언된 각본이다.

가족드라마(family drama) : 한 가족에게 반복적으로 발생하는 드라마 같은 연속적 사건들. 이것들은 각본의 원형(protocol)을 형성한다.

가족문화(family culture) : 가족의 주된 관심사로서 특히 신체적 기능들과 연관되어 있는 관심사를 말한다.

각본(script) : 어린 시절의 결정에 근거하는 인생계획으로, 부모에 의하여 강화되고 후일에 일어나는 사건들에 의하여 정당화되며, 또한 선택적 대안에서 그 절정을 이룬다. 인생각본(life-script)과 같은 것이다.

각본 공식(script formula) : 각본 진전에 필수적인 사건들의 연속적 순서를 문자 상징으로 표시한 것(EPI → Pr → C → IB → P)이다.

EPI 초기부모영향 Early Parental Influence → Pr 프로그램 Program →
C 순응 Compliance → IB 중요한 행동 Important Behavior →
P 결말 Payoff

각본 메시지(script message) : 각본이 형성되는 과정에서 어린아이들이 자신, 타인 그리고 세계에 대한 어떤 결단의 토대가 되는 부모로부터 받은 언어적 · 비언어적 메시지다.

각본 모형(script matrix) : 각본 메시지들의 전달을 자아상태의 관점에서 분석하는 도해이다.

각본 상태의(scripty) : (행동, 감정 등에서) 개인이 각본 속에 빠져 들어가 있을 때 그 사람이 보여주는 것이다.

각본 신호(script signal) : 한 개인이 각본 속에 빠져 들어가 있다는 것을 나타내 주는 신체적 실마리(단서)이다.

각본장치(script apparatus) : 각본을 구성하는 7가지 요소들이다.

각본적 행동(scripty behavior) : 합리적 사고보다는 각본에 의하여 동기화되는 듯 보이는 행동이다.

게임(game) : 하나의 결말로 인도하는 속임, 속임 장치, 전환 그리고 배신을 가지는 일련의 교류들. (Berne의 최종 정의) 결말(Payoff)로 유도되기까지 도발자(Con), 약점을 가진 상대(Gimmick), 반응(Response), 전환(Switch), 혼란(Cross-up)으로 이어지는 일련의 교류들이다.

게임 계획(game plan) : 개인의 게임에서 그 단계들을 분석하는 데 사용되는 일련의 질문들로 구성되어 있다.

게임 공식(game formula) : 하나의 공식으

로 표현된 게임에서 일어나는 연속적 사건들이다.

속임수		약점		반응	
(Con)	+	(Gimmick)	=	(Response)	→
C		G		R	

전환		혼란		결말
(Switch)	→	(Confusion/Cross-up)	→	(Payoff)
S		X		P

게임적 행동(gamy behavior) : 선언한 목적을 성취하기보다는 궁극적 스탬프(상품교환권) 결말을 얻기 위하여 보다 계산된 것으로 보이는 행동이다.

결단(결정, decision) : 어린 시절 적응하는 동안에 형성된 자신, 타인 그리고 인생에 관련된 결론을 말한다. 이것은 어린 시절에는 생존하기 위한 최선의 수단이고, 어린아이의 감정과 현실 검증의 긴장 안에서 만들어진 욕구를 얻기 위한 방법이다.

결단 모델(decisional model) : 사람들이 그들 자신의 운명을 결단하고, 이러한 결정들이 변화 가능하다고 믿는 철학적 자세를 말한다.

결말(payoff) : (심리적 게임에서) 마지막 단계에 게임 실행자에 의해서 경험하는 라켓감정이다. (각본에서) 정해진 각본의 방향으로 나아가는 마지막 장면이다.

결코 각본('never' script) : "나는 내가 가장 원하는 것을 결코 가질 수 없다"는 신념을 반영하는 과정각본이다.

계약(contract) : 행동에 대해 잘 만들어진 쌍방 간의 합의를 말한다. 자기 자신이나 다른 사람의 변화를 만들어 내기 위한 어른 자아 간의 약속이다.

고무밴드(rubberband) : 지금 여기에서의 스트레스 상황과 어린 시절에서의 고통스러웠던 상황들 사이의 비슷한 점으로 보통 의식 속에서 회상하는 것은 아니며 개인이 각본 속으로 들어가게 될 가능성이 많은 반응이다.

공간(space) : 결정적 각본교류가 일어나는 공간이다.

공생(symbiosis) : 두 사람 이상의 개인들이 마치 한 사람처럼 맺어져 그들의 전체 자아상태를 사용하지 않고 행동하는 관계. 예를 들면, 모자(母子) 두 사람이 어머니의 P와 A, 아들의 C만 사용하고, 어머니의 C와 아들의 P, A는 사용하지 않아 두 사람이 한 사람의 기능만 하는 상태를 말한다.

공약(약속, commitment) : 어떤 목표에 도달하기 위하여 어떤 행동원칙을 따르기로 하는 운영상으로 인가된 결정이다.

과잉 적응(over-adaptation) : 일종의 수동적인 행동이다. 다른 사람의 의견과 욕구에 대해 검열 또는 검증 없이 동조하는 것을 말한다.

과장(grandiosity) : 몇 가지 현실적인 모습이 확장되는 것을 말한다.

과정(process) : (자아상태에서) 사람들이 자아상태를 줄곧 표현하는 방법이다. 자아상태가 어떻게 표현되는가? (각본에서) 사람들이 각본 속에서 시간을 보내는 것을 말한다. 사람들은 각본에서 어떻게 연명하는가?

교류(transaction) : 행위자의 어떤 자아상태로부터의 교류적 자극과 반응자의 어떤 자아상태로부터의 교류적 반응을 합한 것으로 하나의 교류는 사회적 대화, 사회적 행동의 기본단위이다.

교류분석(transactional analysis) : (Berne의 정의) ① 치료 세션 중 일어나는 교류

및 연쇄적 교류의 분석에 근거한 심리치료 시스템 ② 특정한 자아상태들에 대한 연구를 토대로 한 성격이론 ③ 교류에 관계되는 특정한 자아상태들을 토대로 한 총체적이고도 유한한 수의 계층적 분석에 입각한 사회 행동 이론 ④ 교류 도식이라는 수단에 의해 이루어진 단일 교류에 대한 분석(이것은 고유의 의미의 교류분석이다).

교류분석(transactional analysis) : (ITAA의 정의) 인격적 성장과 인격적 변화를 위한 성격이론이며 체계적인 정신(심리)치료 이론이다.

교류의 재규정(redefining transaction) : 빗나가거나 혹은 장애가 되는 교류이다.

교수대(gallows) : 개인이 고통스러운 뭔가에 대해 말하면서 미소를 짓거나 웃고 있는 의사소통이다.

교수대 교류(gallows transaction) : 직접적으로 각본결말로 인도하는 교류이다.

교수대 웃음(gallows laugh) : 교수대 교류를 수반하는 웃음 또는 미소로서 일반적으로 그곳에 참석하는 타인들과 함께 나눈다.

교차교류(crossed transaction) : 교류 방향이 평행하지 않거나 표현된 자아상태와 수신자로부터의 반응이 예상하지 못한 자아상태로부터 발신되는 교류를 말한다.

구원자(rescuer) : (드라마 삼각형에서) '타인은 자기 자신을 도울 수 있을 만큼 충분하지 않아!'라는 믿음을 가지고 한 단계 높은 위치에서 타인에게 도움을 제공하려는 사람이다.

구조(structure) : (자아상태 모델에서) 자아상태의 관점으로 개인적인 행동, 감정 그리고 경험을 분류하는 것이다.

구조 병리학(structural pathology) : 오염 그리고/또는 제외(배제)이다.

구조적 모델(structural model) : 이 모델은 각각의 자아상태 또는 세분화된 자아상태의 내용을 분류된 형태로 보여준다.

구조적 분석(structural analysis) : 자아상태 모델 관점으로 성격을 분석하는 것이다.

금지(명)령(injunctions) : 초기 어린 시절에 사람이 받게 되는 부정적이고 엄격한 각본 메시지다. 주로 비언어적인 방식으로 전달된다. 부모로부터 온 금지 또는 부정적 명령으로 부모의 어린이 자아 C에서 자녀의 어린이 자아 C로 향하는 부정적이며 금지적인 각본 메시지를 말한다.

긍정적인 스트로크(positive stroke) : 받는 사람이 즐거움을 경험하는 스트로크다.

기구(각본장비요소, equipment) : 부모의 자극과 반응으로서 이것들로부터 개인은 자신의 각본장치를 구성한다.

기능(function) : 자아가 어떻게 사용되고 어떻게 표현되는지를 말한다.

기능적 모델(functional model) : 우리가 자아를 어떻게 사용하는지에 따라 나누어 볼 수 있는 직관적인 모델이다.

기본적 태도(basic position) : 인생 태도(life position)와 동일하다.

길항각본(대항각본, counter script) : 어린 시절에 길항금지명령에 의해 만들어진 결단들의 묶음. 부모의 교훈에 근거한 인생계획으로 아이가 형성한 일련의 결단들이다.

길항금지명령(부모명령, 대항금지명령, counter injunctions) : 부모의 부모자아 P에서 발신되어 자녀의 부모자아 P로 받아들여지는 각본 메시지로 주로 언어로 전달된다.

내부적 해방(release internal) : 개인이 각

본으로부터 해방될 수 있도록 각본 속에 설치되어 있는 조건 차단(cut-out)이다.

내용(content) : 구조적 모델의 서로 다른 자아상태에 포함되고 분류된 전략이나 축적된 기억을 말한다. 예를 들면, 각각의 자아상태에는 무엇이 있는가? 각본에서 조기결단은 무엇인가? 개인의 독특성은? 개인의 각본에 있는 구체적인 것들은? 등등이다.

도발(provocation) : 부모에 의하여 조장되거나 요구되는 비순응적 행동이다.

도피구(escape hatches) : 자살, 살인, 미치광이가 되어가는 것으로 설명되는 세 가지 비극적인 결과를 말한다. 때때로 이 개념은 확장되어 '도망치는 것'과 같은 부정적인 각본결과를 설명할 때도 사용된다.

도피구의 폐쇄(closing escape hatches) : 치료 과정 중 하나다. 내담자의 어른 자아가 무조건적인 결정을 하는 것이다. 그 결정은 어떤 상황에서건 결코 자살, 살인, 미치광이가 되는 것을 택하지 않겠다는 것을 말한다. 때때로 이 개념은 확장되어 내담자가 결코 도망가지 않겠다는 유사한 결정을 내리는 데 이용될 수도 있다.

돌발(각본의 돌발, outbreak) : 비교적 이성적으로 통제된 행동으로부터 각본적 장면으로의 이동이다.

드라마 삼각형(drama triangle) : 사람이 어떻게 세 가지 각본 역할 사이에서 적응하고 움직이는지에 대한 설명을 다이어그램으로 나타낸 것이다. 게임이나 각본에서 가능한 역할의 전환을 보여주는 것으로 사람들이 세 가지 각본 역할들(박해자, 구원자, 희생자) 사이를 어떻게 적용하며 옮겨 다니는가를 설명하는 다이어그램이다.

드라이버(driver) : 0.5초에서 몇 초 동안에 행해진 다섯 가지 뚜렷한 행동 과정들 중 하나로서 부정적인 대항 각본의 기능적 표현이다.

디스카운트(에누리, discount) : 문제 해결을 하지 않으려고 문제 해결과 관계된 정보를 무의식적으로 무시하거나 경시하는 것이다.

디스카운트 모형(discount matrix) : 영역, 형태, 수준의 세 가지 측면에서 디스카운트를 분석하는 모형이다.

라켓(racket) : 환경을 조작하기 위한 수단으로, 외부로 보이는 일련의 각본행동이다. 이것은 필연적으로 라켓 감정을 수반한다.

라켓 감정(racket feeling) : 어린 시절에 배우고 조장되었으며, 서로 다른 많은 스트레스 상황에서 경험하게 되는 익숙한 감정이다. 이것은 현실의 문제를 해결하기 위한 어른의 감정으로서는 부적절한 것이다.

라켓시스템(racket system) : 자기강화를 위해서 개인의 각본을 근간으로 형성된 감정, 사고, 행동의 왜곡된 시스템이다.

라켓티어링(racketeering) : 자신의 라켓 감정을 유지하기 위해 타인으로부터 스트로크를 찾는 개별적인 교류방식이다.

마녀(부모 자아)[witch (parent)] : (몇몇 저자들에 의해 사용된) 어린이 자아 C 속의 부모 자아 P와 동일하다.

마녀 어머니(witch mother) : 어머니의 어린이 자아 C로서, 아들의 어린이 자아 C 상태의 부모 자아 P를 형성하며 비극적 각본을 주도한다. 생산적 각본에서는 이것을 '요정 대모(fairy godmother)'라 부른다.

막음장치(stopper) : 각본 금지명령 또는 금지이다.

매트릭스(matrix) : 각본의 기초를 형성하는 부모의 지령들을 보여주는 도표이다.

목적시간(goal time) : 목표도달에 의하여 종료되는 시간이다.

망상(delusion) : (Berne이 사용한 의미) 어린이 자아 C에 의한 어른 자아 A의 오염을 말한다.

무능(incapacitation) : 문제 해결을 위한 어떠한 힘도 없기 때문에 아무것도 할 수 없다고 느끼는 사람의 수동적인 행동이다.

무조건적 스트로크(unconditional stroke) : 그 사람의 존재 자체와 관련되어 있는 스트로크이다.

박해자(persecutor) : (드라마 삼각형에서) 타인을 얕잡아 보고 깔아 뭉개는 사람이다.

반각본(antiscript) : 각본의 반대, 지령이 지시하는 것에 대한 도전적 반대이다.

반응(response) : (개인의 교류에서) 자극에 대해 응답하는 의사소통. (게임에서) 도발자(Con)와 약점을 가진 상대(Gimmick)에 뒤이어 위치하는 것으로 그들의 숨겨진 메시지들을 반복하는 일련의 이면교류이다.

반항적 어린이(rebellious child) : (몇몇 저자들에 의해 사용된) 규칙들을 따르지 않고 그것들에 대해 반항하는 순응적 어린이 자아(AC)의 한 형태이다.

방해 교류(blocking transaction) : 문제 자체의 규정에 동의하지 않음으로써 그 문제의 재개 자체를 회피하려는 교류이다.

방해자(stopper) : I-U+의 인생태도를 반영하는 축소 각본(mini script)에서 두 번째 위치, 그런 위치에서 개인들이 듣는 금지 명령이다.

배제(exclusion) : 개인이 한 개 또는 그 이상의 자아를 폐쇄하는 것을 말한다.

버튼(button) : 각본적 또는 게임적 행위를 유발시키는 내적 또는 외적 자극이다.

벡터(vector) : 의사소통이 발해지는 자아상태와 그것이 전달되는 자아상태를 연결해주는 교류 도해에 관한 화살표로서 심적 에너지가 향하는 방향을 말한다.

부모 자아상태(parent ego state, P) : 부모 혹은 부모에 준하는 인물들을 모방하여 온 일련의 사고, 행동, 감정들, 즉 차용한(빌려온) 자아상태이다.

부정적인 스트로크(negative stroke) : 받는 사람이 불쾌감을 경험하는 스트로크다.

부조화(incongruity) : 의사소통의 드러난 내용과 의사소통을 시작한 개인이 보여주는 행동적 단서들 간에 연결이 맞지 않는 것을 말한다.

불가능 각본(can't scrip) : 부정적 언어로 선언된 각본이다.

불변성 가설(constancy hypothesis) : (이고그램에서) 하나의 자아상태가 강도 면에서 증가할 때 에너지 총량이 일정하게 유지되도록 하기 위해 또 다른 하나의 자아상태가 그를 보상하기 위해 감소해야만 하므로 심리적 에너지의 이동이 일어난다는 가설로 듀세이(John Dusay)가 세운 가설이다.

불안(agitation) : 문제 해결이 아닌 목적 없는 행위를 반복적으로 하는 수동적 행동을 말한다.

비극적 각본(hamartic script) : 자기 파괴적이며 비극적 종말을 가진 각본. 제3급 패자 각본과 동일하다.

비난자(blamer) : I+U-의 인생 태도를 반영하는 것으로 축소각본(mini script)에서 세 번째 위치이다.

비승자(non-winner) : 열심히 노력하지만 이익도 손실도 없는 사람. 큰 승리도 하지 않고 크게 실패하지도 않는 사람이다.

비판적인 부모 자아상태(critical parent, CP) : '통제하는 부모 자아상태(controlling parent)'와 동일하다.

사회적 수준의 메시지(social-level message) : 통상 언어적인 내용을 통해 전달된 공개적 메시지이다.

사회적 진단(social diagnosis) : 개인이 다른 사람들과 상호작용을 하고 있을 때 그들이 사용하는 자아상태를 관찰함으로써 그 사람이 어떤 자아상태에 있는지 판단하는 것을 말한다.

산타클로스(santa claus) : 어린이 자아 C가 일생을 보내며 기다리는 환상의 선물의 환상의 공급처이다.

상보 교류(complementary transaction) : 교류 방향이 평행하고 표현된 자아상태와 같은 자아상태로 반응이 오는 교류(거래)를 말한다.

상품교환권(trading stamp) : 게임에 있어서 결말, 즉 '수집된(collected) 감정'으로 '스탬프(stamp)'와 동일하다.

선택권(options) : 익숙해져 있는 비건설적이고 폐쇄된 타인들과의 상호 교환을 벗어나도록 교류하는 데 있어 자아상태들을 선택하는 기술이다.

세계(world) : 각본이 연출되는 왜곡된 세계이다.

세계관(world view) : 세계와 주위 사람들을 보는 어린이 자아 C의 왜곡된 관점으로서 그 사람 각본의 기초가 된다.

셋트(set) : 어린이 자아 C가 각본을 연출해 내는 꿈과 같은 무대장치이다.

소급영향(기간)(reach-back) : 앞으로 닥칠 사건이 행동에 영향을 미치는 기간이다.

속도(velocity) : 주어진 단위 시간 내에 하나의 각본에서 일어나는 역할전환의 회수이다.

속성(attribution) : 아이에게 자신이 누구인지 말해 주는 부모를 따르도록 하는 각본 메시지이다.

수동성(passivity) : 사람들이 아무 일도 하지 않거나 혹은 일을 효과적으로 하지 않는 방법이다.

수동적인 행동(passive behavior) : 이것은 네 가지 행동 방식(아무것도 하지 않는 것, 과잉 적응, 불안, 무능 또는 폭력)으로 디스카운트하는 모습을 보인다. 또한 문제를 해결하기 위해 타인이나 환경을 조작하려는 사람에 의해 사용된다.

수준(level) : (디스카운트에서) 디스카운트가 존재하나 중요성, 변화 가능성, 개인적 능력과의 관련 여부를 의미한다.

순응하는 어린이 자아상태(adapted child, AC) : 기능적 모델에서 어린이 자아상태의 하부 영역이다. 이것은 규율이나 사회적인 요구에 대하여 개인이 자아를 어떻게 사용했는지에 대한 내용이다.

스웨트(땀복, sweatshirt) : 그 사람의 태도로 보아 명백해 보이는 인생목표로 개인이 비언어적으로 표현한 것으로 게임이나 라켓티어링에 비밀스럽게 초대하는 행동이다.

스크립티(scripty) : 개인의 각본을 유지하는 행동, 사고, 감정을 묘사하는 데 사용되는 용어이다.

스탬프(stamp) : 어떠한 부정적 결말에 대해 차후에 그것을 지불하려는 의도로 따로 비축해놓은 라켓 감정으로 상품교환권, 심리적 경품권을 말한다.

스트로크(stroke) : 인식, 인정(recognition)의 기본단위이다.

스트로크 경제(stroke economy) : 스트로크 하는 것에 관한 일련의 제한적인 부모 자아 P의 규칙이다.

스트로크 은행(stroke bank) : 개인이 다시 사용할 수 있는 과거의 스트로크들에 대해 수집된 기억들이다.

스트로크 지수(stroke quotient) : 개인이 선호하는 다른 형태의 스트로크 혼합이다.

슬롯(slot) : 각본의 요구에 따라 반응할 어떤 사람에 의해서 채워질 각본 내의 장소이다.

승자(winner) : 자신이 선언한 목적을 달성하는 사람이다.

승자 각본(winner script) : 결말이 행복하거나 완성되어 있고 또는 선언된 목적을 성취하는 성공적인 결말을 가져오는 각본이다.

시간의 구조화(time structuring) : 사람이 여러 상황에서 어떻게 시간을 소비하는가를 설명하는 개념이다. 사람들이 둘이 있거나 집단으로 있을 때 시간을 보내는 여섯 가지 방법으로 폐쇄, 의식, 잡담, 활동, 게임, 친밀로 프로그램화하여 사용하는 것을 말한다.

시계시간(clock time) : 시계 또는 달력에 의해 측정되는 기간이다.

식인도깨비 아버지(ogre father) : 아버지의 어린이 자아 C로서 딸의 어린이 자아 C의 부모 자아 P를 형성하며 비극적 각본을 지시한다. 생산적 각본에서는 '유쾌한 거인(jally giant)'이라 부른다.

신호(signal) : 각본적 행동을 나타내는 움직임 또는 버릇이다.

실존적 태도(existential position) : 인생 태도(life position)와 동일하다.

실패(failure) : 만약 각본이 끝까지 성취되지 못한다면 그것은 절망으로 인도한다.

심리적 게임(game) : 이면적인 어떤 동기를 가지고 행하는 과정을 말한다. 이것은 어른 자아의 인식 밖에서 진행되며, 역할의 '전환'이 있기 전까지 명확하지가 않다. 그 결과로, 대부분의 사람은 혼란스러워하고 오해를 하며 다른 사람을 비난하기에 이른다. 모든 심리적 게임에는 갑작스럽게 역할이 교체되는 '전환'을 포함하고 있다.

심리학적 수준의 메시지(psychological-level message) : 통상 비언어적인 단서들에 의해 전달되는 숨겨진 메시지다.

아무것도 하지 않는 것(doing nothing) : 일종의 수동적인 행동으로, 문제를 해결하려 하기보다는 행동을 멈추는 것에 에너지를 쓰는 것을 말한다.

악마(demon) : ① 어린아이 내부의 강한 욕망과 충동으로써 각본장치에 대항하여 싸우는 것은 분명하지만 현실적으로 오히려 각본장치를 강화시킨다. ② 어린이 자아 C에게 비순응적 충동적 행위를 강요하는 부모 자아 P의 속삭이는 음성. 이 두 가지는 목표하는 바가 일반적으로 동일하다.

약점(비밀장치, 약점을 가진 상대, gimmick) : 사람을 게임이나 각본적 행동에 쉽게 걸려들게 만드는 특별한 태도 또는 약점이며, 심리학적인 수준에서 게임 초대를 받아들였음을 전달하는 교류반응이다.

양육적 부모 자아상태(nurturing parent, NP) : 기능적인 모델에서 부모 자아상태의 하부영역이다. 이것은 개인이 양육하고 보호하며 돕는 데 어떻게 자아를 사용하는지를 알려준다.

어른 자아상태(adult ego state, A) : 부모나 양육자의 모습을 따라하거나 어린 시절의 모습을 그대로 재현하는 것이 아니라 '지금-여기'에서 직접적으로 느끼는 사고, 감정, 행동의 묶음을 말한다.

어린이 자아상태(child ego state, C) : 어린 시절의 모습을 그대로 재현하는 사고, 감정, 행동의 묶음이다. 태곳적의 자아(archaic ego state)로도 부른다.

어린이 자아 C 속의 어른 자아[adult in the child(A1)] : 어린이 자아 C의 2차 구조의 일부분으로 현실 검증을 하거나 문제 해결을 하기 위한 어린아이의 전략을 나타낸다.

에피스크립트(episcript) : 과도한 부모의 프로그래밍, 초과각본(overscript)이다.

역 각본(반각본, anti script) : 원래의 메시지와 반대의 메시지를 따르면서 각본의 반대를 향하는 각본의 일부이다.

역사적 진단(historical diagnosis) : 한 개인의 부모, 부모에 준하는 인물들 그리고 어린 시절에 대한 사실적 정보를 모음으로써 그 사람이 가진 자아상태가 어떤 것인지를 판단하는 것을 말한다.

역할(role) : 각본의 지시에 따라 세 가지 자아상태 중 어느 한 자아상태를 연출하는 일련의 교류들(거래들)이다.

영역(범위, area) : (디스카운트의 경우) 디스카운트가 자기 자신이나 다른 사람들 혹은 상황 중 어느 것과 연관되는지를 나타내는 범위이다.

오염(contamination) : ① 부모 자아상태와 어른 자아상태가 겹치는 부분으로 현실적 검토 없이 어른 자아가 받아들이는 것을 말한다(예 편견). ② 어린이 자아상태와 어른 자아상태가 겹치는 부분으로 어른자아의 내용에서 실수를 유발한다(예 망상).

오케이 목장(OK corral) : 네 개의 인생 태도와 구체적인 사회적 작용들의 관계를 나타내는 도해이다.

외부적 해방(release external) : 개인을 각본의 지시로부터 해방시키는 외부적 간섭, 절단(cut-off)이다.

우울증(depression) : 어린이 자아 C와 부모 자아 P 사이의 대화의 실패를 말한다.

유인(come-on, con) : 비순응적 행동을 유도하는 도발 혹은 유혹으로 심리학적 수준에서 게임으로 초대하는 교류 자극(transactional stimulus)을 말한다.

의사소통의 첫 번째 규칙(first rule of communication) : "교류가 상보적인 한, 의사소통은 끝없이 계속될 수 있다"는 규칙이다.

의사소통의 두 번째 규칙(second rule of communication) : "교류가 교차되면 의사소통이 결과적으로 단절된다. 의사소통을 재정립하기 위해서는 한 사람 또는 두 사람 모두 자아상태를 변화시킬 필요가 있다"는 규칙이다.

의사소통의 세 번째 규칙(third rule of communication) : "이면 교류의 행동 결과는 사회적 수준에서 결정되는 것이 아니라 심리학적 수준에서 결정된다"는 규칙이다.

의식(ritual) : 시간을 구조화하는 하나의 방식이며, 이미 구조화되어 있는 스트로크를 다른 사람들과 교환하는 것이다.

이고그램(ego gram) : 개개인의 각각의 기능적 자아상태가 차지하는 중요도를 측정하기 위하여 고안된 도표이다.

이면 교류(ulterior transaction) : 드러난 메시지와 숨겨진 메시지가 동시에 전달되는 교류이다.

이중 교류(duplex transaction) : 네 가지 자아상태를 포함하는 이면 교류이다.

2차 구조 모델(second-order structural model) : 자신의 어린이 자아 C 구조와 부모 자아 P 내부의 구조를 보여주기 위한 2차적 구조 모델이다.

인생각본(life script) : 어린 시절에 만들어지고 부모에 의해 강화되고 후속 사건들에 의해 정당화되고 선택한 순간에 절정에 달하게 되는 무의식적 인생 계획을 말한다.

인생계획(life plan) : 각본에 의하여 일어나도록 예정되어 있는 것이다.

인생과정(life course) : 개인의 인생에서 실제로 발생한 것(그 사람이 아주 어린 시절에 하려고 계획했던 것을 나타내는 인생각본과는 대조된다)이다.

인생태도(life position) : 사람이 가지고 있는 자신과 타인에 대한 기본적인 신념이다. 이것은 어떤 결단이나 행동을 정당화하기 위해서 사용된다. 사람이 자신과 타인에 대해 인식하고 있는 핵심적인 가치에 대한 근본적인 자세이기도 하다.

인생행로(life course) : 실제로 일어나는 것이다.

인정기아(recognition hunger) : 타인에 의해 인정받고 싶어 하는 욕구를 말한다.

일정한(제외하는, 일관된, constant, excluding) : (자아상태에서) 다른 두 가지 자아상태는 제외되고 오직 하나의 자아상태만이 기능하는 상태를 말한다.

일차모델(first-order model) : 세 가지 자아상태가 더이상 분할되지 않는 자아상태 모델이다.

일차적 드라이브(primary driver) : 개인이 가장 빈번하게 보여주는 드라이버로 보통 어떤 교류 자극에 대한 반응으로 가장 먼저 나타난다.

임패스(impasse) : 사람이 두 가지 갈등 상태에서 '딱 멈추어 선 곳(stuck place)'을 말한다. 이러지도 저러지도 못하며, 이 상태를 유지하기 위해 많은 에너지를 허비한다(교류분석에서는 이것을 두 가지 자아상태 사이의 갈등으로 모델화하였다).

자각(awareness) : 마치 신생아가 경험하듯 순수한 감각적 인상들을 어떤 해석을 가하지 않은 채 경험하는 능력이다.

자극(stimulus) : (반응이 곧 응답이 되는) 개인적 교류에서 맨 처음의 통신을 말한다.

자극기아(stimulus hunger) : 신체적, 정신적 자극에 대한 욕구이다.

자발성(spontaneity) : 자아상태의 선택과 더불어 느끼고 생각하며 행동하는 데 있어서 모든 영역의 선택 사안 중에서 자유롭게 선택할 수 있는 능력이다.

자아상태(ego state) : 지속적인 행동 패턴과 직접 관련되어 있는 경험과 지속적인 감정 패턴을 말한다.

자아상태 모델(ego state model) : 부모, 어른, 어린이 자아상태라는 용어로 설명되는 성격모델을 말한다.

자연스러운 어린이 자아상태(natural child, NC) : '자유스러운 어린이 자아상태'와 같다.

자유스러운 어린이 자아상태(free child, FC) : 기능적 모델에서 어린이 자아상태의 하부영역이다. 검열이나 규칙 또는 환경적인 요구 없이 사람이 어떻게 감정이나 욕구를 자유스럽게 표현하는지 자아를 사용해서 나타낸다.

자율성(autonomy) : 자각성(awareness), 자발성(spontaneity), 친밀성(intimacy)의 세 가지 능력의 표현이나 회복에 의하여 드러나는 성질. 각본 신념에 대한 반응이라기보다는 지금-여기에서 현실에 대한 반응인 어떤 행위나 사고, 감정을 말한다.

작은 교수(꾀돌이, little professor, LP) : 어린이 자아상태 속에 있는 어른 자아다. 어린아이에 의해 사용되는 직관적이고 마법적인 유형의 사고방식이다. 어른인 경우에도 어린이 자아상태의 한 부분으로 여전히 기능하고 있다.

잡담(pastime) : 사람이 하나의 주제로 이야기는 하지만, 어떤 특정한 관심이 있는 행동을 하지 않는 시간의 구조화의 한 방식이다.

재결정(재결정, redecision) : 조기결단에 따른 자기 한계를 현재의 어른으로서 가진 모든 자원을 사용하여 새롭게 결단하는 것을 말한다.

재정의(redefining) : 자신의 각본에 맞추기 위해 실제에 대한 인식을 왜곡하는 것이다.

재양육(re-parenting) : 유아기의 부모 자아 P 프로그래밍을 절단하고 후퇴를 통하여 특히 정신분열증 환자의 경우에 새롭고 보다 순응적인 프로그램으로 대체하는 것이다.

저당(mortgage) : 시간의 장기 구조화를 위하여 떠맡은 선택적 의무를 말한다.

저주(curse) : 각본금지명령.

전극(electrode) : 어린이 자아 C 내의 부모 자아 P가 활성화되면 거의 자동적 반응을 일으킨다.

전환(스위치, switch) : 게임 진행자가 '결말'로 가기 위해서 역할을 교체하는 심리적 게임의 한 단계이다. ① 게임이나 각본에서 어느 역할로부터 다른 역할로의 전환 ② 다른 사람의 역할을 전환하도록 강요하거나 유도하는 전략적 행동 ③ 적응적 행위를 중단시키는 내적 또는 외적 자극이다.

절단(cut-off) : 외부로부터의 각본해방

제1급(first-degree) : (게임이나 패자 각본에서) 자신의 사회적 모임에서 이야깃거리로 논의할 준비가 되어 있는 정도의 결말을 갖는 것이다.

제2급(second-degree) : (게임이나 패자 각본에서) 사회적 모임에서 대화의 주제로 삼을 수 없을 만큼 심각한 결말을 갖는 것이다.

제3급(third-degree) : (게임이나 패자 각본에서) 죽음이나 심각한 부상 또는 병이나 법률적 위기 등을 초래한 결말을 갖는 것이다.

제외(exclusion) : 개인이 하나 혹은 그 이상의 자아상태를 배제하는 것을 말한다.

조기 결단(early decision) : '초기 결단', '결단'과 같은 개념이다.

조건적 스트로크(conditional stroke) : 어떤 사람의 행동과 연관 지어 나타내는 스트로크이다.

조정되는, 추진되는(driven) : 어떠한 대가를 치르더라도 그의 각본이 명령하는 바를 성취해야만 하는 사람의 경우에 사용됨. 그러나 그는 한편으로는 그것을 즐기고 있을 수도 있다.

종신선고(life sentence) : 부정적이지만 죽음의 각본결말은 아니다.

주술파괴자(spellbreaker) : 각본에 내장된(설치되어 있는) 내부적 해방을 의미한다.

주제(theme) : 사랑, 증오, 복수 또는 질투가 가장 일반적이다.

죽음명령(death decree) : 운명적 각본 결말을 의미한다.

중복(overlap) : 후유증(after-burn)이 소멸하기 전에 소급영향(reach-back)이 시작될 때를 의미한다.

G 공식(게임 공식, formular G) : 게임의 여섯 단계(도발자 Con, 약점을 가진 상대 Gimmick, 반응 Response, 전환 Switch, 혼란 Cross-up, 결말 Payoff)를 나타내는 공식을 말한다.

지구인(earthian) : 실제로 일어나고 있는 사실에 의하기보다는 선입관에 근거를 두고 판단을 내리는 사람을 말한다.

지구인 관점(earth viewpoint) : 보통은 유년기에 타인들로부터 배운 선입관에 의하여 모호해진 견해를 말한다.

지령(각본지령, directive) : 통제, 패턴 그리고 다른 각본 도구를 의미한다.

지배된(ridden) : 어떠한 값을 지불한다 해도 자신의 각본에 전념해야만 하는 사람의 경우를 말한다.

직면(confrontation) : 상담자가 내담자로 하여금 '지금-여기'의 현실에 대항하는 각본 신념을 시험해 보도록 이끌어 나가는 움직임이다.

진실한 감정(authentic feeling) : 어린 시절 라켓 감정에 의해 감추어진 근원적이고 검열받지 않은 감정이다.

집행적 자아상태(executive ego state) : (자아상태에서) 근육 구조의 통제라는 관점에서 보았을 때 그 행위를 지시하는 자아상태를 말한다.

징후(sign) : 내담자의 각본에 대한 실마리를 제공해 주는 특별한 행동이다.

차단(cut-off) : 내부로부터의 각본해방을 말한다.

처방(prescription) : 양육적 부모 자아 NP로부터 제공된 일련의 교훈들이다.

체크리스트(check list) : 각본에 관하여 최소한의 모호함으로 최대의 정보를 얻기 위하여 주의 깊게 선택되고 문장화된 질문 목록이다.

초과각본(over script) : 한 사람에게서 다른 사람, 예컨대 부모로부터 어린아이에게로 전해지는 과도한 부모의 프로그래밍. 어느 특정한 순간에 이 '뜨거운 감자(hot potato)'를 가지는 사람은 초과각본 상태가 된다. 에피스크립트(episcript).

초기 결단(초기 결정, early decision) : '조기결단'과 같은 개념이다.

최초의(primal) : 가족드라마에 대한 어린아이의 해석에 근거하는 각본의 최초 버전이다.

축소 각본(mini script) : 항상 드라이버로부터 시작되는 일련의 각본적 행위들과 라켓 감정들로서 극히 짧은 시간 내에 그 사람의 전 각본을 연출하며, 그럼으로써 또한 자신의 각본을 강화하는 기능을 한다.

치료적 가설(therapeutic hypothesis) : 계획된 치료의 가치에 관한 가설이다.

친밀(intimacy) : 사람들이 진실한 감정을 표현하고 어떤 사심 없이 서로 간에 원하는 것을 나타내는 시간의 구조화의 한 방식이다.

토템(totem) : 그 사람을 매혹시키며 그의 행동에 영향을 주는 동물이다.

통제(각본통제, controls) : 개인의 각본적 행동을 통제하는 결말, 금지명령 그리고 도발을 말한다.

통제하는 부모 자아상태(controlling parent, CP) : 기능적 모델에서 부모 자아상태의 하부영역이다. 사람이 자아를 어떻게 직접적으로 통제하고 비판하는 데 사용하는가에 대한 내용이다.

통합된 어른(integrated adult) : 어린이 자아 C와 부모 자아 P의 긍정적 자질들을 편입시켜 통합한 어른 자아 A 상태를 말한다.

통화(currency) : 각본결말로 인도하는 매개체를 말한다. 예컨대 말, 돈 또는 생체 조직 등이다.

파림프세스트(palimpsest) : 어린아이가 후기 발달 국면에 진입하며 새로운 잠재력으로부터 일으키는 각본의 후기 버전(version)이다.

패자(loser) : 선언한 목표를 성취하지 못하는 사람이다.

패자 각본(losing script) : 결말이 고통스럽고 파괴적이거나 선언한 목표를 성취하는 데 실패한 각본이다.

패턴(양식, pattern) : 부모의 가르침 또는 모범에 근거를 두고 있는 인생스타일(양식)이다.

페르소나(persona) : 가면 쓴 자신의 현시. 그것은 보통 8세에서 12세 수준에 있다.

편견(prejudice) : (Berne이 사용한) 부모 자아 P에 의한 어른 자아 A의 오염을 말한다.

평범한 각본(banal script) : 비승자 각본(non-winning script)과 동일하다.

평행 교류(parallel transaction) : 상보 교류와 동일하다.

폐쇄(withdrawal) : 다른 사람들과 교류하지 않고 보내는 시간의 구조화의 한 방식이다.

폭력(violence) : 개인이 직접 문제를 해결하기 위해서 외부의 힘을 빌려 파괴적인 행동을 하는 수동적인 행동이다.

프로그램(program) : 종합된 각본장치의 모든 요소들로부터 결과하는 인생스타일(양식)로 부모의 어른 자아 A에서 발신하여 자녀의 어른 자아 A에 자리 잡은 일련의 각본메시지이다.

프로토콜(protocol) : 각본의 기초가 되는 최초의 극적 경험들이다.

PAC 모델(PAC model) : 자아상태 모델과 동일하다.

하이터너(heightener) : 일종의 치료적 개입으로 내담자를 일시적으로 각본 안으로 들어가도록 하는 것이다. 이 기법의 목적은 내담자가 각본에서 나올 수 있도록 더욱 동기화시키는 것이다.

함정(con) : 심리적 게임으로 유도하는 은밀한 유혹이다. 이것은 늘 디스카운트를 수반한다.

행동적 진단(behavioral diagnosis) : 개인이 어떤 자아상태에 있는지 알기 위하여 그 개인의 행위를 관찰함으로써 판단하는 것을 말한다.

허가(허용, permission) : 초기 어린 시절에 사람들이 받게 되는 긍정적이고 자유로운 각본 메시지다. 주로 비언어적인 방식으로 전달된다.

허가자(allower) : 드라이버(몰이꾼)에 대한 적극적인 반대자를 말한다.

현상학적 진단(phenomenological diagnosis) : 자기 자신의 과거로부터 발생하는 재경험을 증거로 하여 자아상태를 판단하는 것이다.

현실적 자아(real self) : (자아상태에서) 개인이 자기 자신의 존재를 경험하는 자아상태이다.

혼란(cross up) : 전환(switch) 이후 게임 연기자가 곧바로 경험하게 되는 혼동의 순간을 말한다.

화성인(martian) : 지구적 사건들을 선입견 없이 관찰하고 해석하는 사람이다.

화성인 관점(martian viewpoint) : 지구적 사건들을 관찰함에 있어 가장 순수한 마음의 틀이다.

확신(conviction) : 한편으로는 자기 자신의, 다른 한편으로는 나머지 세상 사람들의 긍정성(OK ness) 또는 부정성(Not-OK ness)에 대한 확고한 견해이다.

환상(illusion) : 어린이 자아 C가 매달리는 가망 없는 희망으로서 그 사람의 모든 결정적 중요 행동에 영향을 가진다.

활동(activity) : 시간을 구조화하는 방법 중 하나다. 이것은 더이상의 잡담을 멈추고, 전반적으로 동의된 목표를 성취하는 것에 관심을 가진다.

회피(withdrawal) : 시간을 구조화하는 하나의 방식으로 다른 사람과의 상호작용을 하지 않는다. '폐쇄'와 같은 개념이다.

후유증기간(후유영향기간, after-burn) : 과거의 사건이 동화, 흡수되기까지의 기간이다.

희생자(victim) : (드라마 삼각형에서) 자신을 얕잡아 볼 수 있고, 아무것도 할 수 없는 '패배한 사람'으로 여기는 것이다.

참고문헌

권석만(2017). 현대 이상심리학. 서울 : 학지사.

권석만 · 신민섭 · 한수정 · 김중술(2002). 성인기 애착 양식원형과 내적 작동 모델 요소 간 관련성에 대한 탐색적 연구. *Korean Journal of Clinical Psychology, 21*(1), 93-124.

김동배 · 권중돈(1999). 인간행동이론과 사회복지실천. 서울 : 학지사.

김만기(2015). 소쉬르·퍼스의 기호론과 바르트의 신화분석영화 '베테랑'을 중심으로. *Journal of Digital Convergence 2015. Nor, 13*(11), 1-6.

김 명(2009). 영화에 나타나는 성격장애 주인공의 캐릭터 이미지 분석에 관한 연구. 조선대학교 디자인대학원 석사학위논문.

김명희(2001). 〈샤이닝〉, 〈미져리〉, 〈쇼생크 구원〉, 〈스탠 바이 미〉에 나타난 개성화. 아주대학교 대학원 박사학위논문.

김장회 · 이영호(2019). 상담 및 심리치료 이론 시리즈 8 교류분석상담. 서울 : 학지사.

김정현(2020). 내 삶이 만족스럽지 못한 건 나를 몰랐기 때문이다. 서울 : 유노북스.

김진숙(2013). 애착이론의 내적 작동 모델과 상담적 적용점. 상담학연구, 14(4), 2485-2507.

김진태 · 한미선 · 전은지 · 박지현 · 이성옥(2021). 이상한 대화의 비밀. 서울 : brainLEO.

남명자(2004). 부모의 양육태도와 아동의 성격장애. 서울 : 학지사.

네이버 위키 백과. 블루문의 어원.

네이버. 페페의 블로그.

노성호(2016). [학교 '쌤'이 된 신부 이야기] 존재 자체가 충분히 아름답거늘 - 영화「아메리칸뷰티와 연극성 성격장애를 사유하다」. 미래사목연구소.

맹동례(2016). 나르시시즘 캐릭터에 대한 이해와 성찰 = 나르시시즘(Narcissism)으로 구축된 우디 앨런의 〈블루 재스민〉 인물 탐구. 한국영상제작기술학회.

문미영(2022). 트라우마 극복을 통한 치유와 성장 - 〈마담 프루스트의 비밀정원〉을 중심으로. 한국프랑스논집, 118, 1-22.

문호영(2019). 한국인의 '드라이버'와 '시간의 구조화'에 대한 현상학적 특성 연구. 2019년 한국교류분석상담학회 연차학술대회 자료집.

박순조(2012). 아동이 경험한 학대가 공격성에 미치는 영향 : 인생 각본을 매개변인으로. **교류분석상담연구, 2**(2), 1-21.

박용민(2015). **변화와 발전을 위한 교류분석(TA) 코칭 모델의 이론과 실제.** 서울 : 퍼플.

박의순 · 이진선 공역(2010). **TA 상담과 심리치료 기법.** 서울 : 시그마프레스.

박종삼(1999). 심리유형(MBTI)과 성격적응유형의 관계; 임상적 상담 적용가능성에 관한 이론적 연구. **한국심리유형학, 6**, 133.

박한나(2019). 아동기 학대경험과 초기부적응도식이 성인의 정신건강에 미치는 영향. 침례신학대 대학원 박사학위논문.

반론보도닷컴 뉴스(2015. 10. 19). 영화 〈베테랑〉이 마냥 통쾌하지 않은 이유.

서혜석(2020). 교류분석의 재결정을 활용한 프로그램이 전자장치부착 성폭력범죄자의 임파워먼트, 자율성 및 대인관계에 미치는 효과. **교정상담학연구, 5**(2), 103-127.

서혜석 · 강희숙 · 이미영(2020). **가족상담 및 가족치료.** 경기 : 어우리.

서혜석 · 강희양 · 신동열 · 이미영 · 한경리(2020). **상담이론과 실제.** 경기 : 아카데미아.

서혜석 · 이미영 · 송유미(2010). **인간행동과 사회환경.** 서울 : 청목출판사.

성시흡(2014). 장편영화 〈플랜맨〉 제작보고서 -연출노트를 중심으로-. 동국대학교 영상대학원 석사학위논문.

송연옥(2008). 「욕망이라는 이름의 전차」에 나타난 여성 주인공 연구. 한서대학교 대학원 석사학위논문.

송정경(2017). 우디 앨런의 「블루 재스민」 : 테네시 윌리엄스의 「욕망이라는 이름의 전차」의 재현과 상호텍스트성. **인문사회 21, 8**(1), 453-472.

송해성(2001). 영화 〈파이란〉.(2021 재방송). 넷플릭스.

송희자(2012). **교류분석 개론.** 서울 : 시그마프레스.

심영섭(2012). 영화치료 및 영화연수를 위한 KIFA영화목록(4th ed). 한국영상응용연구소.

안수룡 · 김미례(2010). 라켓시스템 : 라켓분석 모델. **교류분석과 심리사회치료 연구, 7**, 79-91.

안수룡 · 이영호(2010). 관계 도식 이론과 교류분석. **교류분석과 심리사회치료연구, 7**(2), 7-30.

오수희 · 허만세 · 이영태(2018). 한국어판 성격적응척도. **교류분석상담연구, 8**(2), 55-75.

우수희(2004). 성격의 선천적요인(MBTI)과 후천적 요인(PAT)의 관계성 특성연구. 한국사회복지학회 2004년 춘계학술대회 자료집.

이봉희(2015). 내게는 너무 사랑스러운 그녀(Lars and the Real Girl) : 대상관계이론으로 본 주인공의 치유과정 및 문학치료적 함의. **문학치료연구**, 171-205.

이수경 · 이정상(2017). TA 재결정치료 시 내담자의 어린이 자아상태의 중요성 및 라켓 감정 자각과 스탬프 해소의 필요성에 대한 고찰. **교류분석상담연구**, 7(1), 1-24.

이우경(2021). DSM-5에 의한 최신 이상심리학(제2판). 서울 : 학지사.

이윤희(2019). 대상관계이론과 영화 해석 : D. Winnicott을 중심으로. 동의대학교 대학원 박사학위논문.

이훈진 · 원호택(1995). 편집성 척도의 신뢰도, 타당도 연구. **한국심리학회지 : 임상**, 14, 83-94.

정병기(2017). 어이없는 사회를 꿈꾸는 어이없는 영화 〈베테랑〉1, 나래시조제 120호(2016겨울/2017 봄). 200-205.

정옥분(2017). **사회정서발달**. 서울 : 학지사.

정한석(2020). 정한석 평론가의 한국영화단상, [베테랑]의 서도철이 우리에게 가르쳐준 것. 영화부산, vol 15(통권 55호).

조성미(2022). 영화 「마담 프루스트의 비밀정원」에 나타난 성장과 치유 : 도널드 위니캇의 이론을 중심으로. **인문사회 21**, 13(6), 3461-3476.

한국교류분석상담학회 편(2017). **교류분석상담사 교재 1단계–5단계**. 경기 : 아카데미아.

APA, 권준수 역(2015). **정신질환의 진단 및 통계 편람**(제5판). 서울 : 학지사.

Berne, E.(1961). *Transactional analysis in psychothberapy*. New York : Grove Press.

________(1964). *Game People Play*. New York : Grove Press.

________(1972). *What do you say after you say hello?*. New York : Grove Press.

________(2004). **운명의 심리학 각본분석**. 우재현 · 송희자 공역. 대구 : 정암미디어.

________(2009). **교류분석으로 읽는 인간관계의 뒷면 심리게임**. 조혜정 역. 서울 : 교양인.

Erskine, R., & Zalcman, M.(1979). The racket ststem : A model for racket analysis. *Transactional Analysis Journal*, *9*(1), 51-59.

Goulding, R.. & Guoulding, M.(1976). Injunctions, decisions and redecision. *TAJ*, *6*(1), 41-48.

____________________________(1978). *The power is in the patient*. San Francisco : TA Press.

____________________________(1979). *Changing Iives through redecision therapy*. New York : Brunner/Mazel.

Jeffrey E. Young & Janet S. Klosko(2022). **삶의 덫에서 벗어나 새로운 나를 열기**. 최영희 역. 서울 : 메타미디어.

Joines, V.(2022). *Insight Out : The 6 Personality Types That Hold the Key to Success in Your Life and Relationships.* Outskirts Press.

Joines, V., & Stewart, I.(2002). Personality adaptations : A new guide to human understanding in psychotherapy and counselling.(No Title).

______________________(2002). *Personality Adaptations.* 오수희 · 이영태 · 안범현 공역(2012). **TA이론에 의한 성격적응론.** 서울 : 학지사.

Julie Hay(2013). Personality Adaptations and AP3-an Essay.

Kadis, L.(1985). *Redecision therapy : expanded perspectives.* Watsonville : Western Institute for Group and Family Therapy.

Kahler, T.(2005). *Process Therapy Model.* Weilheim : Kahler Communication-KCG.

Karpman, S.(1968). Fairy tales and script drama analysis. *Transactional Analysis Journal, 7*(26), 39-43.

Lowen, A.(1975). *Bioenergetics.* New York : Penguin Books.

Pitman, E.(1984). *Transactional Analysis for social Workers and Counsellors.* London : Routledge and Kegan Paul.

Steiner, C.(1974). *Scripts people live : Transactional analysis of life scripts.* New York : Grove Press.

Stewart, I.(2002). Personality adaptations : A new guide to human understanding in psychotherapy and counselling.

Stewart, I., & Joines, V.(1987). *TA Today : A new introduction to transactional alalysis.* Nottingham & Chapel Hill : Life space publishing.

____________________(1987). *TA Today : A new introduction to transactional alalysis.* 제석봉 · 최외선 · 김갑숙 · 윤대영 공역(2010). **현대의 교류분석.** 서울 : 학지사.

____________________(2002). *TA Today.* 제석봉 · 최외선 · 김갑숙 공역(2016). **현대의 교류분석.** 서울 : 학지사.

____________________(2012). *TA Today : A New Introduction to Transactional Analysis*(2nd Revised ed). Lifespace Publishing.

Tony White(2005). *Personality Adaptations*, Having recently completed teaching the TA 202 module on Personality.

Ware, P.(1983). Personality adaptations. *Transactional Analysis Journal, 13*(1), 11-19.

Wavve 영화 〈플랜맨〉.

William F. Cornell., Anne de Graaf., Trudi Newton. & Moniek Thunnissen(2016). Into TA.

송희자 · 이성구 · 이은주 · 이진동 공역(2018). **최신 교류분석**. 서울 : 시그마프레스.

https://contents.premium.naver.com/shkim/knowledge/contents/김성환(2022). "〈베테랑〉 세습 자본주의(피케티)".

https://juliehay.org/wp-content/uploads/2020/01/personality_adaptations___ap3_-_an_essay.pdf

https://namu.wiki/w/베테랑(영화)(나무위키, 2023.6.1815:37).

https://post.naver.com/viewer/postView.nhn?volumeNo=29915341/스마트인컴(2020.11.11.10:30).

https://tony-white.com/wp-content/uploads/2013/magazines/Personality%20adaptations.pdf

저/자/약/력

■ **서혜석**
대구대학교 일반대학원 사회복지학과 박사졸업(철학 박사)
한국심리상담교육센터 대표, 국방부 산하 국방보건복지연구원 교수
전, 예수대학교 교수, 한국군사회복지학회 회장, 한국상담학회 전북상담학회 회장
상담영역 교류분석 수련감독자, 교육영역 교류분석 수련감독자, 조직영역 Master Trainer (한국교류분석상담학회)
1급 전문상담사(교정상담, 진로상담, 집단상담, 대학상담, 부부가족상담, 한국상담학회)

■ **엄문숙**
대한신학대학원대학교 상담심리치료학과 박사졸업(철학 박사)
한국심리상담교육센터 임상심리사, 2급 임상심리사(한국산업인력공단)
상담영역 교류분석 전문가(한국교류분석상담학회), 1급 청소년상담사(여성가족부)

■ **박지윤**
인제대학교 일반대학원 사회복지학과 박사졸업(사회복지학 박사)
인제대학교 사회복지대학원 겸임교수, 이안심리상담연구소 소장
상담영역 교류분석 수련감독자, 교류분석 부모교육 전문강사(한국교류분석상담학회)
1급 전문상담사(한국상담학회)

■ **장희선**
한서대학교 일반대학원 노인복지학과 박사졸업(문학 박사)
충남 당진시 보건소 정신건강 간호사
상담영역 교류분석 전문가, 교육영역 교류분석 전문가, 조직영역 Master Trainer(한국교류분석상담학회)

■ **강남욱**
국립경상대학교 일반대학원 교육학과 박사졸업(교육학 박사)
경남 OK심리상담센터 센터장
상담영역 교류분석 수련감독자, 조직영역 Master Trainer, 교류분석 부모교육 전문강사(한국교류분석상담학회)

■ **최혜민**
한남대학교 일반대학원 교육학과 박사수료
경주 동국대학교 학생상담센터 객원상담사
상담영역 교류분석 전문가(한국교류분석상담학회), 2급 전문상담사(한국상담학회)
1급 영상영화 심리상담사(한국영상영화치료학회), 1급 청소년상담사(여성가족부)

■ **김옥희**
인제대학교 일반대학원 상담심리치료학과 박사수료
상담영역 교류분석 수련감독자, 조직영역 Master Trainer, 마스터 코치, 교류분석 부모교육 전문강사(한국교류분석상담학회)

■ **하용선**
평택대학교 일반대학원 상담학과 박사과정
한국심리상담교육센터 임상심리사, 1급 임상심리사(한국산업인력공단)
상담영역 교류분석 전문가 수련(한국교류분석상담학회), 2급 전문상담사(한국상담학회)

■ **김은경**
대전대학교 일반대학원 사회복지학과 박사졸업(사회복지학 박사)
대전괴정중학교 교육복지사
상담영역 교류분석 전문가 수련(한국교류분석상담학회)

영화와 함께하는

TA 성격적응 유형

|공저자| 서혜석 · 엄문숙 · 박지윤 · 장희선 · 강남욱 · 최혜민 · 김옥희 · 하용선 · 김은경

|1판 1쇄| 발행 2024년 9월 30일

|발행인| 김동훈
|발행처| 공동체

|주소| 경기도 고양시 일산동구 호수로 358-39, 동문타워 1차 905호(백석동)
|전화| 031)814-3000(대표)
|팩스| 031)814-3100
|홈페이지| http://www.compub.co.kr
|전자우편| compub@naver.com
|출판등록| 2005년 10월 6일
|등록번호| 제396-2005-36호

|ISBN| 979-11-6725-624-9
정가 20,000원